México rebelde

México rebelde

Crónicas de poder e insurrección

JOHN GIBLER

Presentación de
Gloria Muñoz Ramírez

Traducción de
Juan Elías Tovar Cross

DEBATE

México rebelde
Crónicas de poder e insurrección

Primera edición: septiembre, 2011

D. R. © 2011, John Gibler

D. R. © 2011, Juan Elías Tovar Cross por la traducción

D. R. © 2011, derechos de edición mundiales en lengua castellana:
   Random House Mondadori, S. A. de C.V.
   Av. Homero núm. 544, col. Chapultepec Morales,
   Delegación Miguel Hidalgo, 11570, México, D. F.

www.rhmx.com.mx

Comentarios sobre la edición y el contenido de este libro a:
megustaleer@rhmx.com.mx

Queda rigurosamente prohibida, sin autorización escrita de los titulares del *copyright*, bajo las sanciones establecidas por las leyes, la reproducción total o parcial de esta obra por cualquier medio o procedimiento, comprendidos la reprografía, el tratamiento informático, así como la distribución de ejemplares de la misma mediante alquiler o préstamo públicos.

ISBN 978-607-310-510-1

Impreso en México / *Printed in Mexico*

Para los de abajo

Es evidente que la gente está inclinada a legitimar cualquier cosa que le parezca inevitable, sin importar lo dolorosa que pueda ser, pues de otra manera el dolor resultaría intolerable. La conquista de este sentimiento de inevitabilidad resulta esencial para el desarrollo de un agravio moral que sea políticamente efectivo. Para que esto suceda, la gente debe percibir y definir su situación como consecuencia de la injusticia humana: como una situación que no debe, no puede y no necesita soportar.

BARRINGTON MOORE JR.,
La injusticia: Bases sociales de la obediencia y la rebelión

La descolonización es siempre un fenómeno violento.

FRANTZ FANON, *Los condenados de la Tierra*

Índice

Presentación de Gloria Muñoz Ramírez 13
Prólogo: Una nación dividida 15

1. La continuidad histórica de la Conquista y la rebelión 33
2. El Estado de derecho 62
3. El abismo 94
4. El atraco 113
5. El levantamiento en Oaxaca 147
6. Reconquistar la autonomía indígena 195
7. La guerrilla 236
8. Imperio y rebelión 269

Notas 299
Agradecimientos 331
Fuentes 335
Índice analítico 347

Presentación

John Gibler es omnipresente. Lo encontramos en las calles ardientes de Oaxaca, en el lodazal de una vereda rumbo a alguna comunidad zapatista asediada por grupos paramilitares, en medio de la represión en el poblado de San Salvador Atenco, en una marcha contra la violencia institucional en la Ciudad de México, al dar la vuelta en cualquier callejuela de cualquier estado de un México oprimido.

John no puede dejar de recordarnos dos otros Johns que, antes de él y en épocas no menos convulsivas, marcaron la historia de México con un periodismo comprometido, un periodismo consciente de que el mundo sólo se entiende si empezamos mirando desde abajo: John Kenneth Turner y John Reed. Como ellos, John Gibler sabe que el periodismo es un compromiso con la justicia, con la humanidad y con la vida. Y, como aquellos otros dos Johns, no toma distancia entre lo que ve, vive y escribe.

México rebelde es resultado de años de convivencia con el México de abajo: con la pobreza y la desigualdad, con presos políticos y víctimas de la violencia estatal y la tortura, con el movimiento popular de Oaxaca, con la lucha por la tierra de los campesinos de Atenco, con familias de migrantes en comunidades empobrecidas por políticas que los de "arriba" entienden como "progreso", con las comunidades rebeldes zapatistas y muchas otras experiencias de autonomía indígena, con miembros de movimientos revolucionarios.

Ése es el fundamento de este libro: las múltiples experiencias del autor en el otro México y los incontables testimonios de los protagonistas invisibles de la historia. Pero el libro va más allá. La base concreta de experiencias y testimonios se enriquece con una amplia investigación histórica, sociológica y teórica, y un perspicaz análisis: un movimiento constante entre las historias personales y una perspectiva global que le permite al lector un acercamiento a ese México que, a pesar de sus cinco siglos de opresión, no ha sido conquistado.

Gloria Muñoz Ramírez[*]
Octubre de 2008
Ciudad de México

Prólogo
Una nación dividida

La primera vez que empuñó un rifle y salió a los campos a enfrentarse con el ejército federal tenía 14 años.[1]

Para los 18 era capitán en el Ejército Libertador del Sur de Emiliano Zapata, con una tropa de 33 hombres. Agricultor arrocero del pequeño pueblo de Tlaquiltenango, en el estado de Morelos de donde era originario Zapata, Rubén Jaramillo, como tantos de sus compañeros de armas, sólo quería cultivar la tierra en la que había nacido.

Después de la Revolución mexicana trabajó para asegurar los títulos de propiedad de la tierra por cuya defensa tantos habían derramado su sangre. Luchó por los campesinos y luego trabajó para distribuir préstamos para herramienta, fertilizante y sistemas de irrigación para ayudarlos a recuperarse de la devastación de la guerra. Osaba pensar que los campesinos, la gente del campo que trabajaba la tierra, debían poseer no sólo esa tierra sino también las herramientas necesarias para volver sus cosechas productos útiles. También creía que la gente del campo y la gente de las fábricas debía unirse para formar sindicatos y cooperativas, y así romper su dependencia de ciudades lejanas y fábricas extranjeras. Leyó a Ricardo Flores Magón y a Karl Marx. En 1933 le llevó una carta al candidato presidencial Lázaro Cárdenas en la que le proponía la construcción de un ingenio azucarero en Morelos cuya propiedad y operación fueran colectivas. Una vez electo, Cárdenas lo autorizó y Jaramillo se dio a la tarea de convencer a los campesinos de la región de que se unieran. Tuvo éxito. Para el 5 de febrero de 1938, cuando Cárdenas inauguró el ingenio azucarero Emiliano Zapata de Zacatepec, con una inversión de 14 millones de pesos para su construcción (casi 8% de todo el presupuesto para obras sociales de ese año), 9 000 campesinos organizados en 36 compañías agrícolas formaron la cooperativa. En marzo del mismo año, los miembros de la cooperativa eligieron a Jaramillo presidente del consejo de administración. Cárdenas le pidió a Jaramillo que apoyara la campaña de Manuel Ávila Camacho, a quien había elegido como sucesor; Jaramillo aceptó. Como muestra de agradecimiento, Cárdenas le regaló un caballo; Jaramillo le puso "el Agrarista".

Pero el nuevo presidente nombró a un nuevo gerente del ingenio, quien expulsó a Jaramillo del consejo de administración. El presidente y el gobernador de Morelos habían decidido que una cooperativa sería menos útil que un cacicazgo, un dominio jerárquico ejercido sobre los campesinos; el poder de decidir quién recibía un préstamo y de cuánto, a quién le pagaban su caña y a cuánto, quedaría en manos de un gerente nombrado directamente por el presidente. A los campesinos no les gustó ese giro. Buscaron a Cárdenas para pedirle ayuda y consejo, pero no fueron recibidos; sus cartas quedaron sin respuesta. Jaramillo ayudó a organizar una huelga el 9 de abril de 1942, con el fin de exigir mejores precios para la caña, pero el ejército rompió la huelga y ocupó el ingenio. En asamblea extraordinaria, la nueva gerencia expulsó a 26 socios de la cooperativa, todos partidarios de Jaramillo. Se dio la orden de ejecutarlo, así que éste ensilló su caballo, le dio un beso a su esposa, Epifania, y se fue a las montañas. A los dos días, unos 30 hombres lo acompañaban; en unas semanas, más de 100 hombres montaban con él por el campo. Dos meses después, unos 6 000 hombres y mujeres se habían unido a su causa; tomaron las cabeceras municipales de Jojutla, Zacatepec y Tlaquiltenango.

Jaramillo y unos 125 seguidores tomaron el control de Tlaquiltenango sin encontrar resistencia, pero no llegaron las señales de los rebeldes en los otros pueblos, así que se fueron a las tres horas de haber llegado. El gobernador de Morelos se puso furioso. El ex presidente Cárdenas hizo un llamado a Jaramillo para que depusiera las armas y negociara. Jaramillo aceptó y Cárdenas, que además era general, le ordenó al ejército abstenerse de cualquier agresión en su contra. Pero el gobernador, Jesús Castillo López, ignorando el pacto, mandó matar a uno de los aliados cercanos de Jaramillo, Teodomiro Ortiz, y restableció la orden de asesinar al líder —que de nuevo se fue a las montañas, visitando pequeños pueblos para explicar por qué se habían levantado en armas y pedirles a los habitantes que desafiaran las órdenes del gobierno de detenerlo—. Al poco tiempo, el presidente lo mandó llamar a la Ciudad de México para dialogar. Ávila Camacho le ofreció una amnistía completa y la propiedad de unas tierras deshabitadas que quedaban a unos 2 000 kilómetros, en Baja California. Jaramillo convocó una asamblea para discutir la propuesta, pero los campesinos prefirieron no mudarse. Jaramillo fue arrestado y encarcelado en Morelos; lo liberaron cerca de un año después, en julio de 1945.

En los años siguientes, Jaramillo intentó una y otra vez dejar atrás la rebelión armada y volver a participar en la política local. A fines de 1945 creó el Partido Agrario Obrero Morelense (PAOM) y realizó una campaña por todo el estado. Se organizó en uno de los mercados pero se vio obligado a dejar su trabajo cuando se negó a apoyar al candidato del Partido Revolucionario Institucional (PRI), Miguel Alemán. En 1946, el PAOM recibió un amplio apoyo en las elecciones locales, pero el fraude y una sangrienta represión obligaron a Jaramillo y sus seguidores a volver a la clandestinidad, con asesinos a sueldo siguiéndoles la pista. Volvieron a intentarlo en 1952 y nuevamente se toparon con un fraude: unos pistoleros quemaron los votos del PAOM y el ejército y la policía estatal reprimieron las subsecuentes protestas. Nuevamente se fueron a las montañas. En 1958, el candidato del PRI, Adolfo López Mateos, mandó a Jaramillo una oferta de amnistía y su promesa de resolver los problemas del campo a cambio de que éste apoyara su campaña presidencial. Jaramillo aceptó y los dos hombres posaron juntos para una fotografía trabados en un extraño abrazo: Jaramillo acercándose y López Mateos manteniendo la distancia; dos hombres con sonrisas muy distintas.

Protegido por la amnistía, Jaramillo regresó al mismo ingenio azucarero que había organizado en 1938 y ayudó a montar protestas que finalmente llevaron a la salida del corrupto gerente. Esto enojó a López Mateos. Luego Jaramillo y sus aliados promovieron que se otorgaran terrenos abandonados a más de 6000 familias sin tierra. Habiendo depuesto las armas, Jaramillo volvió a su vieja idea de unir a campesinos y obreros en una sociedad cooperativa. Quería las tierras para construir una comunidad autosustentable. Jaramillo y Manuel Leguízano hicieron la solicitud formal a la Secretaría de Agricultura. Poco a poco, los funcionarios agrarios en la Ciudad de México firmaron y sellaron todos los papeles necesarios, incluyendo la autorización final con la firma y el sello de Roberto Barrios, jefe del Departamento Agrario. Sin embargo, Barrios interrumpió abruptamente la comunicación. No recibía visitas ni respondía cartas, hasta que finalmente les notificó a Jaramillo y Leguízano que al parecer las tierras sí tenían dueño. Las familias llamaron a los dueños a dialogar públicamente en dos ocasiones, pero nunca apareció nadie que reclamara la propiedad de los terrenos. Las familias decidieron ocupar las tierras. Como una concesión, Barrios le ofreció a Jaramillo posesiones que quedaban a más de 1500 kilómetros, en Yucatán. Pero, a pesar de las amenazas del ejército, las familias rechazaron la oferta y el 5 de febrero de 1961 se instalaron en las tierras. El ejército los rodeó. Jaramillo fue a la Ciudad de México para hablar con López Mateos, pero el presidente se negó a verlo y el ejército atacó el campamento de las familias. Éstas volvieron a ocupar los terrenos un año después, pero el ejército atacó nuevamente su campamento, obligándolas a salir.

El 23 de mayo de 1962, Jaramillo, que aún estaba protegido por una amnistía federal y seguía tratando de organizarse políticamente sin recurrir a las armas, se encontró rodeado por más de 60 policías estatales y tropas federales en su casa en Tlaquiltenango. Los militares le gritaron a la familia que saliera. Epifania agarró una ametralladora y la cargó, diciendo:

—¡Nos morimos pero con dignidad![2]

Jaramillo la detuvo con estas palabras:

—¡No! ¡Yo prometí que no más armas! ¡Recuerda que aquí están los niños![3]

Los soldados entraron a la casa y sacaron a la calle a Jaramillo, Epifania —embarazada de su primer hijo de Jaramillo— y los hijos adolescentes de Epifania: Ricardo, Filemón y Enrique. Los subieron a *jeeps* del ejército que esperaban afuera. La hija de Epifania, Raquel, se escapó por atrás y corrió a pedir ayuda. El convoy militar llevó a la familia al sitio arqueológico de Xochicalco y la acribilló con ametralladoras Thompson. A Filemón, que aún seguía con vida, los soldados le abrieron la boca y se la llenaron de tierra. Esperaron a que pararan los gemidos; luego sacaron las pistolas y remataron a Jaramillo y a cada miembro de su familia con un tiro en la frente.[4] Un grupo de periodistas de la Ciudad de México, entre ellos Carlos Fuentes y Fernando Benítez, viajaron a Xochicalco al día siguiente y todavía encontraron sangre, ropas rasgadas y balas del ejército incrustadas en las rocas.[5]

MÉXICO ES UNA NACIÓN DIVIDIDA, NO CONQUISTADA

Si miramos las cosas desde la larga duración —escribe el filósofo Bolívar Echeverría, quien nació en Ecuador y radica en México desde 1970—, deberíamos tener en cuenta que el proceso que comenzó en 1492, o en 1523, según se le quiera ubicar, es decir, el proceso de la Conquista, es una empresa que todavía *no* ha terminado. Creo que lo importante sería partir de esa idea: que la Conquista de América aún está en marcha.[6]

Si la Conquista aún está en marcha, entonces hay gente y lugares que no han sido conquistados.

La violencia de la Conquista española tenía como fin último la sumisión de los habitantes originales de la tierra más que su exterminio; pero esta sumisión nunca se dio por completo. Y si bien la violencia, las enfermedades y los trabajos forzados habían matado a más de 90% de la población indígena para 1650, 62 grupos indígenas distintos sobrevivieron. El periodo de la Conquista y el establecimiento de la Nueva España (1519-1821) crearon un estricto orden de clases sociales: los hombres nacidos en España mandaban; los hijos de padres españoles nacidos en las Américas podían participar en el comercio y el gobierno local; los mestizos podían servir en los estratos inferiores de la sociedad, y los hijos de padres indígenas eran esclavizados u obligados a ser siervos. Como en muchas partes del mundo, nacer mujer implicaba la doble maldición de la dominación social y política. Mediante la Guerra de Independencia de 1810 y la Revolución Mexicana de 1910-1920, las divisiones raciales y de género en el poder se resquebrajaron lentamente y se reformularon como divisiones de clase (aunque la raza y el género persisten). El Estado mexicano moderno nació de esta reconfiguración de las divisiones de clase; la máscara de inclusión y unidad nunca les ha acabado de quedar bien a la tierra ni a su gente. México es un país de divisiones: divisiones violentas y arraigadas.

El conflicto de clase en México es implacable: está presente hasta en el contacto social más cotidiano, a veces atenuado, a veces oculto, pero a veces también explosivo. Dónde vives, cómo vistes, cómo viajas, qué comes y cómo hablas son indicadores de tu afiliación a uno u otro estrato: *indio, banda* o *fresa*. Pero lo que permea la vida diaria en México no es tanto la discriminación clasista como una penetrante guerra de baja intensidad.

La hostilidad es mutua. Los privilegiados usan calificativos de clase y raza para insultar. Cuando en la madrugada del 3 de julio de 2006 los seguidores del candidato presidencial de derecha Felipe

Calderón celebraron porque su candidato se declaraba victorioso, no gritaron lemas positivos de triunfo sino: "¡Acabamos con los pinches nacos!"[7] Sin embargo, es igual de insultante llamar "pinches fresas" a un grupo de estudiantes vestidos con ropa de diseñador, que gritar "¡Vete, pinche naco!" desde un BMW a los niños limpiavidrios que agresivamente buscan ganarse una propina en los semáforos.

¿Qué tan grande es la distancia entre las clases sociales en México? Consideremos los extremos. En 2007, el empresario mexicano Carlos Slim Helú era el hombre más rico del mundo, con una fortuna calculada, según *Fortune*, en 59 000 millones de dólares.[8] Gran parte de la riqueza de Slim vino de la privatización de Teléfonos de México, con el presidente Carlos Salinas de Gortari (1988-1994). Slim adquirió la paraestatal muy por debajo de su valor en el mercado y recibió el monopolio, garantizado por siete años, de todos los servicios de telefonía del país. De acuerdo con *Forbes*, en 2006 la fortuna de Slim creció en 19 000 millones de dólares; según *Fortune*, en 2007 se incrementó en otros 12 000 millones.[9]

En contraste, en Metlatónoc, Guerrero, los niños se mueren de diarrea y deshidratación porque sus padres no tienen los 70 pesos que cuesta el viaje de cinco horas por camino de terracería para ir a Tlapa; para no hablar de los 400 pesos que tendrían que llevar para comprar las medicinas. El presupuesto anual para todo el municipio de Metlatónoc, con una población de más de 17 000 habitantes, es de 27 millones de pesos, lo que da en promedio unos 1 588 pesos por habitante al año. Durante mucho tiempo, Metlatónoc fue el municipio más pobre de México, hasta que lo dividieron en dos para que el gobierno federal pudiera presumir que ya era el sexto más pobre. La sección que separaron, Cochoapa el Grande, actualmente ostenta la distinción de ser el más pobre. Antes de su reciente "progreso", Metlatónoc recibía visitas constantes de presidentes, gobernadores y candidatos que llegaban de Acapulco o de la Ciudad de México en helicóptero, con el objeto de usar la comunidad como escenario para eventos de prensa y mostrar su compromiso con los pobres. Hombres de traje, rodeados de guardaespaldas armados, parados en la tarima recién armada y llevada en camión para el evento, declaraban ante las cámaras de televisión su compromiso de elevar a los pobres gracias al poder de los mercados trasnacionales —promesas pronunciadas en español en una región en la que más de 95% de la gente no lo habla—. En Metlatónoc, docenas de postes adornan las calles de tierra, pero en la noche no dan ninguna luz. Metlatónoc nunca ha estado conectado a la red eléctrica; fue sólo una oportunidad para que los políticos posaran con indígenas erigiendo postes en el polvo de la tarde.

La disparidad entre Carlos Slim y los 12.7 millones de habitantes indígenas del México contemporáneo es mucho mayor que la que existió entre Hernán Cortés, el virrey Juan Vicente Güemes Pacheco y Padilla o el dictador Porfirio Díaz en sus 30 años de poder, y los pueblos indígenas de sus respectivas épocas. Y si bien Carlos Slim es el extremo, dista mucho de ser la excepción. Hay más de 85 000 millonarios (en dólares) en México, mientras que 50 millones de personas viven en condiciones de miseria con unos cuantos pesos al día. Según el diario *El Universal,* las 39 familias más ricas de México poseen el 13.5 por ciento de la riqueza del país, es decir, unos 135 000 millones de dólares.[10]

Es engañoso presentar la desigualdad en cifras como éstas: los números pueden decirnos cuán vasta es la distancia, pero no nos dicen quién la creó ni cómo; no nos dicen qué intrigas se dan de un lado para defender la desigualdad, ni qué preparativos se hacen del otro para desmantelarla; apuntan pero no describen toda la compleja estructura de clases de la sociedad. Las estadísticas sugieren la extensión de la herida social, pero no dicen nada sobre el instrumento utilizado para abrir esa herida, ni de la cirugía necesaria para cerrarla. La pobreza en México, como en otras partes del mundo, es una creación social principalmente de los siglos XIX y XX, aunque con profundas raíces en el colonialismo español; es un proyecto ideado y forjado tan deliberada y cuidadosamente como la red nacional carretera, la red de telecomunicaciones o las fuerzas armadas. La pobreza no es ningún accidente, ni tampoco es el resultado inesperado de malas decisiones, mal clima o malos hábitos. La pobreza es un producto, y los ricos tienen la patente.

Como señaló el sociólogo Erik Olin Wright, cuando diferentes grupos de personas en una sociedad dada tienen derechos y poderes desiguales con respecto a los recursos productivos disponibles en esa sociedad, las relaciones entre esos grupos pueden describirse como relaciones de clase.[11] En el Virreinato de la Nueva España, por ejemplo, los nacidos en España podían tener propiedades, construir minas y cosechar fruta y granos para el mercado trasatlántico; los indígenas, por decreto, no podían. Cuando los nacidos en España llegaban a una nueva región y expulsaban a sus habitantes originales, se apoderaban de sus campos o los obligaban a trabajar como esclavos, establecían divisiones de clase claramente delineadas por la raza. Por supuesto, la división de clases no fue un invento exclusivo de los españoles —aunque ciertamente llegaron a dominar la técnica— y, como se verá más adelante, esta división, en una escala territorial mucho menor, estaba presente en varias sociedades indígenas. Pero las principales características de la división de clases que permea el México contemporáneo fueron heredadas del dominio español.

Para lograr un profundo entendimiento de la estructura de clases en México es menester considerar no sólo los recursos necesarios para la producción material, sino también los que se requieren para la producción cultural y política, lo que podría llamarse capital político, es decir, aquello que permite a algunos sectores de la sociedad poseer y ostentar diversas formas de poder.[12] Desde hace mucho, los puestos políticos en México están reservados a la élite gobernante y son una posición desde donde se administra el control de clase sobre los recursos productivos. Entre las clases marginales de México, la gente a menudo habla de "la clase política" para describir la fusión de participación política y exclusión y explotación económica. La mecánica de la división de clases puede ser explícita y manifiesta: ni los pueblos indígenas ni las mujeres de ninguna raza podían tener propiedades bajo el dominio español. Las divisiones de clase también pueden ser opacas y encubiertas: cuando a los pueblos indígenas les fue concedido el derecho de poseer tierras, las guardias armadas de los caciques locales les impidieron ejercer sus derechos; asimismo, cuando a las mujeres se les permitió votar y postularse para cargos, sus maridos, colegas y parientes masculinos las presionaron o amenazaron con abusos para evitar que se involucraran políticamente.

Aunque el lenguaje del análisis de clases puede parecer anticuado, el término "explotación" aún conserva validez. Es más matizado que "opresión", pues implica la necesidad, por parte del explotador, del trabajo de la gente explotada. Masacrar gente no es explotación; esclavizarla, sí. El genocidio no es explotación, pero la maquiladora sí. La opresión y la dominación —el uso de la violencia para controlar las acciones de una persona o clase— son tácticas empleadas para perpetuar las relaciones de explotación. La explotación, citando nuevamente a Wright, es una forma de interdependencia entre diferentes clases en la que los intereses materiales de la clase explotadora dependen de las privaciones de los explotados, y entonces se basa en el control de los esfuerzos laborales de las clases bajas y su exclusión del acceso a ciertos recursos.[13] De nuevo, la historia colonial de México ofrece un ejemplo de libro de texto: la riqueza de los españoles requería la miseria de los indígenas, a quienes les era negada la igualdad de derechos políticos y de propiedad y eran obligados a trabajar para los españoles en las minas y las haciendas. No hay que olvidar que muchas de las comodidades y maravillas de Europa occidental y las sociedades americanas de élite se construyeron con el trabajo de esclavos y con materiales saqueados de las tierras invadidas.

Ésta es una de las historias más tristes jamás contadas: un "nuevo" mundo es "descubierto" y muchos mundos son arrasados; toda esa riqueza en el campo de la diversidad humana es aniquilada y quemada por hombres poseídos de la lógica de poseer, hombres que creían en el derecho divino de jerarquía, en el principio de un orden inviolable: de Dios al papa, al rey y a la reina, pasando por el abigarrado conjunto de la realeza y sus ejércitos, hasta los siervos, los sirvientes, los esclavos, los salvajes. Este orden, creían, era la mismísima palabra de Dios, santa y justa; cualquier ofensa contra él era algo que había que aplastar.

Yo aprendí sobre la conquista de las civilizaciones indígenas de México en primaria, en los Estados Unidos. En clase aprendimos el alfabeto en español, memorizamos los nombres de los colores y nos explicaron que los aztecas ya no existen. Vi fotografías de su calendario y sus pirámides. Tuve pesadillas al pensar que todo un pueblo había dejado de existir, que mundos enteros habían desaparecido: los aztecas, los mayas. Eso me enseñaron: la historia de la conquista, aterradora por su violencia, pero aún más por su irrevocabilidad. En ese entonces no sabía que la historia de la conquista es su propia continuación; que la enseñanza de mundos perdidos es parte del conjuro que pretende desaparecerlos. No sabía que ese cuento —con todo su horror— es la justificación de la historia; Bartolomé de las Casas —que abogó contra algunas de las brutalidades de los invasores españoles— ahora puede ser alabado por condenar la violencia colonial y el racismo, porque lo hecho, hecho está.

Esa historia sería distinta ahora, dice el cuento, pues el mundo sobreviviente, el de los "descubridores", los "conquistadores", ya no es un mundo de designios imperiales, un mundo de esclavos ni de jerarquías divinas en la humanidad, impuestas brutalmente, desde Dios hasta el salvaje. El mundo sobreviviente es un mundo de leyes, donde las jerarquías han sido niveladas por la libertad individual, donde el orden inviolable ha sido derrocado, despedazado y reemplazado con la inmensa aplanadora de la democracia. Donde antes hubo monarcas, ahora los ciudadanos se forman para votar y el antiguo monopolio aristocrático de la cultura está al alcance de cualquiera que lo pueda pagar. El "Nuevo Mundo" ha aprendido de toda la sangre derramada en el pasado. Este mundo, nuestro mundo, por fin es libre. Y esa libertad absuelve al presente del pasado.

En muchas partes de este "Nuevo Mundo" es fácil creer que el pasado quedó sepultado y ya se limpiaron los escombros. Pero en México basta salir a la calle, tomar el metro o abrir el periódico para encontrar ese pasado completamente vivo, vital, hambriento y muy lejos de olvidar y de perdonar. La historia, aquí, aún tiene mucho que decir. El tiempo es el *collage* de los mundos divididos, la colisión continua de la conquista y la rebelión. No existe un tiempo único, plano, constante, medible con relojes y calendarios: el tiempo es un campo de batalla abierto. Las ruinas aztecas yacen al lado de la sede del gobierno federal, un hombre arrea una mula con una carreta de madera de dos ruedas contra una feroz corriente de automóviles. El pasado y el presente están enredados por todas partes en el mismo terreno.

La conquista no quedó enterrada ni contenida en los capítulos de los textos de historia; tampoco quedó relegada a un pasado específico y extinto: continúa. El pulso de la conquista mueve a las instituciones gubernamentales, a los amafiados cabilderos, a las fuerzas policiacas y militares, a los medios y a las empresas privadas que gobiernan el país. En México los conceptos de historia, Estado de derecho, pobreza y migración están cargados ideológicamente con mitos cultivados a lo largo de cientos de años para enmascarar la violencia y consolidar la legitimidad del saqueo, la invasión y la explotación. Y así, el pulso de la rebelión contra la conquista continua mueve a la resistencia y a levantamientos por todo México: desde la resistencia cotidiana de los vendedores ambulantes en la capital hasta las barricadas en Oaxaca y los municipios autónomos en los territorios rebeldes zapatistas.

Edward Said escribió: "Usaré el término 'imperialismo' como definición de la práctica, la teoría y las actitudes de un centro metropolitano dominante que rige un territorio distante; 'colonialismo', casi siempre consecuencia del imperialismo, como la implantación de asentamientos en esos territorios distantes".[14] La independencia de México respecto de España sólo cambió el centro metropolitano dominante de Madrid a la Ciudad de México. En los 200 años de independencia, la clase gobernante mexicana ha continuado la práctica del imperialismo, imponiendo su dominio sobre territorios lejanos y sobre la increíble diversidad de culturas de la gente que en ellos vive. Pero esta clase gobernante también ha cooperado en gran medida con los mandatos de los designios imperialistas de mayor alcance de los Estados Unidos.

Ahora está de moda que eruditos a ambos lados de la frontera entre México y los Estados Unidos reconozcan la larga lista de crímenes, trucos, argucias y horrores empleados por el PRI para monopolizar el Estado durante 71 años. Este acuerdo se hace posible gracias a otro mito: el mito de que todo cambió en el 2000, cuando Vicente Fox, del conservador Partido Acción Nacional (PAN), venció al PRI y ganó las elecciones presidenciales. Fox no fue el primer candidato de oposición en ganar, pero sí fue el primero al que dejaron ganar y asumir el cargo, y las mismas instituciones de Estado y de capital que más amenazadas se veían por la legitimidad irrevocablemente corroída del PRI fueron las que más alzaron la voz celebrando su victoria. Y si bien la aprobación casi oficial de la crítica al PRI ha permitido conocer abundante información nueva sobre la mecánica cotidiana de construir y operar una sociedad estratificada, la élite despoja esa información de toda relevancia política al señalar el "triunfo de la democracia" en las elecciones del 2000.

Sin embargo, los sucesos de los últimos seis años de "transición democrática" acabaron con el mito. Entre 2000 y 2005, más de cuatro millones de mexicanos dejaron sus hogares para cruzar a los Estados Unidos en busca de trabajo, convirtiendo a México en el principal país "exportador" de migrantes del mundo. Desde que Fox llegó al poder, la violencia de los cárteles de drogas rivales estalló, llegando a extremos que hacen ver pintorescas las maniobras de Al Capone. En el último año del gobierno de Fox, los sicarios de los cárteles empezaron a decapitar a sus víctimas —policías, miembros de cárteles rivales y ciudadanos que osaban quejarse— y a empalar las cabezas afuera de oficinas de gobierno o a arrojarlas como bolas de boliche por la pista de baile de atiborrados centros nocturnos. En los primeros 18 meses del gobierno de Felipe Calderón, los sicarios de las bandas de narcotraficantes ejecutaron a más de 4 400 personas.[15]

También en el último año del gobierno de Fox, mientras los jefes de los cárteles asesinaban con impunidad, policías estatales y federales atacaron a los manifestantes atrincherados en el pequeño pueblo de San Salvador Atenco; golpearon brutalmente a cientos de personas y violaron a más de 30 mujeres en el autobús que las transportaba a la cárcel. La madrugada del 14 de junio, el gobernador de Oaxaca, Ulises Ruiz Ortiz, mandó a más de 1 000 policías estatales a que repitieran la operación de Atenco contra los maestros en huelga que acampaban en el zócalo de la ciudad de Oaxaca. El tiro le salió por la culata: maestros y vecinos indignados salieron a las calles, contraatacaron y sacaron a la policía de la ciudad. Este desatinado operativo policiaco provocó la toma de la ciudad de Oaxaca por parte de los manifestantes durante seis meses, en los cuales escuadrones de la muerte formados por policías estatales y locales mataron a más de 20 personas con absoluta impunidad.

Pero quizá el desenmascaramiento más irónico del mito de la "transición democrática" ocurrió en las elecciones presidenciales de 2006.[16] Fox y su camarilla desataron una serie de notas escandalosas en televisión con las cuales pretendían impedir que Andrés Manuel López Obrador, entonces jefe de gobierno de la Ciudad de México, se postulara como candidato presidencial por el Partido de la Revolución Democrática (PRD). La campaña mediática fracasó, amplia y correctamente percibida como una conspiración de la élite derechista. Más que bloquear su candidatura, la fallida estrategia incrementó el apoyo popular a López Obrador a más de un año de las elecciones, colocándolo claramente a la cabeza. Cuando las campañas empezaron en serio en enero de 2006, Fox usó ilegalmente la presidencia para hacer campaña a favor del candidato panista Felipe Calderón y atacar a López Obrador (después de las elecciones, el Tribunal Federal Electoral declaró que las acciones de Fox fueron, en efecto, ilegales, pero no "decisivas"). Grupos empresariales y de católicos conservadores inundaron la televisión y la radio con siniestros anuncios que atacaban a López Obrador comparándolo con Hitler, Mussolini y Hugo Chávez. "López Obrador: un peligro para México", declaraba el locutor. Tras meses al aire, el Tribunal Federal Electoral declaró que estos anuncios eran ilegales y ordenó que los retiraran.

Luego, poco después de las once de la noche del 2 de julio de 2006, Luis Ugalde, presidente del Instituto Federal Electoral (IFE), el organismo a cargo de las elecciones, salió en televisión con un mensaje pregrabado en el que, tras alabar las instituciones democráticas, la participación de los electores y el rigor científico del conteo de votos, decía que los resultados estaban muy parejos para declarar un ganador y exhortaba a ambos candidatos a esperar los resultados oficiales. Apenas unos segundos después, el presidente Fox apareció con otro mensaje pregrabado —igualmente barroco y didáctico en su encomio de las instituciones, los electores y la ciencia— en el que también pedía a los mexicanos que esperaran pacientemente los resultados oficiales. Pocos esperaron. Ambos candidatos se declararon ganadores esa misma noche.

En los días siguientes empezaron a salir a la luz graves irregularidades en el conteo de votos —hubo de todo: desde imposibilidades estadísticas hasta millones de votos "faltantes", pasando por urnas con boletas encontradas en los tiraderos de basura o flotando en el canal de desagüe de la Ciudad de México—. Conforme aumentaba la evidencia y crecían las sospechas populares, la situación trajo a la memoria con demasiada claridad la última vez que un candidato de oposición parecía listo para ganar, en 1988, cuando "se cayó el sistema" —al menos eso dijeron—. El PAN y el IFE lanzaron una campaña publicitaria masiva, retratando a quienes alegaban fraude como antimexicanos, que insultaban a todos los voluntarios que fueron funcionarios de casilla y a los millones de ciudadanos que votaron el 2 de julio. López Obrador llevó su protesta a las calles, convocando entre uno y dos millones de personas en sus marchas al Zócalo de la Ciudad de México, antes de organizar un plantón definitivo en el Zócalo e importantes avenidas del centro. Sin embargo, el IFE falló en favor de Calderón y el Tribunal Federal Electoral se negó a autorizar un recuento completo de votos. López Obrador terminó su protesta y la toma de poder de Calderón se celebró en medio de un ostentoso despliegue militar y policiaco para impedir que los manifestantes se acercaran al Congreso.

Las elecciones de 2006 fueron una especie de referéndum de la división de clases en México. Las multitudes de López Obrador reflejaban a la gente común que anda en las calles, en el metro, trabajando en el campo o en las construcciones de todo el país (y también de todos los Estados Unidos). Los seguidores acérrimos de Calderón, que visten ropa de diseñador y llegan a los eventos políticos en sus camionetas todoterreno, representan a los empresarios y tecnócratas educados en el extranjero que ahora manejan el país (el día de la elección, sin embargo, un grupo importante de los menos favorecidos votó por Calderón, aterrado por la idea de que la victoria de López Obrador provocara una devaluación y llevara a una crisis económica). El contenido de los anuncios pagados por la derecha asociaba la conciencia de clase con las dictaduras fascistas, mientras que el discurso de campaña de López Obrador era un llamado a recuperar el país de manos de los muy ricos. El resultado de la elección fue un mensaje a los desvalidos de México: no pueden ganar, aunque sigan todas las reglas y participen en el juego de la democracia electoral; tomaremos el poder, como lo hemos tomado desde hace siglos, con trucos, embustes y, en caso necesario, la imposición de la violencia. En 2006, el fugaz mito de la Gran Transición llegó a su fin.

El Estado mexicano es la criatura de un legado de conquista e imperialismo. En México, la fachada de legitimidad construida sobre el Estado está despostillada y rota. En gran medida esto se debe al autoritarismo de la clase gobernante —que es demasiado fastuosa para ocultarse— y a la intensidad y perseverancia de las rebeliones locales por conquistar derechos básicos, tierra, autonomía, y en contra del colonialismo contemporáneo del Estado. Y la nación, la "comunidad imaginaria" que en México está fusionada con el poder político autoritario, se está resquebrajando mientras los que han sido excluidos, siempre sujetos a la violencia de la "estabilidad nacional", siguen imaginando y peleando por lograr algo más, algo diferente.[17]

México rebelde es una crónica de las fisuras ocultas en la guerra de clases en México. Hace dos planteamientos. Primero, que la conquista nunca terminó, sino que evolucionó y se transformó del imperialismo español a un colonialismo interno combinado con formas de dominación económica impuestas por los Estados Unidos. La clase política mexicana emplea diversas ideologías nacionalistas y económicas del Estado de derecho y de la pobreza como catecismos para convertir y dominar a los sectores de la población que aún no han sido colonizados, sean indígenas o no; desde los rebeldes zapatistas en Chiapas hasta los rarámuri en Chihuahua, desde los vendedores ambulantes en la Ciudad de México hasta los maestros de Oaxaca. Segundo, que precisamente por el carácter neocolonialista de los procesos internos de explotación, exclusión y represión en México, agravados por una historia profunda y continua de intervenciones militares, políticas y económicas de los Estados Unidos, los movimientos de resistencia adquieren una dimensión anticolonialista que pone en tela de juicio y amenaza la legitimidad de los principios fundamentales del Estado y conduce a una participación social arrojada, creativa, masiva y enérgica. La guerra de clases en México es una lucha contra la conquista continua, una lucha social por la dignidad y la autonomía.

El filósofo Slavoj Zizek escribe: "El nivel fundamental de la ideología [...] no es el de una ilusión que enmascare el estado real de las cosas, sino el de una fantasía (inconsciente) que estructura nuestra propia realidad social".[18] La ideología sirve para normalizar las relaciones sociales, notables y horrendas. Con la magia de una o dos palabras bien colocadas, debidamente impregnadas de ideología, las situaciones más absurdas e inaceptables llegan a parecer naturales. La ideología dice que cuando la policía mexicana mata y tortura cotidianamente, bueno, pues es parte del Estado de derecho; que si 20 millones de mexicanos viven en condiciones de hambre, con sus hijos muriéndose de diarrea, bueno, pues ésa es la triste realidad de la pobreza; que cuando casi medio millón de mexicanos cruza la frontera cada año hacia los Estados Unidos buscando su propia explotación laboral con tal de que sus familias sobrevivan, bueno, pues quieren una vida mejor y por eso emigran; que si los 12 millones de habitantes indígenas de México viven al margen del Estado, sujetos a constantes masacres, al racismo cotidiano y a los estragos del hambre, bueno, pues los indígenas siempre han sido así, desde antes que llegaran los españoles, es su pasado indígena. Este libro busca examinar las fantasías rotas de la ideología contemporánea, fantasías que en México han sido rechazadas por los territorios en rebelión.

México rebelde recurre a una amplia gama de fuentes académicas, teóricas y periodísticas; da referencias y toma material de la experiencia del autor como reportero en México durante más de dos años. La intención es que invite a reflexionar y haga un llamado a la acción. No pretende tener la última palabra; no cree en las últimas palabras. Es un intento por despertar la curiosidad, convocar el pensamiento crítico, abrir espacios de reflexión e imaginación política. El lenguaje del libro transita entre lo argumentativo, lo lírico y lo narrativo. Y si bien es una reflexión sobre el imperio y la rebelión en México, espero que los pensamientos e historias aquí presentados resulten de utilidad a quienes estén reflexionando sobre condiciones sociales similares en otras tierras. Por último, aunque esta obra está dividida en capítulos, cada capítulo podría estar incrustado en todos los otros, o dicho de otra forma, cada capítulo sangra en todos los otros: todos comparten la misma sangre.

1
La continuidad histórica de la Conquista y la rebelión

> Entre las estrategias más corrientes de interpretación del presente se encuentra la invocación del pasado. Lo que sostiene esa invocación no es sólo el desacuerdo acerca de lo que sucedió, acerca de lo que realmente fue ese pasado, sino la incertidumbre acerca de si el pasado realmente lo es, si está concluido o si continúa vivo, quizá bajo distintas formas.
>
> EDWARD SAID, *Cultura e imperialismo*

> En un sentido doble, las historias de los pueblos indios de México no son todavía historia. No lo son, en primer lugar, porque están por escribirse; lo que hasta ahora se ha escrito sobre esas historias es ante todo un discurso del poder a partir de la visión del colonizador, para justificar su dominación y racionalizarla. No son todavía historias, en otro sentido, porque no son historias concluidas, ciclos terminados de pueblos que cumplieron su destino y "pasaron a la historia", sino historias abiertas, en proceso, que reclaman un futuro propio.
>
> GUILLERMO BONFIL BATALLA, "Historias que todavía no son historia"

Hace unos 20 000 o 35 000 años, cazadores migrantes pueden haber cruzado un puente terrestre de la Era del Hielo, de Asia al continente americano. Para cuando Colón se topó con el Caribe buscando las Indias, millones de personas, agrupadas en cientos de culturas y grupos lingüísticos distintos, habitaban las Américas desde Alaska hasta la Patagonia. Cuando Hernán Cortés marchó hacia la ciudad de Tenochtitlan, la mayoría de los pueblos indígenas de la tierra que sería México nunca había visto el Templo Mayor ni había oído hablar de él siquiera: el pueblo rarámuri, el ñu savi, el seri, el chol, el yaqui, el pápago, el tojolabal, el kiliwa. Al momento de la incursión española, la asombrosa diversidad de pueblos indígenas en todo el territorio que ahora conocemos como México se reducía a los imperios azteca y maya, con una breve mención de los desaparecidos olmecas o de sociedades con una arquitectura sofisticada, como los zapotecas. Esta reducción es parte de la misma conquista; hablar de los indígenas como un tema del pasado, no como sociedades existentes: el Imperio maya cayó por sí mismo y el azteca lo hizo ante Hernán Cortés. Ya no existen. Pero quedan más de 12 millones de habitantes indígenas, a muchos de los cuales les son negados tanto su historia como su presente.

Este reduccionismo azteca también sirve para justificar el saqueo español. Alan Riding, quien fue corresponsal del *New York Times* en México y es autor del libro atinadamente titulado *Vecinos distantes,* escribió esto sobre la invasión española: "Después de la Conquista, el que llegó fue tan sólo otro dios, en cuyo nombre se sometió a los indígenas a una nueva explotación".[1] Los aztecas —o más precisamente, la Triple Alianza— fueron una fuerza imperial brutal en el centro y el sur de México por más de 90 años (1428-1519).[2] Al fusionar todas las culturas indígenas de México con el Imperio azteca, los comentaristas como Riding pueden trazar una línea ininterrumpida de explotación desde la era precolombina y el Virreinato de la Nueva España hasta el presente, y al hacerlo logran que la explotación misma parezca algo tan antiguo y natural como tejer canastas o sembrar maíz. "Los indios eran igual de déspotas y sanguinarios que los españoles; hasta le sacaban el corazón a la gente cuando seguía viva

—dice su lógica—. Los pobres siempre han sufrido, siempre han sido víctimas de opresores violentos, y así son las cosas, nada lo puede cambiar." Las culturas precolombinas no eran utopías libres de violencia. Muchas batallaban bajo el dominio imperial, pero su diversidad y sus diferencias se borran bajo el reduccionismo azteca, y su opresión se vuelve algo natural y vagamente justificado.

El Valle de México, donde actualmente se ubica la Ciudad de México, la zona urbana más poblada del hemisferio occidental, alguna vez albergó grandes lagos con fértiles tierras de cultivo en sus orillas e islotes. Las primeras sociedades hegemónicas, a veces llamadas los primeros Estados, se desarrollaron en el Valle de México. Alrededor del siglo I d.C., la ciudad de Teotihuacan emergió como la capital multiétnica del primer imperio mesoamericano, alcanzando una población de unos 150 000 habitantes para el año 500 d.C.[3] El control teotihuacano del comercio regional de obsidiana (empleada en herramientas de corte y armas) impulsó la expansión del valle hasta que la competencia entre las élites locales llevó a la fragmentación política de la región. La siguiente sociedad hegemónica no se desarrollaría sino hasta unos 500 años después, cuando los toltecas lograron el control de la producción de obsidiana y construyeron un imperio mercantil basado en innovaciones militares (por ejemplo, una espada de 50 centímetros con filo de obsidiana a ambos lados).[4] Tollan, la capital tolteca, cayó en 1179 y las ciudades-Estado guerreras llenaron el vacío de poder; los tepanecas controlaron el lado occidental del Valle de México y desarrollaron las tácticas militares imperiales que presagiaban el reinado de 100 años de los aztecas.[5]

Los aztecas emigraron hacia el Valle de México en el siglo XII y se establecieron en Tenochtitlan —una isla próxima a la orilla oeste del lago de Texcoco—, quizá porque provenían de una región lacustre en lo que ahora es Guanajuato o del lago Mexcatitlán en Nayarit.[6] Originalmente forasteros y tributarios en el área controlada por los tepanecas, los aztecas buscaron consolidar su poder local mediante matrimonios estratégicos y su participación en las conquistas militares tepanecas.⁷ En 1409 estalló una batalla entre los herederos potenciales del Imperio tepaneca. El rey azteca Itzcóatl forjó una alianza con los reyes de Texcoco y Tlacopan para derrocar a los tepanecas. La Triple Alianza derrotó al rey tepaneca Maxtla y consolidó su control del Valle de México mediante una serie de campañas para subyugar o conquistar a las ciudades-Estado vecinas.⁸

Los reyes aztecas, apoyados por la Triple Alianza, construyeron en menos de 100 años un poder imperial sin parangón en Mesoamérica. Su poder se basaba en gran medida en el control de las rutas comerciales y la imposición de tributo a las zonas conquistadas, ambos respaldados por la amenaza (y a menudo la demostración) de una represión brutal. Si bien los aztecas no crearon un imperio en el sentido de establecer un control estricto sobre un territorio extenso ejercido por una autoridad centralizada y mantenido mediante la ocupación militar, sí desarrollaron una región de dominio en la que cualquier incumplimiento de las exigencias aztecas por parte de las autoridades locales acarreaba una campaña militar despiadada en su contra.⁹ Los aztecas buscaban obligar a la gente —principalmente la de las ciudades importantes en los valles agrícolas— a someterse a su mandato mediante abrumadoras amenazas de destrucción, forzándolos sin necesidad de batallas a pagar tributo y a dejar operar a los comerciantes aztecas (que también eran espías).¹⁰ Exceptuando estas dos imposiciones, los aztecas dejaban intactas las estructuras de poder locales, y "por lo general la conquista no causaba muchos más cambios explícitos en la sociedad local".¹¹ Quienes se resistían o se rebelaban enfrentaban una guerra y a menudo eran aplastados. Muchas pequeñas sociedades en lo que hoy son Guerrero y Oaxaca cayeron bajo las armas de obsidiana de los aztecas. Los regímenes también hegemónicos de los tarascos al occidente y los tlaxcaltecas al oriente resistieron el dominio azteca por décadas (proporcionando, mediante guerras continuas, muchos de los prisioneros ejecutados en los templos aztecas), hasta la invasión española.

Los aztecas desarrollaron varias instituciones opresivas, como la esclavitud, leyes draconianas (el castigo por robo o embriaguez pública era la muerte por estrangulamiento), el control ideológico mediante la educación religiosa y la reescritura de su propia historia en función de sus ambiciones políticas.[12] Pero ninguna táctica de los aztecas ha sido tan satanizada —justa, si bien anacrónicamente— y tan poco entendida como su práctica del "sacrificio" humano. Estas prácticas sí ocurrían a todo lo largo del Imperio azteca (como ocurrían también en los reinos de sus enemigos tarascos y tlaxcaltecas) y se vinculaban con el canibalismo.[13] En el mismo periodo también se practicaban ejecuciones públicas por toda Europa.[14] Sin embargo, mientras en ese continente los sacrificios humanos —el espectáculo público de las matanzas del Estado— eran en gran medida una cuestión punitiva, un castigo espectacular a transgresiones contra el orden religioso o político, en el Imperio azteca eran más bien una exhibición patente del poder imperial: prisioneros y voluntarios eran sacrificados por igual no como castigo, sino como una muestra de poderío militar y riqueza económica que tenía el doble propósito de impactar a los conquistados e intimidar o aterrorizar a quienes se resistían a la expansión azteca.[15] Tales desplantes imperiales también estaban profundamente arraigados en sus creencias espirituales; se pensaba que los sacrificios humanos mantenían el sol en su curso, aseguraban la lluvia que cae del cielo y el continuo resurgimiento de la primavera.[16] La práctica azteca de sacar el corazón aún palpitante del pecho de un prisionero no es más ni menos brutal que la práctica europea de quemar en la hoguera o destripar y descuartizar herejes: ambas buscaban simbolizar el poder estatal ante súbditos apabullados; ambas eran herramientas de opresión tendentes a la construcción del imperio. El Imperio azteca no debe ser defendido ni maquillado para parecer una utopía de propiedad agraria comunal (aunque la enorme mayoría de la tierra en el reino azteca pertenecía colectivamente a la gente que la trabajaba);[17] su imperio fue devastador y miles cayeron o fueron esclavizados por su violencia.

Para cuando llegaron los españoles, las ambiciones imperiales aztecas habían alcanzado sus límites geográficos en lo que hoy es la frontera de México con Guatemala.[18] Moctezuma II (1503-1520) buscó cambiar las políticas aztecas de expansión por políticas de estabilización en los límites sureños del imperio, mientras edificaba una feroz concentración de poder en su persona.[19] El atrincheramiento de Moctezuma llevó a una fractura de la Triple Alianza y a una pérdida tanto del impulso militar como de la cohesión ideológica, que debilitó a los aztecas en la víspera de la llegada de Hernán Cortés a Tenochtitlan.[20]

Si bien la intención inmediata de Cristóbal Colón era trazar una ruta directa al Oriente asiático, su viaje era parte de un plan mayor de conquista: buscaba acumular la riqueza necesaria para una cruzada católica cuyo objeto era tomar Jerusalén. En sus propias palabras: "Protesté a Vuestras Altezas que toda la ganancia de esta mi empresa se gastase en la conquista de Jerusalén". Y después: "Al tiempo que yo me moví para ir a descubrir las Indias fui con intención de suplicar al rey y a la reina nuestros señores que de la renta que de Sus Altezas de las Indias hobiere que se determinase de la gastar en la conquista de Jerusalén, y así se lo supliqué".[21] Este impulso imperialista motivado por la religión se mantuvo y prevaleció cuando Colón se topó con un lugar muy distinto del que buscaba.

En los primeros 100 años de la invasión española, la masacre, el trabajo forzado y la enfermedad se combinaron para matar a más de 90% de los primeros pueblos de México. En 1491 había 80 millones de habitantes en las Américas; para 1550, la población indígena era de 10 millones. En México, la población nativa cayó de 25 millones a un millón hacia 1600.[22] En el Valle de México, sede de la Triple Alianza y luego del poder español, la población indígena pasó de 1.5 millones a 70 000 entre 1520 y 1650 (y volvió a aumentar a 200 000 para 1800).[23] Los españoles formaron alianzas con los cabilderos locales —a quienes llamaron caciques— para administrar su dominio. Unos cuantos curas que participaban en la imposición del catolicismo condenaron la brutalidad con la que sus compatriotas españoles trataban a los pueblos indígenas. No cuestionaban su derecho de imponer el cristianismo e incluso someter a los indígenas a trabajos forzados; sólo pensaban que debía hacerse con menos derramamiento de sangre. A instancias de fray Bartolomé de las Casas, el papa emitió una bula en 1537 declarando la libertad de los pueblos indígenas, y en 1542 la Corona española impuso las Leyes Nuevas a sus colonias, prohibiendo las masacres y el despojo de tierras. Con las Leyes Nuevas se plantaron en México las primeras semillas de impunidad en el sentido moderno: los colonizadores se negaron insolentemente a acatar la ley, diciendo: "Obedezco pero no cumplo". Las Leyes Nuevas fueron derogadas tres años después, abriendo la puerta a la continua invasión colonial de tierras indígenas. En 1573 la Corona desarrolló la Ley Regular, en la que la palabra "conquista" se sustituía con "pacificación", satisfaciendo así la sensibilidad moral de la Corona española.[24]

Desde el primer punto de contacto, los españoles vieron a los indígenas como objetos, como especies exóticas de aves y lagartijas que había que recolectar, llevar a Europa y exhibir (Colón), o en el mejor de los casos, como productores de objetos —criaturas anónimas como los gusanos que tejen la seda— que había que llevar de regreso a Europa (Cortés).[25] Esclavizar a la gente y despojarla de sus tierras era una cuestión económica para los españoles; de ninguna manera una cuestión moral.[26] La condición de objeto de los indígenas les fue literalmente quemada en la piel. Los esclavos llevaban marcado en la cara el hierro real, así como las iniciales de sus sucesivos dueños. Uno de los cronistas españoles de la conquista escribió: "Dábanles por aquellos rostros tantos letreros, demás del principal hierro del rey, tanto que toda la cara traían escrita, porque de cuantos era comprado y vendido llevaba letreros".[27] La violencia de este contacto inicial —la negativa de los españoles a reconocer a los mexicanos como seres humanos y semejantes— marcó para siempre las divisiones sociales en México, y hasta la fecha no se olvida.

Consideremos esta crónica presencial —y su narración desenfadada— de hechos que tuvieron lugar en las islas del Caribe en 1519:

> Yendo ciertos cristianos, vieron una india que tenía un niño en los brazos, que criaba, e porque un perro quellos llevaban consigo había hambre, tomaron el niño vivo de los brazos de la madre, echáronlo al perro, e así lo despedazó en presencia de su madre [...] Cuando llevaban de aquellas gentes captivas algunas mujeres paridas, por solo que lloraban los niños, los tomaban por las piernas e los aporreaban en las peñas o los arrojaban en los montes, porque allí se muriesen.[28]

Los habitantes originales de México no inclinaron la cabeza ante la autoridad extranjera y la violencia; rechazaron los intentos por dominarlos. Los indígenas se rebelaron por todo el país, de modo continuo y firme, durante todo el periodo colonial. Los yaquis repelieron ferozmente las invasiones territoriales españolas por más de 100 años. Los yopes se sublevaron en 1531. La rebelión del Mixtón de 1541 y las guerras chichimecas de 1576-1606 desafiaron la expansión imperial española. Los tarahumaras se rebelaron contra los españoles durante todo el siglo XVII (1616, 1646, 1650, 1652, 1689, 1696-1697). Sociedades indígenas lucharon por retener su autonomía en Oaxaca y se sublevaron en 1660. Hoy existen más de 400 municipios indígenas autónomos en dicha entidad. Los indios pueblo de lo que ahora es Nuevo México se rebelaron en 1680, y los tzeltales, en Chiapas, en 1712. En el norte, los seris se levantaron en 1725-1726, y los yaquis y los mayos, en 1740-1742. Otra rebelión de los seris, aliados con los pimas y los pápagos en 1748, se extendió a toda la década de 1750. Los mayas se rebelaron en 1761. Pequeños agricultores e indígenas de la Sierra Gorda, donde se unen Querétaro, Guanajuato y San Luis Potosí, se levantaron en armas en 1847. Ese mismo año, en Yucatán, las comunidades mayas declararon la guerra a las clases altas de ascendencia europea; la llamada Guerra de Castas duró décadas antes de ser suprimida. Los pueblos indígenas de la Huasteca se resistieron a los españoles cientos de años y luego desataron una serie de rebeliones a fines del siglo XIX, las cuales ayudaron a lanzar la Revolución mexicana de 1910-1920. A lo largo del siglo XIX hubo más de 40 rebeliones en 17 estados.[29] La historia de la rebelión en México es tan profunda como la de su explotación, aunque aquélla es una historia que en gran medida no se ha narrado, un silencio que a su vez refuerza la ideología de lo terminante de la conquista.

La autoridad colonial en Nueva España sentó las bases de varios pilares de la política mexicana contemporánea: poder centralizado, capitalismo de monopolios, corrupción y amiguismo, caciquismo, racismo, estratificación de clases y explotación laboral. La Corona era el árbitro final de los asuntos políticos de la Nueva España, pero conforme el poder español en Europa fue disminuyendo, los funcionarios coloniales nacidos en la metrópoli asumieron un poder considerable sobre los asuntos cotidianos. La minería de plata se convirtió en una de las principales empresas económicas de la Nueva España; México pronto superó a Perú como el principal proveedor en el mercado mundial de este metal, que se empleaba sobre todo en el comercio con el Oriente asiático. La corrupción fue rampante desde el principio: los dueños de las minas y los comerciantes-financieros sobornaban a los burócratas coloniales para evadir los impuestos de la Corona. Hacia 1660, las mismas autoridades coloniales calculaban que el comercio de plata que no había pagado impuestos superaba en más de 30% al comercio debidamente regulado.[30] En este proceso, los comerciantes-financieros nacidos en España, con capital acumulado de su control monopólico del comercio trasatlántico, se erigieron como el principal grupo de poder de la Nueva España, aún más que los hacendados, que en el campo eran prácticamente señores feudales.

Los españoles trajeron africanos como esclavos a México durante más de un siglo, aunque nunca en cantidades tan grandes como en los Estados Unidos y Brasil. Mientras la Corona sentía la necesidad de usar eufemismos como "pacificación" para disfrazar la invasión de tierras y los trabajos forzados a que eran sometidos los indígenas, los pueblos africanos eran los únicos a los que abiertamente se llamaba esclavos durante el periodo colonial. Esto introdujo una escala de color en el racismo que persiste hasta el día de hoy, en que los afromexicanos junto con los indígenas se encuentran en el fondo del brutal pozo del racismo contemporáneo. Los estratos sociales de raza en la Nueva España fueron conocidos como "castas", con diversos nombres para las personas de ascendencia racial mixta, y si bien la mayoría de las castas estaban excluidas de una participación autónoma en la vida social y económica, cuanto más clara era la piel de uno, menos virulento era el rechazo. Las castas participaron vigorosamente en los levantamientos urbanos del siglo XVII. Los españoles llamaron a estos levantamientos "tumultos", para despojarlos de todo contenido político, una técnica que se sigue empleando por las élites de hoy. En un levantamiento encabezado por mujeres para protestar contra los aumentos en el precio de la comida en 1692, las castas quemaron el palacio del virreinato, el ayuntamiento y la corte real.[31]

Sor Juana Inés de la Cruz (1648-1695) ofrece un vislumbre de la subyugación de las mujeres en la era colonial a través de sus poemas y cartas, que vituperan la doble moral sexual y abogan por la igualdad de oportunidades educativas para la mujer.[32] Cuando sor Juana tenía 42 años le prohibieron leer y escribir, aunque la leyenda cuenta que siguió escribiendo con su propia sangre.[33] El patriarcado colonial refrenaba a las mujeres en la vida política, económica y religiosa, pero ellas constantemente desafiaban y subvertían las prácticas patriarcales mediante formas de resistencia cotidiana en su casa y su comunidad.[34]

Hasta 1491, la economía de la civilización indígena se basaba principalmente en la agricultura sedentaria y la propiedad comunal de la tierra, aunque muchas zonas se hallaban sujetas a un brutal vasallaje por parte de los poderes imperialistas como la Triple Alianza.[35] Durante los primeros dos siglos de la Nueva España colonial, la economía consistía en un sistema heterogéneo de "tributos despóticos", feudalismo y capitalismo embrionario, operando como un todo orgánico. Dos estructuras conformaron el sistema: los tributos despóticos de los indígenas y el capitalismo feudal de los españoles. La estructura del tributo despótico (construida sobre la economía existente del Imperio de la Triple Alianza) ponía de un lado a las comunidades indígenas y del otro a la Corona española y la Iglesia. La comunidad agraria era la unidad básica de producción. Las unidades básicas de la economía española eran haciendas, latifundios, talleres artesanales, obrajes y minas.[36] Escribe el historiador Enrique Semo: "El ingreso de las clases dominantes proviene del trabajo excedente de los trabajadores indios encomendados o repartidos en las propiedades de los españoles, los esclavos, los asalariados libres, los peones, la explotación comercial de la comunidad y el pequeño productor".[37]

La Corona española controlaba férreamente la economía, buscando evitar que las clases indígenas o criollas (españoles nacidos en México) desarrollaran una competencia económica o cualquier otro tipo de amenaza al poder colonial. La Nueva España estuvo aunada al surgimiento del capitalismo en Europa en los siglos XVI y XVII, pero no convirtió su propia economía colonial híbrida, basada en la invasión territorial y el trabajo forzado, en ninguna forma similar de capitalismo incipiente. En la primera mitad del siglo XVIII, México seguía siendo principalmente precapitalista, sobre todo en el campo, donde prevalecían el peonaje por deudas y las condiciones de semiesclavitud: los indígenas expulsados de sus tierras difícilmente podían evitar algún tipo de relación laboral con la hacienda española.[38]

El fervor revolucionario que llevó a las guerras de Independencia de México (1810-1822) tuvo dos corrientes. La primera, personificada en el cura mestizo José María Morelos, buscaba una revolución social y también anticolonial. Morelos organizó un grupo guerrillero que pronto se convertiría en el más disciplinado de los primeros ejércitos independentistas. El programa de Morelos, articulado en el

Congreso de Chilpancingo, decretaba la redistribución de la riqueza, la abolición de la esclavitud y de cualquier tipo de distinción de clases, la anulación de los monopolios del Estado, leyes para subir los salarios, la cancelación del impuesto a las ventas y del tributo, y la creación de un impuesto sobre la renta.[39] Sin embargo, Morelos fue capturado y ejecutado en 1815.

La segunda corriente, personificada por el hacendado criollo Agustín de Iturbide, buscaba salvar a la élite criolla de las reformas liberales implementadas en España y del avance de la revolución social en el campo. Iturbide defendió a la Nueva España contra la primera oleada de la lucha independentista, peleando contra el ejército de Morelos. Después de que el golpe de Estado en España en 1820 trajera consigo leyes que protegían los derechos y las tierras de los indígenas en las colonias americanas, Iturbide capitalizó el anhelo criollo de liberarse de las restricciones que imponía la Corona al intercambio y al comercio, y convenció a sus seguidores de la necesidad de separarse de España para mantener su control sobre el poder rural y el trabajo indígena. Hasta el virrey español apoyó a Iturbide, quien también engañó al ejército de tendencias sociales más radicales que encabezaba Vicente Guerrero, persuadiéndolo de unir fuerzas para derrocar a los españoles (los conservadores asesinaron a Guerrero en 1831). Iturbide mostró su verdadera afiliación clasista al proclamarse Agustín I, emperador de México, una vez lograda la independencia. A los pocos meses tuvo que huir del país. Volvió un año después sólo para ser ejecutado por fuerzas republicanas de élite encabezadas por Antonio López de Santa Anna.[40]

Fuerzas socialmente conservadoras —aunque republicanas más que monárquicas— triunfaron en las guerras de Independencia, pero esto abrió las puertas a cuatro décadas de caos absoluto. En 40 años, México sufrió 50 gobiernos distintos y perdió la mitad de su territorio en una guerra con los Estados Unidos (guerra iniciada bajo el falso pretexto de una confrontación sangrienta con fuerzas mexicanas en territorio estadounidense —en realidad la batalla fue en México— y justificada bajo la doctrina racista del "destino manifiesto").[41] En el periodo posterior a la Independencia, los terratenientes invadieron más tierras comunales indígenas que en ninguna época anterior y su importancia política creció.[42] En 1861, cuando Benito Juárez —primer y único presidente indígena de México— suspendió por dos años el pago de la deuda externa para fortalecer la economía nacional, Inglaterra, Francia y España decidieron invadir y apoderarse de los puertos mexicanos. Un año después, Francia lanzó una invasión imperialista, mientras que Inglaterra y España se retiraron. El partido conservador mexicano apoyó a los franceses y acogió al alelado archiduque Maximiliano de Habsburgo como emperador de México. Juárez no abandonó el país: consiguió el apoyo de la élite liberal, los indígenas y los campesinos para librar una guerra de guerrillas constante, que finalmente derrocó a Maximiliano, a quien fusiló —junto con los generales conservadores que lo habían apoyado— en 1867.[43]

Benito Juárez, un indígena zapoteco de Oaxaca, nació en 1806. Trabajó para pagar sus estudios de derecho, fue diputado federal liberal en 1847, gobernador de Oaxaca, vicepresidente y finalmente presidente de la república. Hoy es un personaje célebre en el canon de los héroes nacionales, con un enorme monumento de mármol en su honor en el centro histórico de la Ciudad de México. Fue una figura determinante en la fundación del nacionalismo mexicano y del poder institucional del presidente de México; su identidad indígena fue crucial para su éxito y canonización póstuma como héroe de la nación.[44] Sin embargo, como presidente de México no se ocupó de la liberación ni de la autonomía indígenas. Consideraba que los indios debían demostrar que podían "ponerse a la altura" de la civilización europea dominando la ley y la ciencia. Sus políticas para reformar la tenencia de la tierra, sobre todo dirigidas a quitarle poder a la Iglesia, tuvieron el efecto colateral de dejar las tierras comunales indígenas expuestas a la expropiación.

Juárez derrotó en dos ocasiones al cacique oaxaqueño Porfirio Díaz en las elecciones presidenciales. Y cuando murió de un ataque al corazón en 1872 y el vicepresidente Sebastián Lerdo de Tejada lo sucedió, Díaz volvió a perder y Lerdo fue reelecto en 1876. En un giro irónico involuntario, Díaz inició la era de su mandato personal, el porfiriato, rebelándose contra Lerdo y ganando las subsecuentes elecciones con el lema: "¡No reelección!" Después de dejar el poder en 1880, al término de su mandato, Díaz buscó la reelección en 1884. Convencido de su propio "destino manifiesto" de gobernar México, controló siete elecciones más entre 1884 y 1910.

Los comentaristas suelen describir la dictadura de 30 años de Díaz como el primer periodo de estabilidad de la joven nación.[45] La extrapolación de esta observación se convirtió en un motivo recurrente en el siglo XX en México, más o menos en estos términos: "Un régimen autoritario y violento que reprima la inconformidad de clase —aunque pueda ser algo un poquito sucio, quizá no muy caballeroso— mantiene a la chusma a raya, la economía funcionando y la inversión extranjera fluyendo al país". Esta idea de "estabilidad" lava la inmundicia del racismo, el asesinato y el acaparamiento desde los escalones del palacio de la legitimidad. Y mientras el sesgo "antidemocrático" de la dictadura puede lamentarse en las conciencias nacionales —la flagrante violación del régimen hacia los valores liberales era su misma incapacidad de producir un escenario electoral convincente—, su economía coercitiva y sus políticas continuas de conquista rural se perdonan en nombre de la "estabilidad". Lo mismo que se dijo de Díaz se diría después del PRI.[46]

Díaz quería "modernizar" México, una especie de palabra clave que quería decir "europeizar" y que en realidad significaba seguir colonizando.[47] Para Díaz y su clan —los llamados "científicos" por sus aptitudes para la industria y el darwinismo social—, la modernización requería una homogeneización racial, palabra clave para referirse a la eliminación de las sociedades indígenas.[48] Los científicos "veían el futuro de México en la reducción y el aniquilamiento del elemento indígena, al que consideraban inferior y, por lo tanto, incapaz del desarrollo".[49] El racismo de Díaz era la política oficial y a la vez estaba enterrado secretamente en su modelo de desarrollo: usando la expansión ferrocarrilera como un medio para despojar a las comunidades indígenas y forzar la conversión de agricultores de subsistencia en jornaleros.[50] Díaz sostenía que México necesitaba poca política y mucha administración, lo cual, nuevamente, al traducirse de la retórica a la acción, significaba que Díaz debía ser el único político y que él administraría de cerca el destino de la nación.[51]

Díaz construyó casi 20 000 kilómetros de red ferroviaria, la cual, como ocurrió con la expansión norteamericana hacia el oeste 50 años antes, abrió nuevas tierras indígenas a la colonización y permitió a los dueños de minas y haciendas ampliar sus operaciones y capitalizar el mayor acceso a puertos y mercados.[52] Díaz atrajo cantidades cada vez mayores de inversión extranjera para terminar la mayor parte de los ferrocarriles, autopistas y demás proyectos importantes de construcción. Para cuando Díaz se vio obligado a exiliarse en 1911, los inversionistas extranjeros de los Estados Unidos, Gran Bretaña, Francia y Alemania controlaban 130 de las 170 compañías más grandes de México, y más de 60% del capital privado del país.[53]

Durante el porfiriato, los dueños de negocios y sus inversionistas se valieron de legalismos falsos y de la flamante policía rural ("los rurales") para desmembrar las tierras comunales y expandir sus propios intereses, llevando a la mayor concentración de tierras en la historia mexicana. Para 1906, la oligarquía vinculada con el gobierno se había apropiado de casi 49 millones de hectáreas, una cuarta parte de la tierra arable de México. Para 1910, el gobierno de Díaz había expropiado 95% de las tierras comunales del país.[54] En este periodo se acrecentaron las divisiones sociales y económicas entre norte y sur, puesto que la minería, los textiles y las incipientes operaciones agroindustriales concentraron sus apropiaciones de tierras en el norte. Tan sólo en el estado de Chihuahua, un individuo poseía siete millones de hectáreas.[55]

En el estado de Morelos, unos 80 kilómetros al sur de la Ciudad de México, la política de apropiación de tierras encendió el descontento social que desembocaría en la creación de un ejército revolucionario encabezado por Emiliano Zapata. Aquí, un hombre, Manuel Araoz, poseía 12 500 hectáreas de la tierra más fértil de la entidad.[56] Araoz, un magnate azucarero ansioso de aprovechar las líneas ferroviarias para exportar azúcar, quería más tierras. Pero los pobladores rurales no querían vender, ni siquiera cuando les ofreció buenos precios. Entonces, para despojarlos de sus propiedades, los latifundistas como Araoz "tenían que recurrir a maniobras políticas y judiciales, a confiscaciones, fallos judiciales, juicios hipotecarios y títulos impugnables".[57] Dos años antes de la Revolución mexicana, 17 latifundistas eran dueños de la mayoría de las tierras buenas del estado, 25% de la superficie total de Morelos.[58] Aun así, querían más.

A lo largo del porfiriato, indígenas, campesinos y obreros encabezaron rebeliones, protestas y huelgas contra el régimen, y todas tuvieron el mismo destino: una represión brutal. Entre 1906 y 1908 el Partido Liberal Mexicano (PLM) encabezó la resistencia organizada por todo el país, lanzando huelgas y varios levantamientos armados, cuestionando seriamente la legitimidad del régimen y ayudando a fomentar tanto las inquietudes revolucionarias como la fundación de un programa de oposición. Mediante su periódico *Regeneración*, distribuido clandestinamente a nivel nacional, y con el liderazgo intelectual de los hermanos Flores Magón, Ricardo y Enrique, el PLM difundió su llamado a reformas laborales, electorales y agrarias. Los hermanos criticaban a Francisco I. Madero —quien surgiría como líder revolucionario— por limitar su oposición únicamente a una reforma electoral, escribiendo que "El mal que aflige al pueblo mexicano no se cura con quitar a Díaz y poner, en su lugar, a otro hombre [...] Nuestras boletas electorales van a ser las balas que disparen nuestros fusiles".[59]

LA CONTINUIDAD HISTÓRICA DE LA CONQUISTA Y LA REBELIÓN

Emiliano Zapata, quien acababa de cumplir 30 años, fue electo para encabezar la junta municipal de Anenecuilco, en Morelos, en una asamblea clandestina realizada el domingo 12 de septiembre de 1909. Pequeño agricultor, arriero y comerciante de caballos, Zapata organizó su primera resistencia armada a principios del verano de 1910, con el fin de proteger a los campesinos cuando salían a sembrar al lugar donde la hacienda del Hospital se había mudado para usurpar tierras del pueblo.[60] Cuando Madero hizo su llamado a un levantamiento nacional para derrocar a Porfirio Díaz el 20 de noviembre, la muy local y terrenal rebelión de agricultores de Anenecuilco no sólo se unió sino que superó en mucho los limitados fines electorales de los maderistas.

El significado mismo de la Revolución mexicana es altamente controvertido. La Revolución representa la fundación simbólica del nacionalismo mexicano; todos los partidos políticos y movimientos sociales del país se han apropiado de su ideología mutable en diversas formas. En México no existe la subcultura subversiva de quemar la bandera; hasta los más comprometidos con la izquierda se cuadran bajo ella al cantar el himno nacional. México es ferozmente nacionalista, y la identidad nacional es el campo en el que se libran las principales batallas de la legitimidad social. Las organizaciones políticas, desde el PRI y el PAN hasta el guerrillero Ejército Zapatista de Liberación Nacional (EZLN), acusan a sus enemigos de traicionar a la nación, de mancillar la bandera, de no ser verdaderos mexicanos. Este amor omnipresente por la nación en todo el espectro político de México tiene sus raíces en el rechazo del pueblo a repetidas invasiones extranjeras, aunque ha sido cooptado una y otra vez por los arquitectos del PRI y luego del PAN para justificar la represión de la disidencia.[61] Algunas de las fuerzas que lucharon por el control del Estado-nación en la Revolución mexicana no tenían intenciones de desafiar, y mucho menos de eliminar, las formas de opresión puestas en marcha y en constante evolución desde la incursión española. Los que buscaban una revolución social —resistiéndose a la apropiación de tierras y a legalismos racistas para quedarse en sus propiedades y vivir según su deseo— fueron traicionados una y otra vez, llegándose a su asesinato y subsiguiente incorporación post mórtem a la ideología oficial nacionalista del PRI. La Revolución mexicana no extirpó las divisiones de raza y de clase de la nación; por el contrario, las implantó más firmemente y sirvió para crear una ingeniosa aura nueva de legitimidad en torno a las clases dominantes.

Francisco I. Madero, "el vástago espiritista de una gran familia de terratenientes del norte" y ex alumno de la Universidad de California en Berkeley, quería sacar a Díaz de la presidencia, pero no anhelaba mucho más.[62] Cuando Díaz, en una entrevista que concedió a un periodista estadounidense en 1908, anunció que se retiraría al terminar su periodo presidencial en 1910 y que respetaría una victoria de la oposición en las elecciones, Madero publicó un popular libro sobre la sucesión presidencial y lanzó su campaña bajo el lema: "Sufragio efectivo, no reelección".[63] La campaña de Madero atrajo a grandes multitudes, así que Díaz —que cambió de parecer y decidió postularse para su séptima reelección— lo mandó arrestar. Después, Díaz arregló su victoria electoral mientras Madero estaba encarcelado en San Luis Potosí.[64] Tras pasar un mes en prisión, Madero escapó a Texas y lanzó el Plan de San Luis, un manifiesto revolucionario que delineaba su programa y convocaba a un levantamiento nacional contra Díaz para el 20 de noviembre de 1910.[65]

Los campesinos de Anenecuilco repararon en una cláusula del tercer artículo del manifiesto que prometía restituir todos los terrenos arrebatados injustamente a los pueblos y pequeños propietarios. Zapata y otros líderes populares mandaron un emisario para ver a Madero y medir qué tan comprometido estaba con la devolución de la tierra a la gente que había sido desposeída. Después de tres meses, en los cuales aumentaron las tensiones con los latifundistas, así como con otras bandas armadas que respondían al llamado de Madero, el enviado de Zapata regresó y los campesinos planearon atacar Cuautla, sede del poder regional. El mando de Zapata sobre sus fuerzas se basaba en su reputación como hombre cabal y trabajador de la región, que conocía bien el campo, así como en el respeto que merecía por haberse quedado cerca de su hogar para defender las tierras del pueblo contra las haciendas invasoras. Con astucia y cautela, Zapata se alzó como el principal líder revolucionario en Morelos, habiendo formado uno de los ejércitos más grandes de la Revolución, compuesto principalmente de campesinos de la región, como él.[66]

Cuando los ejércitos crecieron y enfilaron hacia la Ciudad de México, Porfirio Díaz negoció su exilio con Madero en Ciudad Juárez. Poco después de entrar a la capital como un héroe revolucionario, Madero y su partido hicieron un llamado a todos los ejércitos insurgentes para que depusieran las armas. Mientras esperaba a que se organizaran nuevas elecciones, Madero actuó deprisa para mantener el orden porfiriano intacto; respondió con promesas ambiguas a las solicitudes específicas de Zapata de empezar a estudiar el conflicto agrario en Morelos, pero insistió en que los zapatistas entregaran sus armas.[67] Zapata se desarmó de buena fe, pero sólo para volver a armarse como parte de una policía rural revolucionaria. Los latifundistas y los maderistas conspiraron para presentar a Zapata y su ejército como bandidos desenfrenados, mientras que el líder morelense proclamaba su lealtad a Madero, insistiendo no obstante en que el nuevo gobierno se adhiriera a la política agraria delineada en el Plan de San Luis.

Madero ganó las elecciones, y a días de tomar posesión, el 6 de noviembre de 1911, ordenó la rendición inmediata e incondicional de Zapata, autorizando tropas federales para atacarlo. En respuesta, los zapatistas declararon la revolución contra Madero, llamándolo "inepto para realizar las promesas de la revolución de que fue autor, por haber traicionado los principios con los cuales burló la voluntad del pueblo y pudo escalar el poder".[68] La traición de Madero a su compromiso con la reforma agraria, aunada a su exclusión de los revolucionarios de tropa de toda participación política y su nombramiento de ex funcionarios de Díaz para cargos públicos, exacerbó su aislamiento.⁶⁹ Francisco "Pancho" Villa reactivó su ejército, la División del Norte, y movimientos campesinos similares al de Zapata se levantaron por todo el sur. Las fuerzas más conservadoras del general Victoriano Huerta aprovecharon la brecha de inmediato: asesinaron a Madero en febrero de 1913 y Huerta tomó el control del gobierno nacional. Huerta se aferró al poder poco más de un año, hasta que su gobierno —y con él cualquier rastro de Estado nacional— colapsó.⁷⁰

En ese momento, los zapatistas y la División del Norte eran los más radicales en sus demandas sociales, y por un tiempo controlaron el país y ocuparon brevemente la Ciudad de México. Sin embargo, ambas fuerzas llegaron a desconfiar mutuamente; el enfoque único de los zapatistas en la reforma agraria no era compartido por muchos de los pequeños rancheros ni por la élite terrateniente agrupados en la División del Norte. Se distanciaron, abandonando la Ciudad de México para regresar a sus respectivas esferas de influencia regional.⁷¹ Las fuerzas "constitucionalistas" de Venustiano Carranza se habían retirado a la costa, donde recibieron protección y armamento del gobierno de los Estados Unidos mediante la ocupación de Veracruz por parte de los *marines*. Los terratenientes y dueños de negocios estadounidenses estaban especialmente preocupados de que el triunfo de una revolución social rural en México pudiera acarrear la expropiación de sus propiedades y cabildearon con fuerza para que los Estados Unidos intervinieran.⁷²

En abril de 1914, buques de guerra norteamericanos atacaron y ocuparon el puerto de Veracruz. La intervención estadounidense permitiría a Carranza, que iba en retirada, rearmarse y entrenar antes de contraatacar a los zapatistas y los villistas.⁷³ En efecto, los ejércitos carrancistas, al mando de Álvaro Obregón, derrotaron a la División del Norte y obligaron a retroceder a los zapatistas en 1915. Obregón ya era considerado un "benefactor" de las compañías norteamericanas en Sonora en los primeros años de la Revolución, cuando peleó contra rebeliones indígenas y obreras.[74] Carranza empezó a emitir decretos en los que apoyaba las tierras comunales de los pueblos, una concesión a la extensa legitimidad de los levantamientos rurales por todo el país. Contra los deseos de Carranza, una mayoría de los diputados del Congreso constituyente de 1916 en Querétaro votó por incluir los derechos de propiedad comunal en la nueva constitución, creando el artículo 27.[75] La Constitución de 1917 también otorgaba el derecho de formar sindicatos e ir a huelga, y limitaba severamente el poder de la Iglesia católica, pero concentraba un poder enorme en el Ejecutivo, abriendo la puerta a un Estado centralizado y amafiado, capaz de retorcer las palabras de la Constitución a su antojo.[76] Cuando Carranza fue elegido presidente en 1917, ni Villa ni Zapata bajaron las armas ni aceptaron su gobierno; en vez de eso continuaron su guerra de guerrillas buscando una revolución social. Aunque estaban aislados y contaban con ejércitos reducidos, ninguno de los dos movimientos podía ser destruido con la fuerza militar. Entonces las fuerzas de Carranza tendieron una emboscada, usando a un falso desertor para asesinar a Zapata el 10 de abril de 1919.[77] Un partidario de Obregón mató a Carranza un año después, y Villa fue asesinado en 1923 durante la presidencia de Obregón, posiblemente a instancias de los Estados Unidos.[78]

En palabras del historiador Adolfo Gilly, la Revolución mexicana fue "interrumpida". La élite logró afirmar un control nacional de las masas —con la ayuda de los *U. S. Marines*—, pero no podía retener el poder sin hacer concesiones. De acuerdo con Gilly, las fuerzas sociales revolucionarias detrás de los generales Zapata y Villa no triunfaron, pero tampoco fueron completamente derrotadas —o quizá su hambre no fue derrotada—.[79]

En los 10 años que siguieron a la toma de posesión de Obregón, el caos político prevaleció: hubo más de 1 000 huelgas en fábricas de todo el país; una rebelión fallida contra el sucesor elegido de Obregón, Plutarco Elías Calles; una intensa rebelión de tres años encabezada por la Iglesia católica y apoyada por campesinos devotos, conocida como la Guerra Cristera, y el asesinato de Obregón en 1928, después de haber sido "electo" para su segundo periodo presidencial, no consecutivo.[80] Para frenar la desintegración del precario e incipiente régimen, Calles y sus seguidores formaron el Partido Nacional Revolucionario (PNR), que agrupó en sus filas a oficiales militares, caciques locales y partidos rivales.[81] El PNR por fin solucionó el acertijo de la reelección: ningún individuo podía reelegirse en cargos federales, estatales ni municipales, pero el partido sería reelecto siempre y en todas partes. La genialidad del PNR —que cambiaría dos veces de nombre hasta adoptar el de Partido Revolucionario Institucional, PRI, y gobernaría la nación durante siete décadas— era que afirmaba ser el único partido legítimo nacido de la Revolución mexicana. Consolidó el control de la clase gobernante usando el aura de los sacrificios de sangre de aquellos que buscaban terminar con la tiranía y el autoritarismo centralista de la clase gobernante bajo Porfirio Díaz. El hombre que hizo todo esto posible —y que irónicamente es más aplaudido por la izquierda, cuyo desarrollo truncó, que por la derecha, cuyo florecimiento aseguró— fue el general Lázaro Cárdenas, verdadero padre del nacionalismo revolucionario, verdadero genio detrás del capitalismo monopólico del PRI.

Cárdenas forjó alianzas con sindicatos y campesinos en las que se apoyó y a las que en buena medida se mantuvo fiel. El apoyo de estas organizaciones masivas protegió su proyecto de reforma de la oposición extranjera, conservadora y caciquil, y le permitió desplazar a Calles como cacique nacional.[82] Cárdenas —que peleó contra Pancho Villa con las fuerzas constitucionalistas— primero cortejó a los militares, con mejores salarios y ascensos, y luego tendió una mano a los católicos nombrando a un general procatólico ministro de Agricultura en su gabinete. Con los militares y los católicos apaciguados, cimentó su poder en alianzas y en la cooptación de las organizaciones masivas. En el primer año de la presidencia de Cárdenas estallaron huelgas contra compañías extranjeras por todo el país, y la Confederación General de Obreros y Campesinos de

México (CGOCM) coordinó una huelga nacional general. Ansioso por afirmar su poder sobre Calles, Cárdenas autorizó la huelga de la CGOCM, a la que rebautizó como Confederación de Trabajadores de México (CTM), excluyendo estratégicamente a los "campesinos" o agricultores rurales y a los indígenas de la organización. Controlada por Lombardo Toledano, la CTM reunió en sus filas a unos 3 000 sindicatos y 600 000 obreros. Este organismo habría de convertirse en el sindicato más poderoso y más brutalmente antiobrero del país, controlando los contratos laborales y el derecho de huelga como feudos políticos. La CTM sería el mecanismo del PRI para ejercer un control monopólico sobre el movimiento obrero, manteniéndolo amarrado a las necesidades y voluntad del Estado.[83]

Cárdenas no se limitó a comprar a los líderes de los movimientos; primero los convenció con acciones políticas muy reales, metiéndolos en lo profundo del abrazo del Estado. Nacionalizó los ferrocarriles, creó la Comisión Federal de Electricidad, redistribuyó 17.9 millones de hectáreas para ejidos y pequeños propietarios, creó la Confederación Nacional Campesina (CNC) y —famosa y genialmente— el 18 de marzo de 1938, tras dos años de huelgas crecientes de los trabajadores petroleros que habían sido ignoradas por las compañías extranjeras, nacionalizó el petróleo, expropiando todos los campos petroleros no mexicanos.[84] Tras siglos de destrucción y explotación, las reformas agrarias, laborales y petroleras de Cárdenas lo convirtieron en el presidente más popular en la historia de México, una figura de veneración popular a la altura de Pancho Villa, a quien combatió en los norteños desiertos de Chihuahua. Pocos parecen darse cuenta y pocos parecen recordar que sus reformas cimentaron la subordinación de los movimientos populares al Estado, que a su vez estuvo controlado siete décadas por un solo partido. Las reformas de Cárdenas buscaron fortalecer el capitalismo en México e incluso la participación del capitalismo estadounidense, pero disfrazaron su desarrollo con instituciones nacionalistas "revolucionarias".

Y si bien Cárdenas era un maestro en el arte de gobernar, capaz de hacer que la subordinación pareciera libertad, se hizo de algunos enemigos. El 16 de septiembre de 1939, Manuel Gómez Morin y Efraín González Luna fundaron el Partido Acción Nacional (PAN), abriendo los brazos a los católicos, terratenientes y empresarios inconformes. Diez años después, el PRI reconoció al PAN como un partido político "legal", y poco a poco, al paso de las décadas, incluso llegó a concederle selectas victorias electorales. Siempre fiel a su ideología ultraconservadora y maquillaje de clase ejecutiva, el PAN sería el más perdurable y ruidoso crítico de la maquinaria electoral priista (incluso denunciando los ocasionales actos de represión excesiva contra manifestantes con quienes los panistas no guardaban ninguna afinidad política ni social), martillando constantemente la gruesa armadura de legitimidad revolucionaria del PRI.[85]

Entre el final del periodo de Cárdenas, en 1940, y mediados de la década de los sesenta, cuando las protestas sociales volvieron a estallar por todo el país, el PRI consolidó su singular sistema de poder y su ideología de nacionalismo revolucionario. Y si bien graves huelgas y levantamientos desafiaron al Estado de ese tiempo, palidecían en comparación con los trastornos de la era revolucionaria y serían superados en número y alcance por los movimientos armados y desarmados desde los sesenta hasta el día de hoy.[86] El PRI sobrevivió creando dependencia, comprando líderes, cediendo apenas lo indispensable para evitar estallidos sociales y golpeando, encarcelando y asesinando a sus oponentes cuando fue necesario.

El 2 de octubre de 1968, el ejército mexicano planeó y llevó a cabo la matanza de cientos de estudiantes preparatorianos y universitarios en la plaza de Tlatelolco en la Ciudad de México. El PRI ignoró por completo las críticas públicas que clamaban una investigación. Al controlar los tres niveles de gobierno, no tuvo ningún problema en negarse a rendir cuentas ante el escrutinio público. Pero los relatos de los sobrevivientes y los reporteros menoscabarían seriamente sus alegatos de legitimidad.[87] Quizá porque las víctimas de esta masacre eran urbanas y en muchos casos clasemedieras, quizá porque todos eran tan jóvenes, quizá porque la matanza ocurrió en el corazón de la capital del país en presencia de reporteros, la masacre de Tlatelolco ha marcado la historia de México de una manera en que no lo han hecho tantas otras masacres de campesinos, obreros e indígenas. No obstante, Tlatelolco no fue entonces, ni es ahora, un acto de represión aislado ni del todo único.[88]

Apenas un año antes, el 20 de agosto de 1967, la policía mató a más de 80 trabajadores copreros, hiriendo a cientos más, cuando éstos se hallaban reunidos en Acapulco para su asamblea sindical nacional. Pocos recuerdan esa fecha. Ese mismo año, la policía abrió fuego contra maestros y padres de familia en una manifestación en la plaza municipal de Atoyac de Álvarez, al noreste de Acapulco, y mató a cinco personas. El líder del movimiento magisterial, Lucio Cabañas, escapó y formó una fuerza armada de autodefensa que evolucionó convirtiéndose en el Partido de los Pobres, un ejército guerrillero que emboscaba los convoyes militares y policiacos en las montañas y que ganó un amplio apoyo en la región. Los gobiernos federal y estatal se coludieron para destruir el ejército de Cabañas, desatando una guerra contrainsurgente sin precedentes en los pueblos cercanos. Miles de personas fueron detenidas, interrogadas, golpeadas, violadas y torturadas. La gran cantidad de indígenas que no hablaban español frustró las labores de inteligencia del ejército y a menudo condujo a brutales sesiones de tortura en que los interrogadores exigían la respuesta a preguntas que sus víctimas ni siquiera entendían. Más de 400 personas fueron "desaparecidas" entre 1967 y 1974, cuando el ejército finalmente desplegó decenas de miles de soldados para rodear lentamente a Cabañas y su ejército de desarrapados.[89]

A lo largo de la década de 1970, mientras la economía mexicana se tambaleaba, el Estado siguió adelante sin percatarse de las primeras señales de alarma de una crisis creciente, y los de abajo continuaron organizándose. Se formaron movimientos guerrilleros rurales y urbanos, aunque el ejército los rastreó y asesinó a la mayoría de los participantes.[90] Los "paracaidistas" de diversas ciudades del país formaron frentes vecinales para exigir la regularización de sus asentamientos y que el gobierno les proporcionara servicios básicos.[91] Los obreros organizaron sindicatos independientes para desafiar al régimen de patrones y Estado que dominaba los sindicatos priistas.[92] Surgieron más movimientos feministas que organizaban protestas, forjaban coaliciones y desafiaban directamente al gobierno.[93] Pero el siguiente golpe devastador al corazón del PRI no vendría de una huelga ni un plantón ni un ataque guerrillero: vino cuando la gente de las clases populares salió a las calles para tratar de salvar vidas y recuperar cadáveres después del terremoto del 19 de septiembre de 1985 en la Ciudad de México. Con una magnitud de 8.1 grados en la escala de Richter, la fuerza con la que el temblor sacudió a la capital a las 7:19 a.m. causó el derrumbe de edificios, casas y hospitales. Con miles de personas atrapadas entre los escombros, un segundo temblor golpeó a las 7:38 p.m., alcanzando 6.5 grados Richter.[94]

El PRI se paralizó. Los funcionarios locales y federales no pudieron o no quisieron organizar las operaciones de rescate y ayuda humanitaria de emergencia. "Era como si de veras fuera una ciudad sin autoridad", dijo uno de los habitantes que buscaron ayuda del gobierno y luego se organizaron rápidamente con otros ciudadanos para llevar a cabo acciones de rescate y ayuda.[95]

Una de las primeras medidas del gobierno fue mandar al ejército a las calles y emprender la demolición casi inmediata de los edificios en ruinas. Pero la gente se negó. Estudiantes de la Universidad Nacional Autónoma de México (UNAM) y otros rescatistas voluntarios cerraron el paso a los buldóceres del gobierno con sus cuerpos para poder llevar a cabo sus tareas de rescate. Dos días *después* de que el gobierno había ordenado la demolición del ala derruida del hospital Juárez, los universitarios y voluntarios sacaron de los escombros a un estudiante de medicina de 23 años y a ocho bebés, todos con vida.[96] La cohesión espontánea de todos los sobrevivientes del terremoto en grupos vecinales que buscaron y ayudaron a otras personas atrapadas en los edificios caídos se transformaría en organizaciones ciudadanas que pasarían años luchando con el gobierno para que diera solución a la necesidad de unidades habitacionales para los miles de damnificados. También les dio a los participantes de los movimientos urbanos una ventaja adicional de valentía al confrontar al Estado, pues habían visto que en un momento de desastre, cuando la fuerza del PRI se había esfumado, la unidad y la organización de la gente les habían permitido rescatar sobrevivientes de los escombros y salvar vidas.[97] Montados en esta ola de fuerza independiente, aunada al desdén por el partido gobernante, una facción disidente que se había separado del PRI consiguió lo que parecía imposible: ganó una elección presidencial, logrando que efectivamente más gente votara por su candidato. Pero aunque los disidentes sí ganaron más votos, al final no importó.

Cuauhtémoc Cárdenas, hijo del amado ex presidente Lázaro Cárdenas, se había involucrado con el PRI a través del ala rural del partido, la CNC, en 1966, y había trabajado para ascender hasta su nombramiento como senador en 1976 y su elección como gobernador de Michoacán en 1980. Durante su carrera priista, Cárdenas nunca protestó por las masacres del gobierno contra obreros, campesinos y estudiantes, pero la ola de privatizaciones y la consiguiente tecnocratización que se dieron con el presidente Miguel de la Madrid lo motivaron a expresar su oposición. Hijo de su padre, Cárdenas sentía, al parecer, que las políticas económicas de los tecnócratas —que seguían el llamado del Fondo Monetario Internacional y de las grandes compañías estadounidenses para desmantelar las instituciones públicas y reemplazarlas parte por parte con iniciativa privada corporativa— alterarían el delicado equilibrio que permitía el monopolio estatal del PRI. En 1986, Cárdenas y otros operadores priistas formaron una "corriente democrática" dentro del partido, aunque el presidente del PRI no reconoció oficialmente esta facción. La CNC manifestó su solidaridad, mientras que la CTM, controlada por el PRI, atacó a Cárdenas por fomentar divisiones en el partido. Cárdenas se peleó con la dirigencia de éste, pero al mismo tiempo hacía campaña para ser postulado como candidato priista a la presidencia para las elecciones de 1988. De la Madrid escogió a un tecnócrata practicante y devoto, Carlos Salinas de Gortari, y Cárdenas pronto registró su candidatura con el diminuto y centrista Partido Auténtico de la Revolución Mexicana (PARM), además de crear una coalición —el Frente Democrático Nacional— para atraer a su campaña partidos y organizaciones políticas de izquierda.[98]

La campaña de Cárdenas —auténtica o artimaña— atrajo a cientos de miles de personas, sobre todo campesinos que habían recibido tierras comunales cuando don Lázaro reconoció el sistema ejidal, así como damnificados de la Ciudad de México que después del terremoto se habían movilizado para formar organizaciones. La campaña de Cárdenas ofrecía una manera de expresar el descontento y la rabia hacia el PRI. Y Cárdenas ganó el 6 de julio de 1988. Pero, por supuesto, no podía ganar. Mediante un fraude electoral, el PRI aseguró la "victoria" de Carlos Salinas.[99] Miles y miles de manifestantes salieron a las calles, muchos dispuestos a pelear por defender su voto, pero Cárdenas instó a la prudencia y la perseverancia. Salinas tomó posesión en medio de fastuosos dispositivo y ceremonia militares. Cárdenas formó un nuevo partido, el Partido de la Revolución Democrática (PRD), fue electo jefe de gobierno de la Ciudad de México, para luego ser derrotado legítimamente en otras dos elecciones presidenciales (1994 y 2000).

Salinas se movió deprisa. Se dio a la tarea de consolidar la transferencia de poder a los tecnócratas del PRI y desarrollar la musculatura de su propia presidencia en proporciones no vistas desde tiempos de Porfirio Díaz y Lázaro Cárdenas. Reprimió brutalmente los movimientos sociales que habían apoyado a Cárdenas y al PRD (unos 280 activistas de este partido fueron baleados o "desaparecidos" durante el mandato de Salinas).[100] Pero el verdadero legado de Salinas, el emblema de todo su proyecto de poder estatal y la conjunción de sus diversos rasgos de brutalidad, fue el Tratado de Libre Comercio de América del Norte (TLCAN o TLC). Y con el nacimiento del TLC —expresión máxima de las nuevas formas de conquista—, en el último rincón del país también surgiría la manifestación más profunda de las nuevas formas de resistencia: el Ejército Zapatista de Liberación Nacional (EZLN).

2

El Estado de derecho

> En nombre del "Estado de derecho" se imponen medidas económicas, se asesina, se encarcela, se viola, se destruye, se persigue, se hace la guerra.
>
> Subcomandante Marcos

> En el helicóptero nos empezaron a pegar. Los soldados nos dijeron que así se nos iba a quitar lo putas, que nos iban a chingar, que ellos eran la ley.
>
> Sara

Sobre algo que parece sangre, un letrero de cartulina dice: "Por hacer una llamada anónima a las autoridades me pasó esto: y ellos mismos me pusieron".[1] Y se refiere a esto: el cuerpo de una persona yace retorcido en la tierra empapada de sangre; el letrero le tapa la mitad de la espalda, los hombros y el lugar donde debería estar la cabeza; los tobillos esposados, los pies juntos, de lado; a uno le falta un zapato, el otro lo trae medio puesto, en un charco rojo profundo. No sólo es un mensaje de muerte, de una muerte violenta, sino una representación, un espectáculo de destrucción corporal. No podemos saber lo que esa persona vivió, lo que sintió, en sus últimos momentos. Pero el mensaje es claro: los narcos son la autoridad porque pueden hacerte esto y porque quienes te contestan el teléfono cuando le hablas a la policía están en su nómina.[2]

Otra imagen, publicada en las primeras planas de los diarios de todo México el 21 de abril de 2006: sobre un muro blanco no muy alto con las palabras "Gobierno del Estado" escritas en azul, hay dos cabezas cercenadas y una cartulina roja que dice, en letra garigoleada: "Para que aprendan a respetar".[3] Una de las cabezas yace de lado en un pequeño charco de sangre detrás de la pequeña reja de herrería sobre el muro. La otra está erguida, sostenida en la reja, de cara al lente de la cámara, con dos hilos de sangre escurriendo por la pintura blanca. Las cabezas y el letrero quedan justo arriba y abajo, respectivamente, de la palabra "Gobierno". Las cabezas eran de dos oficiales de la policía, uno un comandante de nombre Mario Núñez Magaña, quien había participado en una balacera contra presuntos narcotraficantes del cártel de Sinaloa el 27 de enero de 2006. Ese día, la policía local mató a cuatro presuntos miembros del cártel. La balacera ocurrió a unos cuantos metros del edificio de la tesorería del estado de Guerrero, en Acapulco, donde las cabezas cercenadas fueron descubiertas la madrugada del viernes 21 de abril de 2006. Esa misma mañana, la policía encontró los dos cuerpos decapitados tirados en una calle, envueltos como paquetes en plástico verde y azul. También aquí el mensaje no es sólo una amenaza de muerte, sino de tortura; la destrucción completa y calculada de un cuerpo. El mensaje está asimismo cargado de subtexto: el gobierno puede hablar mal de las drogas y de los narcos todo lo que quiera, pero si nos atacan, los aniquilaremos.

Tales fotografías, ampliamente difundidas en la prensa mexicana nacional y local, no son aisladas ni excepcionales. Si bien el caso de los policías acapulqueños llamó mucho la atención, las ejecuciones por asuntos relacionados con drogas se han convertido en cosa de todos los días en México. La violencia por narcotráfico costó la vida a más de 3 000 personas durante el sexenio de Vicente Fox (2000-2006).[4] Apenas unos días después de tomar posesión el 1º de diciembre de 2006, el presidente Felipe Calderón movilizó a más de 20 000 elementos de las tropas federales para combatir la ola de asesinatos. Con ese gesto, el ya elevado número de ejecuciones se triplicó y empezó a llegar a estratos cada vez más altos del gobierno, alcanzando a jefes policiacos y fiscales a nivel local, estatal y federal. En los primeros seis meses del gobierno de Calderón, los sicarios del crimen organizado ejecutaron a 1 455 personas, con un máximo histórico de ocho ejecuciones diarias en promedio.[5] Y si bien las sangrientas fotografías desaparecieron de las primeras planas como por arte de magia en julio de 2007, las ejecuciones siguieron. Para finales de año, los sicarios del narcotráfico habían ejecutado a 2 794 personas.[6]

El tráfico de drogas de México a los Estados Unidos, en sus niveles actuales, es en gran medida un subproducto de la guerra contra las drogas de los Estados Unidos en Colombia en los años ochenta; eso y el insaciable deseo de drogarse de los estadounidenses.[7] Cuando los Estados Unidos obstaculizaron a los cárteles colombianos que introducían la cocaína directamente en su territorio, los cárteles mexicanos se apresuraron a llenar el vacío, estableciendo conexiones con los cárteles colombianos para recibir y mover su cocaína junto con la heroína y la marihuana cultivadas en México. A fines de la década de los ochenta, Miguel Ángel Félix Gallardo emergió como el "jefe de jefes", controlando una dispersa federación de narcotraficantes a nivel nacional. Apresado en 1989, Félix Gallardo cedió el poder y dividió el territorio nacional entre los distintos jefes locales, una ciudad para cada uno.[8] Pero el acuerdo no duró mucho; en poco tiempo, los jefes rivales trataron de destruirse unos a otros con el fin de ganar el control de las diversas rutas necesarias para mover la cocaína colombiana y la marihuana, la heroína y las metanfetaminas mexicanas a los Estados Unidos. Entonces empezó la escalada de asesinatos, y con ellos, un mayor involucramiento de políticos y policías, desde el más bajo hasta los más altos niveles de gobierno.[9]

Policías y funcionarios del gobierno mexicano han participado en el tráfico de drogas desde hace décadas, pero la naturaleza y el alcance de su participación cambiaron en los años noventa, pasando de ofrecer protección y hacerse de la vista gorda a involucrarse directamente en las ejecuciones.[10] Soldados bajo las órdenes del general Jesús Gutiérrez Rebollo llevaban a cabo ejecuciones y secuestros contra el cártel de Tijuana, y a cambio el general recibía gratificaciones del cártel de Juárez. Entre 1997 y 1999, decenas de oficiales de las fuerzas especiales antidrogas de élite —muchos de los cuales habían sido entrenados por militares estadounidenses— abandonaron el ejército para formar el brazo armado del cártel del Golfo, conocido como Los Zetas.[11] Según fuentes del gobierno mexicano, entre 1996 y 2001 cada día un promedio de 46 soldados desertaron del ejército, lo que dio un total de 99 767.[12] La participación oficial en el tráfico de drogas llega muy arriba en el gobierno, implicando a múltiples generales del ejército y llegando incluso hasta la propia oficina del presidente: el coordinador de giras de Vicente Fox, Nahúm Acosta, era un espía del cártel de Juárez.[13]

El concepto de corrupción implica una aberración: alguien rompe las reglas para saciar su propia codicia personal. Cuando las actividades consideradas corruptas se vuelven tan predominantes en un gobierno que es imposible hablar de un organismo que esté libre de ellas, cuando la corrupción deja de ser una aberración y se convierte en parte integral del sistema, entonces deja de ser exacto referirse a la corrupción como tal.

Por extraño que parezca, el concepto de corrupción es una táctica para mantener la legitimidad, para sofocar y canalizar la indignación moral contra el hurto y la violencia de aquellos políticos cuyas acciones se hacen públicas. No es que México sea un narcoestado controlado por hombres con abrigos de mink y collares de esmeraldas; más bien, la participación de policías, militares y funcionarios del gobierno en las redes del narcotráfico ha sido tan extensa y tan persistente a lo largo del tiempo, que el concepto de corrupción pierde su poder descriptivo. El tráfico de drogas en México es un negocio colosal, que genera unos 30 000 millones de dólares al año. Un estudio del gobierno estadounidense llevado a cabo en 2007 reveló que los cárteles mexicanos tenían ingresos por unos 23 000 millones de dólares, con lo que las drogas ilegales se convierten en el principal producto de exportación de México, generando más dinero que el petróleo o las remesas que mandan los mexicanos que viven en los Estados Unidos.[14] Un estudio del gobierno mexicano reveló que la economía del país se contraería en 63% si el negocio de las drogas llegara a desaparecer.[15] México es el mayor proveedor extranjero de marihuana y metanfetaminas de los Estados Unidos y es responsable de entre 70 y 90% de toda la cocaína que entra al país.[16] El hecho de que las drogas y su transporte internacional sean ilegales es simplemente uno de los factores del mercado. La ilegalidad incrementa el riesgo, y el riesgo, a su vez, justifica los precios elevados. El costo de la ilegalidad —cuya naturaleza no es muy distinta del presupuesto de publicidad de una corporación— es mantener la apariencia pública de oposición oficial: los comerciales, los discursos, los nuevos cuerpos policiacos especiales, los helicópteros, los perros antidrogas, los arrestos ocasionales. Mientras tanto, la verdadera batalla es por el control de las rutas, y el entrenamiento y armamento de la policía y el ejército acaban filtrándose para usarse al servicio de uno u otro cártel. La escala de la narcoviolencia y la complicidad del gobierno llevan a algunos analistas a concluir que "la viabilidad del Estado mexicano ya está en riesgo".[17] Pero no, no es que el Estado esté en riesgo; más bien, se ha revelado su verdadera naturaleza.

La cocaína, la marihuana, la heroína y las metanfetaminas son ilegales tanto en México como en los Estados Unidos. Pero llevar estas drogas de México, o de cualquier otro país, a territorio estadounidense es *muy* ilegal. Tan ilegal, de hecho, que el tráfico de drogas inspiró primero a los Estados Unidos y luego a México a declarar la "guerra contra las drogas": una guerra que no sólo se libra a lo largo de la frontera México-Estados Unidos, sino también a miles de kilómetros; una guerra con un presupuesto de miles de millones de dólares, tecnología militar avanzada y una amplia colección de ejércitos federales y cuerpos policiales militarizados en numerosos países.[18] El narcotráfico ya no es un crimen que hay que detener con acciones policiacas. No; el tráfico de drogas ofende tan gravemente la integridad del Estado, dicen los políticos, que requiere nada menos que una guerra. De todas las amenazas al Estado mexicano, en verdad no hay nada tan satanizado, tan temido ni tan despreciado en el discurso público de los políticos, como el narcotráfico. Sin embargo, en México el tráfico de drogas, en su escala actual, sólo puede ser posible mediante la participación activa de funcionarios públicos, políticos electos, generales y comandos del ejército, jefes de policía y patrulleros, carceleros y jueces locales y federales para proteger a un grupo de narcotraficantes de otro y, muy importante, de la cárcel. Es decir, una porción del Estado —no sólo algunos "malos elementos", sino una red profunda y extensa de funcionarios públicos— ayuda y encubre a lo que ha declarado la mayor amenaza para su integridad; funcionarios públicos protegen de la ley a los criminales más buscados y al mismo tiempo llevan a cabo una guerra contra estos criminales e incluso contra los miembros del Estado que son sorprendidos con ellos.[19] En uno de los ejemplos más brillantes de esta curiosa esquizofrenia del Estado, el primer zar antidrogas en la historia de México, el mismo general Jesús Gutiérrez Rebollo, estaba en la nómina de uno de los mayores traficantes de México, Amado Carrillo Fuentes, también conocido como el "Señor de los Cielos".[20]

La ley existe principalmente en tres planos que interactúan: la ley escrita, la ley practicada según la interpretan los fallos y acciones de la clase gobernante y la ley percibida —es decir, la percepción de legitimidad o ilegitimidad de la sociedad en general—. La ley escrita consiste en la Constitución federal y estatal y los códigos federales, estatales y locales, todos escritos por la clase política —aunque su contenido puede ser disputado y alterado por fuerzas externas a los poderes gobernantes—. La ley escrita se presenta como *la* ley, pero las palabras en papel no jalan gatillos ni cierran celdas con llave. Sin gente que las interprete y las haga respetar, las leyes escritas tienen la misma influencia que una antología poética. Quienes ejercen la autoridad para interpretar y hacer respetar la ley son los que la vuelven algo real. Policías, soldados, jueces y aquellos a quienes deben lealtad o favores hacen que la ley sea real. En México, aunque el concepto de democracia se ha ostentado torpemente desde antes de la Revolución de 1910-1920, una pequeña clase política siempre ha manejado al país, escrito sus leyes y gobernado para hacerlas respetar. Las leyes buscaban cimentar formas de control de clase y a veces fortalecer la percepción de legitimidad del Estado de derecho. El concepto de Estado de derecho —que se refiere a una situación en que leyes imparciales gobiernan a la sociedad y hacen respetar el orden social— es el sustento ideológico del Estado mexicano contemporáneo, el discurso usado para legitimar sus acciones. La ideología del Estado de derecho enmascara, o pretende enmascarar, la realidad del dominio de clase.

Tarde en la noche después del asesinato de Luis Donaldo Colosio, candidato presidencial del PRI, el 23 de marzo de 1994, Alma Guillermoprieto, reportera del *New Yorker* —una mexicana que por décadas ha reportado desde toda América Latina con una de las prosas más elegantes en lengua inglesa—, llamó a un "empresario acaudalado, viejo militante del PRI", quien —informaba Guillermoprieto a sus lectores— era "admirador de Salinas".[21] "Fiel a la legendaria disciplina del partidazo —escribe—, se estaba midiendo en sus críticas."[22] En poco más de 100 palabras, el "empresario acaudalado" permitió un insólito vislumbre de la ideología del Estado de derecho en México.

Esto es lo que Guillermoprieto ofrece de los comentarios de su amigo en su conversación telefónica de aquella noche:

EL ESTADO DE DERECHO

Este país no tiene el menor respeto por la ley; respeta la autoridad. Y la autoridad se perdió en México a partir del 1º de enero [de 1994]. Ya va siendo hora de que el presidente se faje bien los pantalones y le entre al pleito, para que todo el pueblo, y también los de la oposición, y toda esa punta de hijos de la chingada que anda rondando suelta por ahí se entere de que aquí existe un Estado de derecho. Si el gobierno se sienta a negociar con una sarta de cabrones disfrazados con pasamontañas, no hay ley: sólo un ambiente en el que cualquier pendejo se siente libre de hacer lo que le dé su pinche gana. Y el resultado es un desmadre como éste.[23]

En una confesión asombrosa, el empresario priista le dice a su amiga que en México la ley y el "Estado de derecho" no son lo mismo. "Este país no tiene el menor respeto por la ley", dice, y el remedio es precisamente que el presidente "se faje bien los pantalones" para que todo mundo "se entere de que aquí existe un Estado de derecho". La ley en México no funciona; no evita que la chusma provoque desastres nacionales. En México se "respeta la autoridad", no la ley. Entonces, según él, el "Estado de derecho" no tiene nada que ver con la integridad de las instituciones políticas, las garantías del debido proceso ni con los pesos y contrapesos entre las ramas de gobierno. No; en México el "Estado de derecho" es el ejercicio de la autoridad.

¿Y cuál es la naturaleza de este ejercicio de autoridad que obedecen el país y "toda esa punta de hijos de la chingada que anda rondando suelta por ahí"? La autoridad implica una compleja red de relaciones sociales de dominación; una amenaza en cualquier ubicación puede poner en peligro la red entera. En el plano político gobernado por la autoridad, no hay cabida para la protesta social. Cuestionar la autoridad —lo que simplemente significa cuestionar el mandato de la clase política, entonces concentrado sobre todo en el PRI— equivale a caos y desastre. La autoridad es el ejercicio violento del poder y es propiedad exclusiva de la clase política.

La ley por sí misma no basta, pues implica participación abierta. Cualquiera puede estudiar leyes y volverse abogado o juez, y en teoría cualquiera puede postularse para un cargo legislativo y escribir leyes nuevas. La ley, si se abstrae del estricto sistema de control de clase, podría brindarles a "toda esa punta de hijos de la chingada" y a los "cabrones disfrazados con pasamontañas" las herramientas necesarias para promover sus propios intereses, como defender sus tierras. La pura ley no basta, por lo que el acaudalado priista hace la distinción entre ley y Estado de derecho. La ley se vuelve el mecanismo que la clase política emplea para ejercer su dominio. Sin recurrir al derecho hereditario ni divino de gobernar, y sin llegar al extremo de declarar abiertamente un gobierno militar, el Estado de derecho se usa como una especie de punto medio ideológico. La justicia está anclada en la ley, pero sólo la autoridad puede interpretarla y ejercerla, y por ende administrar justicia. Cuando el amigo de Guillermoprieto dice que México "no tiene el menor respeto por la ley; respeta la autoridad", su afirmación es preceptiva más que descriptiva. Revela no tanto su visión de cómo funcionan las cosas sino de cómo deberían funcionar.

En la sátira política *La ley de Herodes* (1999), una brillante película de Luis Estrada, un colmilludo político priista manda a Juan Vargas —funcionario de bajo rango del PRI que cree firmemente en la misión del partido de llevar "la modernidad y la paz social" a México— al problemático pueblo de San Pedro de los Saguaros, donde la gente decapitó al último presidente municipal cuando trataba de huir del pueblo con una maleta retacada de dinero.[24] Vargas y su mujer llegan al caserío mayoritariamente indígena y encuentran a los habitantes protestando a gritos por problemas agrarios, a un doctor del PAN que amenaza con arruinar a Vargas si no clausura el burdel situado a las afueras del pueblo, y a la dueña del burdel que responde a las exigencias de Vargas de cerrar su establecimiento con la opción de llevarse un soborno o un machetazo. Vargas regresa a la capital del estado a los pocos días, con el fin de pedirle a su mentor alguna clase de presupuesto para trabajar, esperando construir una escuela como primer paso para llevar la modernidad a San Pedro y aplacar a sus detractores. El jefe de Vargas le dice que todo el presupuesto se va a usar para apoyar al PRI en las elecciones; no hay fondos para escuelas. Afligido, Vargas le pide consejo. El político priista —secretario de gobierno de ese estado no identificado— toma del librero de su despacho un polvoriento compendio de leyes mexicanas y lo pone en el escritorio. Luego abre un cajón donde hay tres pistolas, toma un revólver y lo pone sobre el libro. "Y ahora sí —recomienda—, con el librito y la pistola, a ejercer la autoridad."

La cámara descansa un momento en la metáfora visual de la pistola sobre el libro de leyes. Con el arma, Vargas logra convertir la ley en Estado de derecho. Amenazando, sobornando y ejecutando a sus enemigos, el protagonista logra amasar una fortuna significativa tanto de los aldeanos miserables como de la élite local de San Pedro. Mata a la dueña del burdel y a su guarura, tortura al borracho del pueblo para que acepte la responsabilidad de los crímenes, y luego, en vez de clausurar el burdel y liberar a las mujeres atrapadas, se apropia del lugar y se convierte en el nuevo padrote. El libro de leyes y la pistola en manos de la autoridad: eso es el Estado de derecho.

—En el helicóptero nos empezaron a pegar —me contó Sara Méndez, una muchacha de 17 años que acababa de ser liberada tras pasar una semana en una prisión militar—. Me aventaron muy fuerte en el helicóptero. Me dieron de patadas por todo el cuerpo. Después uno se puso encima de mí. Podía oír a las otras muchachas gritando. Los soldados nos dijeron que así se nos iba a quitar lo putas, que nos iban a chingar, que ellos eran la ley.

Sara y otras tres muchachas de 16 y 17 años, junto con Carmela Martínez, una mujer de 32 años dueña de un restaurante donde dos de las chicas trabajaban de meseras, iban todas encapuchadas y con las manos amarradas a la espalda en el suelo del helicóptero del ejército cuando los soldados las empezaron a desvestir.[25]

—Me patearon, me amarraron las manos tan apretado que casi no me circulaba la sangre. Ese día mi amiga y yo íbamos de minifalda y nos las subieron, nos bajaron nuestra ropa interior y nos estuvieron tocando —dijo.

Dos de las muchachas dijeron a miembros de la Comisión Nacional de Derechos Humanos (CNDH) que durante el viaje en helicóptero, después de ser amenazadas, golpeadas y agredidas sexualmente, los soldados les pusieron trapos tibios sobre la boca haciéndolas perder el conocimiento. Una chica despertó con dolor vaginal y sangrado.

El 1° de mayo de 2007, una banda de narcotraficantes circulaba por el único camino asfaltado del diminuto pueblo de Carácuaro, Michoacán —cuna del héroe de la Independencia José María Morelos—, cuando un grupo de soldados vestidos de civil aparentemente golpeó su camioneta al echarse en reversa, causando un tallón que estalló en una balacera de más de 20 minutos. La gente del pueblo corrió a resguardarse y la policía local no salió; todos pensaban que se trataba de una balacera entre bandas rivales. Cinco soldados, incluyendo a un coronel, murieron, y otros tres resultaron heridos. Un miembro de la banda murió; los demás huyeron. En unas horas, el ejército movilizó a 1 000 soldados para peinar la región de Tierra Caliente, Michoacán, en busca de los asesinos. El ejército allanó casas en Carácuaro, el vecino Nocupétaro y otros pueblos cercanos. Los soldados golpearon, detuvieron y torturaron a docenas de campesinos que tenían la desgracia de compartir alguno de sus apellidos con el narco muerto. La CNDH registró más de 50 quejas de violaciones a los derechos humanos durante el operativo del ejército en los alrededores de Carácuaro. Fue en una de estas redadas cuando el ejército detuvo a Sara y sus amigas el 2 de mayo de 2007.

La vida de Sara ha sido dura. Dejó la escuela a mitad del quinto año para seguir a sus padres a Chicago en busca de trabajo. Tuvo su primer hijo a los 11 años y al poco tiempo regresó a Michoacán con el padre del niño, de 16. Luego, cuando tuvo su segundo hijo, el padre la dejó y se vio obligada a buscar trabajo. Madre soltera de dos niños a los 14, se empleó como mesera en el restaurante de Carmela Martínez, que ahora el ejército mexicano afirma que era una fachada para la prostitución. Pero Sara había dejado ese trabajo hacía más de un año y se había mudado a Cuernavaca con su nuevo marido. Había vuelto para visitar a su familia y ese día había ido a casa de Carmela Martínez para despedirse de ella, cuando el ejército tomó el pueblo por asalto. Policías con vínculos cercanos al ejército dijeron que Sara y sus amigas estaban "relacionadas con Los Zetas", la importante banda de asesinos creada por ex militares de las fuerzas especiales que trabaja para el cártel del Golfo. Un oficial de la policía le dijo al diario *Milenio*:

—No, mire, estas chavas ya hasta tienen hijos y les gusta la fiesta. No creo que los soldados las hayan violado; seguro que nomás les metieron mano tantito, por aquí, por allá, pero violarlas, no; hasta feas estaban.

Sara aseguró que ella no sabía nada de Los Zetas ni del enfrentamiento entre soldados y narcos. Sólo estaba de visita en Michoacán y planeaba irse a Cuernavaca al otro día. Después de su detención, dijo que no sabía qué hacer ni adónde ir, porque la atormentaba una cosa que le dijeron los soldados:

—Dijeron que si no me mataban Los Zetas, entonces me mataban ellos.

Ahora dice que no sabe a quién tenerle más miedo, si a los soldados o a los narcos.

Al día siguiente de que los soldados detuvieron a Sara y sus amigas, se trasladaron al cercano poblado de Las Guacamayas. Los soldados llegaron en 17 camiones y tres helicópteros, y todo porque el apellido de muchos de los habitantes del pueblo coincidía con el del traficante muerto en la balacera con el ejército en Carácuaro. El pueblo es un conjunto de 20 casas a ambos lados de la única calle de tierra. No hay tiendas, escuelas ni hospitales. Rodeados de tierra seca y milpas, los habitantes de Las Guacamayas viven en casas de concreto y adobe. La casa de la familia de María tiene una sola pared, piso de tierra, techo de lámina corrugada sostenido por ramas y columnas de tabique de adobe. Tienen luz eléctrica y una pequeña televisión, pero cocinan en un horno de adobe y un comal de hierro sobre una fogata.

El 3 de mayo de 2007, ametralladora en mano, los soldados se acercaron a cada persona del pueblo, preguntando primero su nombre completo. Todos los que se apellidaban Mondragón de inmediato eran derribados a golpes, llevados a casa de María por la calle, tendidos boca abajo sobre la tierra ardiente, y luego uno por uno, vueltos a golpear, quemados con encendedores, e interrogados sobre la balacera en Carácuaro.

—Una niña de dos años trató de pararse y un soldado la encañonó —me contó María.

Más de una semana después, Pedro Mondragón todavía tenía quemaduras en la espalda, una costra enorme e inflamación en la rodilla derecha y dolor en la garganta, pues un soldado le metió el cañón de la ametralladora en la boca.

—Estaba comiendo cuando llegaron y me preguntaron mi nombre. Les dije y me dijeron: "Ah, hijo de la chingada, eres el mero mero que andamos buscando" —me contó Pedro.

Luego, un soldado le metió el cañón de la ametralladora hasta la garganta, lo obligó a postrarse y le golpeó la cara y el cuerpo. Estaba sangrando mucho, dijo. Más tarde, los soldados se llevaron a 10 habitantes del pueblo en sus helicópteros a la base militar próxima a Morelia; nueve se apellidaban Mondragón.

—Allá en la base nos trataban bastante mal —dijo Pedro, refiriéndose a las incesantes golpizas—. Nos preguntaban: "¿Por qué los mataron?", pero no teníamos ni idea de qué estaban hablando.

Un soldado señaló el sangriento lado derecho de la cara de Pedro y le dijo:

—De este lado ya no te voy a pegar, pero este otro lado todavía está bien.

Después de los interrogatorios, los soldados juntaron a todos los detenidos de Las Guacamayas y otros poblados en un cuarto y les dijeron que en su pueblo habían encontrado dos kilos de marihuana y que querían que entre los 17 se pusieran de acuerdo para escoger a una persona que cargara con la culpa. Pero los detenidos se negaron. Un oficial de la Agencia Federal de Investigaciones (AFI) golpeó a muchos para tratar de obligarlos a obedecer. En el cuarto donde los soldados los golpearon y torturaron había un letrero que decía que la tortura va contra la ley. Pero en Las Guacamayas los soldados les explicaron a los habitantes quejosos, igual que a Sara y sus amigas, que la ley son ellos.[26]

El narcotráfico en México ofrece un panorama especialmente evocador desde donde reflexionar sobre la ideología del Estado de derecho, pero no es el único. La violencia de la autoridad, necesaria para mantener el dominio de clase, es parte integral del sistema legal mexicano, parte del tejido mismo del ejercicio del poder. En ese sentido, los documentos sobre derechos humanos ofrecen un amplio y rico territorio de exploración. En sus detallados reportes y análisis, las organizaciones de derechos humanos consistentemente señalan y denuncian los diversos puntos donde la pistola puede más que el texto de la ley en México. Pero estas organizaciones en realidad nunca investigan por qué sucede esto. Hacerlo las llevaría a condenar la legitimidad de la ideología del Estado de derecho, con la cual están, en su mayoría, firmemente comprometidas.[27] De ahí que ciegamente consideren las violaciones sistemáticas a los derechos humanos como aberraciones más que como características definitorias del Estado mexicano. Echemos una mirada a las conclusiones de los dos organismos internacionales más grandes y más comúnmente citados: Amnistía Internacional y Human Rights Watch.

Primero, cito un fragmento del capítulo sobre México del *Informe mundial* 2007 de Human Rights Watch:

Entre los problemas más graves de derechos humanos que afectan a México se encuentran los problemas relacionados con su sistema de justicia penal. Las personas que están arrestadas o en prisión sufren torturas y maltrato. Además, a menudo, quienes están encargados de investigar y procesar a los responsables por violaciones a los derechos humanos incumplen con sus obligaciones [...] Las fuerzas policiales de México usualmente hacen uso excesivo de la fuerza cuando llevan a cabo operativos para controlar manifestaciones públicas [...] La tortura continúa siendo un problema generalizado en el sistema de administración de justicia mexicano. Un factor que permite que esta práctica se perpetúe es que algunos jueces aceptan como evidencia testimonios obtenidos mediante tortura y otros malos tratos. Otro es que no se investigan ni se enjuician la mayoría de casos de tortura. Más de 40% de los presos en México nunca han sido sentenciados por un delito; más bien se encuentran en prisión preventiva, a menudo esperando años para ser enjuiciados [...] Por lo general, el sistema de justicia penal no ofrece justicia a las víctimas de crímenes violentos y abusos contra los derechos humanos. Las causas son diversas e incluyen corrupción, recursos inadecuados y falta de capacitación y voluntad política [...] Una deficiencia importante del sistema de justicia mexicano es que deja la tarea de investigar y enjuiciar los abusos cometidos por miembros del ejército a las autoridades militares. El sistema de justicia militar no está preparado para estas tareas; carece de la independencia necesaria para llevar a cabo investigaciones confiables y sus operativos padecen de una ausencia general de transparencia.[28]

De acuerdo con su investigación francamente exhaustiva, Human Rights Watch ha llegado a la conclusión de que en México las autoridades pueden arrestar, golpear, torturar y detener en prisión a quien quieran, cuando quieran y como quieran. Human Rights Watch plantea que el sistema de justicia penal "por lo general no ofrece justicia a las víctimas de crímenes violentos y abusos contra los derechos humanos", y, en una frase impactante, admite que las razones para esta falla incluyen la "falta de voluntad política".

Amnistía Internacional, con un lenguaje ligeramente menos formal, llega básicamente a las mismas conclusiones que Human Rights Watch. He aquí dos fragmentos de informes publicados en 2003 y 2007, específicamente sobre los derechos humanos en México:

> La tortura es el más flagrante de los abusos que se cometen en cadena contra muchos individuos atrapados en el sistema de justicia penal mexicano. Desde el momento en que el individuo es detenido arbitrariamente hasta que resulta condenado sobre la base de una confesión obtenida mediante tortura, las garantías que establecen las normas internacionales ratificadas por el gobierno mexicano para la realización de juicios justos se vulneran de manera sistemática y constante. Tal injusticia se agrava por el hecho de que los mecanismos judiciales que permiten a los individuos tratar de obtener un remedio efectivo y recurrir contra una condena sobre la base de que su confesión ha sido obtenida mediante coacción son limitados y, en la práctica, deplorablemente insuficientes. Al mismo tiempo, la impunidad sigue siendo la norma para los responsables de cometer tortura y malos tratos [...] Todos los cuerpos de las diversas fuerzas policiales de México, ya sean federales, estatales o municipales, recurren habitualmente a la tortura o los malos tratos como método de control policial o de prevención del delito [...] Además, la participación creciente de las fuerzas armadas en la lucha contra el tráfico de drogas y los grupos armados de oposición ha dado lugar a que soldados que actuaban por su cuenta o en operaciones conjuntas con la policía federal o estatal detuvieran ilegalmente y en ocasiones torturaran o maltrataran a detenidos para obtener confesiones o información. Además, cada vez es más frecuente el uso de la tortura como medio de extorsionar económicamente, intimidar a presuntos delincuentes o servir directamente a los intereses criminales de funcionarios de policía corruptos.[29]

Amnistía Internacional continúa documentando casos de detención arbitraria, tortura, malos tratos, negación de los derechos al debido proceso, y juicios injustos, especialmente en el ámbito estatal. Los abusos contra los derechos humanos que se producen en los sistemas de seguridad pública y justicia penal no se deben principalmente a la falta de recursos. Como pone de relieve este informe, el reconocimiento jurídico inadecuado de los instrumentos internacionales de derechos humanos, la general inaplicación de la legislación existente y la interferencia política constante en la administración de justicia impiden que los derechos humanos se respeten plenamente en todo el país. Además, los deficientes mecanismos de rendición de cuentas posibilitan que la impunidad para quienes cometen abusos contra los derechos humanos sea generalizada.[30]

Otra vez: detención arbitraria, uso sistemático de tortura a *todos los niveles* de la policía y las fuerzas armadas, e impunidad total para los oficiales. ¿Pueden prácticas tan extendidas y perdurables considerarse irregularidades en el sistema? No. Son el sistema. En su informe de 2007, *México: leyes sin justicia: violaciones de derechos humanos e impunidad en el sistema de justicia penal y de seguridad pública,* Amnistía Internacional escribe: "existe una amplia brecha entre el principio jurídico y la experiencia de las personas que entran en contacto con la ley".[31] En otras palabras, las acciones de las autoridades tienen muy poco que ver con los códigos legales; emplean la violencia a su antojo, a pesar de la ley. Amnistía Internacional también señala que: "Las víctimas de estos abusos proceden de manera desproporcionada de los sectores más pobres y marginados de la sociedad: miembros de comunidades indígenas, campesinos, mujeres, menores, migrantes y comunidades urbanas socialmente excluidas". El empleo sistemático de detenciones arbitrarias, tortura, violencia sexual y ejecuciones está diseñado para mantener el control de clase; no se trata de "violaciones" a la ley —o a los derechos humanos—, sino de la ley vuelta realidad mediante la práctica: violencia real y simbólica que busca aplastar la resistencia a la explotación y reproducir la autoridad por todo el territorio nacional.[32]

Tomemos el caso de la tortura. Ésta es el intento desesperado de la autoridad por ejercer su afán social y político de dominación de los individuos percibidos como enemigos. Digo desesperado porque el acto de tortura viola los principios que la autoridad dice defender en su discurso público. Así, recurrir a la tortura en privado, de manera oculta, ilustra sobre todo la legitimidad fracturada y la consecuente desesperación violenta de la autoridad. El uso continuo de la tortura como técnica estándar en el ejercicio de la autoridad estatal sigue un patrón consistente: cuando la legitimidad de un poder tambaleante es desafiada directamente por un movimiento de oposición con amplio apoyo popular, las autoridades del Estado torturan a cualquier sospechoso de participar en la oposición. En su historia de la tortura, Edward Peters vincula esta práctica con la "experiencia colonial" y la naturaleza del Estado moderno con su combinación de poder acumulado sobre extensos territorios y su especial vulnerabilidad a las amenazas internas a su legitimidad.[33]

La tortura es más que coerción mediante el dolor físico o psicológico de una persona con el pretexto de obtener información; es una táctica del poder estatal. Herbert C. Kelman —profesor emérito de Harvard y coautor, con Lee Hamilton, del revelador estudio *Crímenes de obediencia: los límites de la autoridad y la responsabilidad*— escribe:

> El fenómeno esencial de la tortura [...] es que no es un crimen común, sino un crimen de obediencia: un crimen que tiene lugar no en oposición a las autoridades, sino bajo instrucciones explícitas de las autoridades de participar en actos de tortura, o en un ambiente donde la autoridad implícitamente fomenta, espera o por lo menos tolera estos actos.[34]

La tortura no es una aberración en un sistema, sino parte integral del mismo. De nuevo Kelman:

Las condiciones que llevan al incremento de la tortura como instrumento de la política del Estado son la percepción de la autoridad de una amenaza activa contra la seguridad del Estado proveniente de fuentes internas y externas; la disponibilidad de un aparato de seguridad, que permite a las autoridades usar el enorme poder a su disposición para responder a esa amenaza por medios represivos, y la presencia dentro de la sociedad de grupos definidos como enemigos del Estado o amenazas potenciales [...] Es muy probable que se recurra a la represión en situaciones en las que la oposición representa un desafío a la legitimidad de quienes ostentan el poder y por ende una amenaza fundamental a su capacidad sostenida de mantener el poder, como los Estados donde la *legitimidad* del mandatario está sustentada en una ideología unitaria inmutable (política o religiosa), o los Estados en manos de una camarilla gobernante con una base poblacional muy reducida (en términos socioeconómicos y/o étnicos), pero con el apoyo de las fuerzas militares.[35]

Los dos puntos clave del análisis de Kelman son, primero, entender la tortura como un "instrumento de la política del Estado" aprobado directamente por las autoridades, y segundo, entender la justificación de las autoridades para usar la tortura como una defensa contra amenazas percibidas a su legitimidad.

En su notable libro *The Body in Pain: The Making and Unmaking of the World [Cuerpo y dolor: cómo se hace y se deshace el mundo],* Elaine Scarry define la tortura como "la transformación del dolor absoluto en la fantasía de poder absoluto".[36] Aquí, el acto físico —infligir dolor a una persona indefensa— y el acto verbal —el interrogatorio— se combinan para formar una "grotesca representación compensatoria" cuyo propósito es "generar una ilusión fantástica de poder".[37] El interrogatorio no es el verdadero motivo ni el verdadero objeto de la tortura. La información obtenida es secundaria a quebrar la voluntad del prisionero.[38] Son raros los casos documentados en que los prisioneros torturados realmente proporcionaron información útil para los propósitos de inteligencia del Estado, pero aquí la clave está en la naturaleza misma de estos propósitos, sobre todo el impulso de aplastar cualquier cosa percibida como una amenaza a su legitimidad.

En México, la tortura es cosa de todos los días. Aunque este país ha firmado y ratificado la Convención contra la Tortura y Otros Tratos o Penas Crueles, Inhumanos o Degradantes de las Naciones Unidas, la tortura es parte integral de la forma en que se practica la ley.[39] Los jueces dan más peso como evidencia a las confesiones extraídas bajo tortura que al testimonio de un prisionero o incluso a las *pruebas físicas* de tortura, como los estudios médicos certificados por la corte.[40] De hecho, las cortes mexicanas han decidido que una confesión obtenida bajo tortura puede ser admisible en juicio si "es corroborada por otra evidencia".[41] Human Rights Watch dice que la tortura es "el secreto conocido de México".[42] La mitad de los doctores federales y estatales entrevistados por Physicians for Human Rights (Médicos por los Derechos Humanos) en 2003, dijeron que en México la tortura era un problema grave.[43] La propia Comisión Nacional de los Derechos Humanos de México reconoce que la tortura es una práctica común en el país.[44] Incluso, el Departamento de Estado estadounidense escribió en su informe sobre México de 2006: "Aunque la ley prohíbe tales prácticas, persisten, y en particular la tortura sigue siendo un problema serio [...] Las autoridades siguen usando la tortura con casi total impunidad, en gran medida porque las confesiones son la principal evidencia en muchas sentencias criminales".[45] Sin embargo, es un error creer que la tortura está tan arraigada en el sistema legal y las prácticas policiales en México sólo porque facilita el trabajo a un interrogador holgazán, eliminando la necesidad de investigar y averiguar quién pudo en efecto cometer el crimen, ya que simplemente puede hacer que alguien confiese por la fuerza.[46]

La tortura es endémica a México precisamente porque el ejercicio de la ley está basado en la violencia de la autoridad, por lo que la gente constantemente pone en duda la legitimidad del Estado. Los soldados torturaron a campesinos en su busca de narcotraficantes. La policía torturó a choferes de camión para fabricar condenas y dar así una apariencia de justicia en Ciudad Juárez. La policía estatal de Oaxaca torturó a voluntarios de la estación de radio universitaria tomada por los manifestantes como parte de una campaña de terrorismo de Estado. La policía del Estado de México torturó a prisioneros de Atenco en el camino a la cárcel, violando a varias mujeres en los autobuses llenos de detenidos. Pero hasta en el más banal de los casos, cuando la policía literalmente apresa a cualquier persona de la calle y la tortura hasta que confiesa un crimen apolítico, la práctica de la tortura puede entenderse como un intento de consolidar la legitimidad del Estado de derecho proyectando un "poder absoluto".[47]

—Este chofer es muy bueno —dice el padre mientras su mano derecha busca señales de vida en el hombro inerte de su hijo.

En la combi viajan ocho personas: el chofer y un periodista adelante, y atrás dos periodistas pálidos, el padre con el hijo, y dos hombres que sostienen el cuerpo del hijo, tendido en la larga banca justo detrás del chofer. Los dos hombres cuidan que los miembros del hijo no se caigan de la banca, que su cabeza, ahora envuelta en vendas ensangrentadas, no se golpee en la banca ni a los lados.

La combi viaja a una velocidad impresionante, como una lancha de motor en un ancho río más que como una vieja Volkswagen en la carretera Texcoco-México a las 5:00 p.m. El padre tiene razón: el chofer es increíble. El padre mantiene un control igualmente impresionante. No grita ni llora, no se pierde en la desesperación que lo ataca implacable. Parece que no se da cuenta, pero cada cinco o seis segundos se le contrae la cara y ladea la cabeza violentamente a la izquierda. Su cuerpo muestra el brutal impacto de haber visto a su hijo sangrar con una venda hechiza, tendido en el piso de concreto, atrapado en una casita diminuta con más de 30 personas durante casi 11 horas. El padre sigue hablando; su voz no vacila ni se quiebra, pero su cuerpo ya no puede más.

—Sólo espero que llegue vivo al hospital, que mi hijo aguante hasta el hospital. ¿Crees que pueda? ¿Crees que podamos llegar a tiempo? ¡Es impresionante cómo maneja este señor! Sólo que aguante hasta el hospital. ¿Cómo va, cómo lo ves? ¿Sí va a aguantar? ¿Sí llega?

Está sonando un celular. Oigo el sonido pero no le asigno ningún origen o significado. La combi continúa su recorrido extrañamente fluido entre el agobiante caos de la carretera. Vamos esquivando vehículos como una estrella del atletismo a sus oponentes; nos metemos al carril contrario un segundo para rebasar a alguien, nos pasamos al otro lado de la carretera, avanzamos un tramo por el acotamiento. Sólo nos detenemos cuando un semáforo en rojo coincide con una corriente impenetrable de tráfico. El teléfono sigue sonando.

—Contesta —me dice el padre.

Lo que suena es mi teléfono; lo busco torpemente en mis bolsillos, lo saco y contesto. Llaman del programa de radio *Flashpoints* de la KPFA en California. Me quieren entrevistar en vivo sobre la situación en San Salvador Atenco. Cubro el teléfono con la mano y le digo esto al padre, como para preguntarle si puedo hablar.

—Habla, sí. Diles lo que estás viendo aquí —señala el cuerpo esbelto, inmóvil de su hijo, los brazos sin fuerza, las vendas empapadas de sangre—, diles lo que viste en Atenco, lo que hicieron los granaderos. Cuéntales para que sepan, para que se difunda todo esto. Solamente no menciones nuestros nombres, por favor; es que su mamá todavía no sabe.

El 3 de mayo de 2006, día de la Santa Cruz, unos 40 vendedores de flores llegaron antes del amanecer al mercado Belisario Domínguez de Texcoco, a unos 30 kilómetros de la Ciudad de México, y encontraron el mercado rodeado por unos 200 granaderos.[48] La policía había acudido para respaldar a una cacique local, Alejandra Rodríguez Mendoza, en sus esfuerzos por desalojar de las banquetas aledañas al mercado a los vendedores de flores vinculados con el Frente de Pueblos en Defensa de la Tierra (que en 2002 había ganado un juicio contra la expropiación ilegal de sus tierras para un proyecto federal de hacer un aeropuerto). Los vendedores de flores trataron de protestar junto con los habitantes del vecino pueblo de San Salvador Atenco que también eran miembros del Frente de Pueblos en Defensa de la Tierra. Marcharon hasta la valla policial con sus flores en la mano y la policía avanzó y empezó a tirar macanazos. Se desató el caos. La policía golpeó y arrestó a docenas de personas. Otros, incluyendo a los líderes del Frente de Pueblos, corrieron varias cuadras y se refugiaron en la casa de uno de los vendedores de flores.

En el cercano Atenco, la gente bloqueó la carretera federal que pasa junto al pueblo para exigir la liberación inmediata de la gente que acababan de apresar en Texcoco. El gobierno respondió enviando más de 800 granaderos federales y estatales a levantar el bloqueo carretero por la fuerza. La policía luchó horas contra la gente de Atenco en la carretera abierta. Las televisoras grabaron desde helicópteros los enfrentamientos entre el Frente de Pueblos y la policía: los manifestantes pateando a un policía inconsciente en la entrepierna, grupos de oficiales rodeando a manifestantes caídos, tundiéndolos a macanazos. Los noticieros repitieron una y otra vez la escena del policía pateado, pregonando la necesidad de un operativo policiaco más fuerte para "acabar con esa gente". Sin embargo, los noticieros no informaron a sus espectadores que los manifestantes golpearon al oficial caído momentos después de enterarse de que la policía mató de un tiro a Francisco Javier Cortés Santiago, de 14 años. En Texcoco, la policía federal tomó por asalto la casa donde se habían refugiado los vendedores de flores y los líderes del Frente de Pueblos; golpeó a todos hasta dejarlos semiconscientes y sometidos. Cuando se fueron de la casa rociaron de pintura roja las paredes, la escalera y el piso para cubrir los charcos de sangre. Ignacio del Valle, líder del Frente de Pueblos, recibió una golpiza tremenda y luego fue llevado a un penal de máxima seguridad, con el rostro hinchado y desfigurado, la sangre empapándole los pantalones por los repetidos golpes en la entrepierna que le dio la policía. Un año después, un juez sentenciaría a Ignacio del Valle a 67 años por "secuestro", más del doble de las sentencias que reciben los peores narcotraficantes del país. En Atenco, los manifestantes llamaron esa noche a la Cruz Roja Internacional y por su conducto liberaron al policía que habían tomado prisionero. Luego hicieron un llamado al gobierno a liberar a sus prisioneros y a resolver el conflicto por medio del diálogo.

Son las 6:00 p.m. en la Plaza de las Tres Culturas de Tlatelolco en la Ciudad de México, el 3 de mayo de 2006. El subcomandante Marcos del EZLN declara una alerta roja y hace un llamado a la solidaridad nacional e internacional con la gente de Atenco. No podemos dejar solo a Atenco, dice.

Ángel Benhumea está con su hijo, Alexis, y un grupo de amigos y colegas, parados bajo el sol, escuchando las palabras del subcomandante. Cuando Marcos deja el escenario, hablan entre ellos. Deciden ir al campus de la Universidad de Chapingo, donde dicen que se está reuniendo gente. Chapingo está a unos kilómetros de la Ciudad de México, como a mitad del camino a San Salvador Atenco. Cuando llegan a Chapingo encuentran mucha gente pero poca organización. Nadie da órdenes. Se forman grupos y discuten entre ellos cuál es la mejor manera de solidarizarse con la gente de Atenco. Y esperan, horas. Poco a poco, los grupos se van. Algunos regresan a casa, otros siguen hasta Atenco. Cuando Ángel, Alexis y sus amigos deciden ir a esta población, son casi las 6:00 a.m. Llegan a Atenco minutos antes que 3 500 granaderos locales, estatales y federales. No han caminado ni media cuadra cuando ven la ola negra de escudos antimotines, oyen el violento golpeteo de los toletes contra los escudos, de las botas contra el asfalto.

—Nos pusimos en las primeras filas —me contó después Ángel— para evitar que la policía reprimiera al pueblo.

Pero en los primeros momentos, con la entrada de las fuerzas policiacas de avanzada y los primeros disparos de granadas de gas lacrimógeno, en las primeras filas, Alexis cae. Ángel está parado a pocos metros cuando la granada de gas le da a Alexis en la cabeza. Cae, pero logra ponerse de pie otra vez con la ayuda de su padre; incluso dice:

—Mis lentes... se me cayeron mis lentes.

Pero la policía viene a la carga y no les queda otra más que correr. Dos hombres ven a Ángel y Alexis batallando y corren a ayudar; prácticamente cargan a Alexis. Por suerte, en una de las primeras casas a las que llegan, alguien está metiendo gente apresuradamente para que se esconda y se refugie. Ángel, Alexis y los dos hombres entran a la planta baja de una casa de dos pisos que es como una caja de concreto, con sólo dos habitaciones abajo y otras dos arriba.

Hay más de 50 personas escondidas en la casa, como 20 arriba y poco más de 30 abajo. Algunos son habitantes de Atenco, otros son de la Ciudad de México y otros vinieron de Tlatelolco a ayudar sin saber muy bien qué estaba pasando ni a quién ayudarían. Un médico, el doctor Selvas, es el primero en reconocer la gravedad de la herida de Alexis. Ahora Alexis quiere hablar; trata, pero no puede. La boca le falla, no responde a sus órdenes. El doctor le examina la cabeza; aparta cuidadosamente su larga y gruesa cabellera y puede ver que tiene el cráneo fracturado y hay materia encefálica expuesta, que está empezando a sangrar copiosamente. El doctor Selvas decide salir de la casa para buscar ayuda. Nunca regresa. Pasaría más de año y medio en prisión.

Ollín Alexis (su nombre completo) ya no puede sentarse. Se acuesta en el piso. Otro médico, un habitante del pueblo también refugiado en la casa, se acerca a examinar la herida; se asusta. Saca gasa de su mochila y trata de detener la hemorragia. Alexis ya no responde. Empieza a sacudirse.

En el piso de abajo, con Alexis, hay varias personas que, como Ángel, participaron en las protestas estudiantiles de 1968 y 1971. Le piden al dueño de la casa detergente y vinagre. Riegan el detergente en el marco de la puerta y las ventanas. Luego piden unos vasos. Los hombres se van a un rincón y orinan en los vasos y luego mezclan la orina con el vinagre. Luego chorrean su coctel en el marco de la puerta y las ventanas.

La policía trae perros. Y cuando llegan, más tarde esa mañana, los animales suben corriendo directamente al piso de arriba por la escalera metálica de caracol que está fuera de la casa. Los perros no huelen el sudor de 30 personas en los cuartos de abajo. La policía tira la puerta y empieza a arrancar gente de la planta alta. Los bajan a empujones por las escaleras y cuando llegan abajo los obligan a hincarse a toletazos. Ángel y todos los que están en la planta baja oyen los gritos y los golpes. La policía se lleva de la casa a la familia y a todos los que se escondían arriba. Se llevan —golpeándola a cada paso— a Mariana, la hija del doctor Selvas. Mariana pasaría más de año y medio en la cárcel.

Un granadero golpea la puerta de la planta baja, pero nadie responde.

—Era una tensión muy fuerte —dijo una joven mujer que se escondió en la misma casa—. El padre nos dice que quiere entregar a su hijo, pase lo que pase; que quiere sacarlo a la calle a ver si los policías lo recogen y se lo llevan a un hospital. Pero si hace eso, pues, todos tenemos que salir, ¿no?, así que pues nadie quiere que lo entregue. Todos dijeron que no porque nadie estaba seguro de qué nos iba a pasar, ¿no? Nadie nos podía asegurar que nomás se iban a llevar al muchacho, y pues nuestra seguridad también estaba, ¿no?, estaba de por medio. Entonces el señor aguantó mucho y no entregó a su hijo, con ese, ese dolor que se le veía al señor. Pero nunca lloró, nunca, nunca decidió hacerlo, hasta el final que todos nos quedamos callados. Teníamos mucho miedo, estábamos todos en silencio.

La primera vez que lo veo, tendido en el piso de concreto, no puedo distinguir sus facciones por las vendas, la decoloración y la sangre. Puedo ver que es joven, delgado, de pelo largo. Se me hace conocido, como si lo hubiera visto por ahí, pero no logro distinguir nada, no sé si lo conozco o no. Hay un hombre parado a su lado, a mi izquierda.

—¿Quién es? —le pregunto, indicando con un gesto el cuerpo atrapado entre respiraciones profundas y breves sacudidas de pequeñas convulsiones.

—Es mi hijo —responde.

Silencio.

—Tenemos una combi —le digo—. No dejaron que las ambulancias entraran al pueblo. Podemos llevarlo a un hospital ahora mismo en la combi.

—¿Dónde está la combi? Por favor tráiganla.

Después supe que Ollín, su primer nombre, significa "movimiento" en náhuatl. Ollín Alexis. Tenía 20 años y había estudiado danza desde los nueve. Tenía dos licenciaturas de la UNAM, matemáticas y economía, y estudiaba ruso avanzado. Tocaba la guitarra. Leía insaciablemente; siempre traía libros, en la mochila, en los bolsillos. Usaba lentes. En las fotografías se le puede ver bailando o parado tranquilamente detrás de comandantes zapatistas en la comunidad rebelde de La Garrucha, escuchando las reuniones preparativas para la Otra Campaña, el esfuerzo de organización nacional de los rebeldes zapatistas lanzado a fines de 2005.

Desperté la mañana del 4 de mayo de 2006 en casa de un amigo en la Ciudad de México. Faltaban unos minutos para las seis. Encendimos la televisión. Minutos después vimos a la policía entrar a San Salvador Atenco. Vimos las tomas aéreas de la ola negra de granaderos disparando gas lacrimógeno, apuntando a los cuerpos de los manifestantes. Había muy poca gente en las calles. Salimos de inmediato.

El tráfico que salía de la Ciudad de México iba a vuelta de rueda; nos tomó una hora avanzar cinco kilómetros. Tratamos de tomar un taxi pero nadie nos quería llevar. Una combi, pensé. Quizá podríamos contratar a un chofer de combi. Caminamos al paradero a unas cuantas cuadras y en poco tiempo encontramos a un chofer dispuesto a llevarnos. Era casi mediodía y el sol era sofocante. Le mandé un mensaje de texto a mi amigo Diego Osorno, del periódico *Milenio,* quien había cubierto los enfrentamientos en Texcoco y Atenco el día anterior y había pasado la noche en esta última población. Quería avisarle que íbamos en camino.

—Con mucho cuidado —me contestó—. Están sacando a la gente de sus casas, andan como perros.

El 4 de mayo de 2006, más de 3 500 policías federales, estatales y municipales rodearon e invadieron San Salvador Atenco. Cientos de miembros de la Otra Campaña habían viajado toda la noche para solidarizarse con la gente de Atenco. Sin embargo, a la mayoría de esta gente la tomó desprevenida la campana de la iglesia que repicó a las 6:00 a.m. La gente se levantó como pudo para defender las entradas del pueblo con piedras y unos cuantos cocteles molotov, pero de inmediato fue aplastada por la enorme cantidad de policías que disparaban granadas de gas a la altura de la cabeza. Al entrar al pueblo, la policía aporreó a todos los que pescó en la calle. Más de 20 policías golpearon a Jorge Salinas Jardón —en cámara— casi dos minutos, sin parar. Pero las golpizas callejeras eran sólo el principio. Cuando la policía tomó el control del pueblo, habitantes enmascarados los llevaron de casa en casa para que golpearan y arrestaran a participantes conocidos del Frente de Pueblos y miembros de la Otra Campaña que habían buscado refugio en las casas de la gente. La violencia policiaca fue indiscriminada. Arnulfo Pacheco, un señor discapacitado que llevaba años confinado a una silla de ruedas, fue sacado de su cama y golpeado, y luego le ordenaron que se levantara y caminara. Como no obedeció, lo golpearon hasta dejarlo inconsciente. Luego la policía llevó a cabo un ritual sádico de violencia: amontonaron los cuerpos ensangrentados en camiones vacíos o en la caja de camionetas pickup y se los llevaron al campo para seguirlos golpeando. En los trayectos de seis horas, de manera sistemática, la policía agredió sexualmente y en algunos casos violó a las mujeres que llevaban prisioneras. A los granaderos incluso les dieron condones como parte de su equipo antimotines.

Cuando llegamos al hospital, Alexis sigue con vida. Lo metemos cargando —su cuerpo aún tibio pero inerte— por las puertas de la sala de urgencias. Oigo que un doctor le comenta a un colega cuando pasamos corriendo:

—Huy, ése no tiene remedio.

Por pura suerte, un neurocirujano venía saliendo de su guardia. Llevan a Alexis al quirófano y minutos después empieza una operación que dura cinco horas. Alexis resiste, pero sigue en coma. La hemorragia interna, debida a 11 horas de sangrado sin atención médica, 11 horas atrapado por miles de policías y por 30 personas aterradas ante la posibilidad de ser descubiertas, ya ha dañado alrededor de 80% de su cerebro.

Toda su familia —padre, madre, hermana, hermano, tíos, tías y primos— permanece en el hospital, acampando primero en la sala de espera y luego, cuando Alexis es trasladado a otra clínica, afuera, en el estacionamiento. Allí duermen, cuando pueden dormir. Allí comen, cuando pueden comer. Allí hablan con los amigos de Alexis, con sus compañeros de clase y de danza, que lo visitan a diario. Allí se quedan, día tras día, hora tras hora, aferrados en todo momento a la crudeza de sus últimas esperanzas.

Pero Ollín Alexis no se levanta. Duerme. El bailarín y hombre solidario muere el 7 de junio de 2006. No se responsabilizó a nadie de su muerte.

La palabra impunidad es inútil en Ciudad Juárez. Frases como "violación de derechos humanos" o "discriminación contra las mujeres" palidecen y se desmoronan. Aquí matan a las mujeres por diversión.

Las mujeres —sus vidas y sus cuerpos— son cazadas, violadas y mutiladas con tal frecuencia que nadie parece capaz siquiera de llevar la cuenta. Todas son jóvenes, la mayoría de menos de 18 años. Viven en ciudades perdidas sin agua corriente ni drenaje. Alimentan a sus niños bajo techos de lámina. Vienen de todo el país, de pueblos deshechos y deterioradas periferias urbanas. Vienen a trabajar. Vienen precisamente a sobrevivir, traídas por el feroz atractivo de los sueldos prometidos, sueldos que las encierran firmemente en el puño de la miseria. Algunas trabajan por 20 pesos la hora; algunas por 350 a la semana. Trabajan haciendo los productos que se venden a los "precios bajos siempre" tan celebrados en los Estados Unidos.

Las encuentran en el desierto, en la carretera, en la zanja. Las encuentran estranguladas, descuartizadas, con los pezones y con pedazos de la cara arrancados a mordidas. Las encuentran tan descompuestas que sus nombres e historias nunca serán conocidos. En Ciudad Juárez las mujeres son asesinadas, destruidas y arrasadas bajo la cuidadosa vigilancia del gobierno. Los expertos forenses a cargo de recolectar la evidencia ponen a hervir sus cuerpos para destruir el ADN. Los fiscales torturan a los choferes de camión que pasan junto a las zanjas donde hallan los cuerpos; luego son liberados y los asesinatos continúan.

El texto mismo de la ley protege a los asesinos: en México, el homicidio prescribe a los 14 años. Los primeros casos de este tipo de asesinatos rituales, ocurridos entre 1989 y 1993, ya no constituyen crímenes sancionables. Los funcionarios del gobierno hacen escarnio de las mujeres por provocar a los hombres con su evocadora vestimenta de desierto: minifaldas y *tops* sin mangas que hacen aflorar un instinto inexorable de secuestrar, esposar, violar, estrangular y mutilar. La policía mata a tiros, a plena luz del día, a los abogados que investigan, y luego alega error de identidad. Las compañías estadounidenses dueñas de las maquiladoras donde trabajan las mujeres niegan que en Ciudad Juárez esté ocurriendo nada anormal, y hacen negocios como si nada.

El gobierno del estado de Chihuahua paga anuncios para difamar a los periodistas que critican los 15 años seguidos de asesinatos sin resolver. En ese tiempo, más de 400 mujeres han sido asesinadas y cientos más han desaparecido. ¿Te imaginas? Vives en una ciudad. En tu ciudad, el cuerpo mutilado de una mujer aparece cada semana. La mayoría de las víctimas desaparecieron en la misma esquina, cerca de una zona industrial. No se hace nada para cambiar esto. El gobierno municipal no contrata más policías ni asigna turnos para patrullar esa calle. Tampoco el gobierno estatal ni el gobierno federal. Los dueños de las diversas fábricas no contratan guardias de seguridad privada ni proporcionan transporte para sus empleados. Nadie hace nada. Cada semana otra mujer es aniquilada. Un nuevo presidente entra en funciones; crea una fiscalía especial para investigar los asesinatos. El sexenio del presidente termina. La fiscalía especial no descubrió nada, no resolvió nada. Siguen los asesinatos. Pero no sólo eso: se extienden a otras ciudades, a otros estados. Más de 300 mujeres han sido violadas y asesinadas en el Estado de México en los últimos 10 años. En el estado de Veracruz, más de 200 han corrido la misma suerte, y en Oaxaca unas 90 mujeres fueron asesinadas entre enero de 2005 y mayo de 2006. En otros estados todavía no las empiezan a contar. Es una epidemia de brutalidad que nadie desafía ni castiga.[49]

La Washington Office on Latin America (Oficina de Washington para América Latina), una organización con sede en Washington, D. C., que trabaja por los derechos humanos, lleva años investigando los asesinatos de Ciudad Juárez. En un reporte de mayo de 2006, escribe: "la impunidad por los asesinatos va más allá de una falta de recursos o de la capacidad para investigar. Ha habido una profunda falta de voluntad política para resolver los asesinatos, debida a la corrupción en la policía estatal y en la Procuraduría General de Justicia".[50] De nuevo encontramos la frase "falta de voluntad política", una forma bastante elegante o disimulada de decir: "No quieren cambiarlo". De nuevo, los pocos que han sido acusados públicamente de asesinatos afirman haber sido obligados a confesar mediante tortura;

acabar con la "pobreza extrema" para 2025.² Si bien la meta del autor parece noble, la lógica imperialista que guía sus argumentos vuelve el fin deseado eternamente inalcanzable.³

Su argumento es el siguiente: todos los lugares del mundo alguna vez fueron pobres (p. 62); la pobreza contemporánea es resultado de un crecimiento económico más lento en lugares específicos (p. 64); el crecimiento económico es completamente distinto e independiente de la cultura, por lo que las mismas recetas para el crecimiento económico se pueden aplicar universalmente (p. 65; suposición subyacente en todo el libro); los economistas, científicos y políticos de los poderes económicos ya han dado los pasos correctos para lograr un crecimiento económico moderno y por lo tanto son los mejor preparados para sugerir los pasos correctos para otros (suposición subyacente, por ejemplo, en las pp. 57, 68-71, 81 y 97-98), y finalmente, si los países subdesarrollados siguen los consejos de los países desarrollados y emprenden el camino del crecimiento económico, pueden acabar con su pobreza extrema en 20 años (p. 57).

Este argumento está cargado de magia ideológica. El primer paso es colocar a todos en el mismo punto de partida: "Todas las regiones eran pobres en 1820" (p. 62). Conceptual e históricamente, esta afirmación es falsa. Es una falacia lógica imponer un estándar contemporáneo, de una cultura específica, para definir las realidades del pasado. Puesto que las condiciones materiales que el economista ahora define como necesarias no existían (o no prevalecían) en 1820, entonces todos en todas partes eran pobres. Además, al decir que en 1820 todos eran pobres, el economista despoja a la vida rural, y en particular a la vida comunal indígena, de toda su complejidad, riqueza e incluso legitimidad (¿por qué mantener una cultura que es sinónimo de pobreza?), y prepara el escenario para el ineluctable imperialismo "benévolo". En cuanto a la historia, esta nivelación de 1820 ignora 300 años de colonialismo europeo. Habría que tomar las zonas aristocráticas de Madrid o Londres, y luego las moradas de los esclavos en las Américas o África en 1820, y ver si ambos eran comparativamente "pobres".

El segundo paso de la magia es negar el papel histórico que jugó el imperialismo para crear condiciones de miseria en todo el mundo y otorgar a la idea del "crecimiento económico moderno" una dimensión casi espiritual, a la vez como motor y destino de la historia mundial. El economista escribe que "las grandes desigualdades del presente reflejan que algunas áreas del planeta lograron el crecimiento económico moderno mientras que otras no lo hicieron" (p. 62). Éste es un punto clave en la ideología de la pobreza, y el economista lo retoma explícitamente:

> Permítanme que, ya desde el principio, arrumbe cierta idea. Muchas personas dan por sentado que los ricos se han hecho ricos porque los pobres se han convertido en pobres. En otras palabras, dan por sentado que, durante la era del colonialismo y después de ella, Europa y los Estados Unidos han empleado la fuerza militar y el poderío político para extraer riquezas de las regiones más pobres y, de ese modo, enriquecerse. Esa interpretación de los hechos sería verosímil si el producto mundial bruto hubiera permanecido más o menos constante y una parte creciente del mismo hubiera ido a parar a las regiones poderosas y otra parte menguante a las más pobres. Sin embargo, eso no es en modo alguno lo que ha sucedido. El producto mundial bruto se ha multiplicado casi por 50. Todas las regiones del mundo han experimentado algún crecimiento económico (tanto en términos del tamaño total de la economía como incluso cuando se calcula por persona), pero algunas regiones han crecido mucho más que otras. El factor clave de los tiempos modernos no es la *transferencia* de rentas de una región a otra, sea por la fuerza o de otro modo, sino más bien el *crecimiento* general de la renta del mundo, aunque a ritmos diferentes según las regiones [p. 65. Las cursivas son del original].

En primer lugar, hay que notar su desprecio: "Permítanme que, ya desde el principio, arrumbe cierta idea". ¿Qué quiere hacer con esta idea? ¿Quiere considerarla, reflexionar, dialogar con ella? No. La quiere "arrumbar" como algo inútil, basura. Que el imperialismo europeo y estadounidense causó condiciones de miseria mediante el franco genocidio, la esclavitud y el robo de tierras, y que estas condiciones han evolucionado hasta convertirse en la pobreza contemporánea, es una idea que a este economista le resulta equiparable con basura intelectual. De hecho, según nuestro autor, la idea no tiene ningún fundamento en la realidad histórica, sino que está basada en meras suposiciones: "Muchas personas dan por sentado que los ricos se han hecho ricos [...] que [...] Europa y los Estados Unidos han empleado la fuerza militar". La arrogancia, desde luego, es históricamente vacua e insultante, si no es que implícitamente racista, pues eso que "dan por sentado" y que habría que "arrumbar" es precisamente el pensamiento desarrollado, sostenido y argumentado por las clases explotadas descendientes de los oprimidos del imperialismo europeo y estadounidense.[4] Consideremos el planteamiento de la idea que hace Frantz Fanon:

> Esta opulencia europea es literalmente escandalosa porque ha sido construida sobre las espaldas de los esclavos, se ha alimentado de la sangre de los esclavos, viene directamente del suelo y del subsuelo de ese mundo subdesarrollado. El bienestar y el progreso de Europa han sido construidos con el sudor y los cadáveres de los negros, los árabes, los indios y los amarillos. Hemos decidido no olvidarlo.[5]

En palabras de Eduardo Galeano:

Pero ocurre que quienes ganaron, ganaron gracias a que nosotros perdimos: la historia del subdesarrollo de América Latina integra, como se ha dicho, la historia del desarrollo del capitalismo mundial. *Nuestra derrota estuvo siempre implícita en la victoria ajena; nuestra riqueza ha gene-*

rado siempre nuestra pobreza para alimentar la prosperidad de otros: los imperios y sus caporales nativos [...] El desarrollo desarrolla la desigualdad [...] La fuerza del conjunto del sistema imperialista descansa en la necesaria desigualdad de las partes que lo forman.[6]

Enrique Semo, especialista en historia económica de México, resume el caso mexicano así:

> El principal es el siguiente: los medios necesarios para la fundación de la economía de los conquistadores (la República de los españoles) surgen de la explotación de la comunidad indígena. Los españoles no traen capitales ni medios de producción. La única fuente existente es el trabajo y el producto excedente de las comunidades. El papel histórico de la encomienda es precisamente éste: la transferencia de excedente producido en las comunidades a la estancia, la hacienda, el obraje, la mina, el ingenio [...] Sin el excedente de la comunidad indígena y un mecanismo que lo transfiera y transforme, la economía de la República de los españoles nunca hubiera surgido.[7]

Pero los argumentos desarrollados en estos y tantos otros libros son solamente lo que se da "por sentado" y que hay que "arrumbar".[8] Aparte de su arrogancia, el autor de *El fin de la pobreza* descarta que el imperialismo sea la causa de raíz de la pobreza contemporánea con razonamientos endebles. A la masacre al por mayor, la esclavitud y el despojo de tierras los llama "transferencia" de bienes económicos y luego afirma que eso no explica un crecimiento económico desigual. Para él, el registro histórico del crecimiento económico global desmiente tal transferencia. Pero, en serio, ¿a qué podría referirse? ¿Duda que ocurrió el comercio trasatlántico de esclavos? ¿Niega la existencia de minas de plata, oro, cobre y estaño por todo el Imperio español en lo que hoy es América Latina? ¿Acaso nunca zarparon los barcos, nunca se trasladaron los bienes de Sudamérica, África, India? ¿Acaso los europeos no desplazaron y mataron a millones de pueblos indígenas? El economista no niega estos hechos históricos (p. 78); les niega su significado histórico, y con ello también su significado contemporáneo. Para él, las instituciones democráticas y las fuerzas de mercado impulsaron la Revolución Industrial, dando inicio a una era de enorme, aunque desigual, prosperidad económica (p. 71). De acuerdo con su razonamiento, el racismo y la brutalidad fueron consecuencias lamentables de individuos equivocados, atrapados en el furor del crecimiento económico moderno (p. 78).

El autor tiene tal necesidad y urgencia de ocultar la historia brutal de su adorada prosperidad económica, que en su argumentación hace algunas asociaciones asombrosas. Consideremos dos breves ejemplos:

> Los estadounidenses, por ejemplo, creen que se ganaron su riqueza por sus propios medios. Olvidan que heredaron un vasto continente rico en recursos naturales, con magníficos suelos y abundantes lluvias, inmensos ríos navegables y miles de kilómetros de costa con un sinfín de puertos naturales que proporcionaban una base extraordinaria para el comercio marítimo [pp. 99-100].

Los estadounidenses "heredaron un vasto continente". ¿Lo heredaron de quién? "Una pequeña cuestión de genocidio", conquista, esclavitud, "destino manifiesto" racista y sangriento, y las violaciones sistemáticas a los tratados se limpian, retocan y empaquetan como una herencia no histórica y apolítica.[9] He aquí la síntesis que hace el economista de cómo se encontraba el mundo en vísperas de la primera Guerra Mundial:

> A principios del siglo XX, Europa dominaba gran parte del mundo […] Ésa fue la primera era de la globalización […] lo que parecía una época de progreso inevitable […] Ese supuesto orden natural dio origen a la tristemente famosa "carga del hombre blanco", el derecho y la obligación de los europeos y los blancos descendientes de europeos de

gobernar las vidas de otras personas de todo el mundo, cosa que hicieron sin complejos y con una mezcla contradictoria de ingenuidad, compasión y brutalidad [p. 81].

La dominación europea fue la primera era de la globalización, la primera era de "progreso inevitable". Ésta es una de las afirmaciones más honestas en la argumentación del economista, pues reconoce que el "progreso" es una creación europea, aunque sigue asumiendo que esta creación está destinada y es adecuada para todos, aunque sea a punta de pistola. La descripción que hace del imperialismo como una "mezcla contradictoria de ingenuidad, compasión y brutalidad" también apoya la conclusión de que el "dominio europeo" no fue todo malo; tenía algo de compasión. ¿Hay compasión en la esclavitud? Quizá para el dueño de los esclavos, pero no para éstos. El imperialismo deja poco lugar para la neutralidad: uno está con el imperio o en su contra.[10] El economista y los ideólogos de la pobreza están firmemente del lado del imperio.

Esto lleva al tercer paso de la magia ideológica que oculta la intervención y dominación económicas bajo el universalismo del crecimiento económico moderno. La formulación del economista es que todas las regiones experimentan progreso económico, aunque las regiones ricas lo experimentan en mayor medida (p. 62). Entonces las regiones pobres sólo necesitan alcanzar a las ricas siguiendo su ejemplo. El crecimiento económico se plantea aquí como una fuerza independiente de la cultura más que como una construcción cultural concreta del imperialismo europeo y estadounidense. Así, se propugna un tipo de crecimiento económico muy particular, el capitalismo industrial, y promover el "crecimiento económico moderno" es simplemente otra manera de describir la imposición del capitalismo industrial en cada rincón del mundo, ya sea que la gente lo quiera o no. La lógica imperialista implícita es ésta: si la gente se resiste al capitalismo industrial —presentado como crecimiento económico moderno— es precisamente porque está sumida en la pobreza y por lo mismo no puede diagnosticar correctamente sus males sociales ni actuar correctamente para remediarlos. Pudiera darse el caso de que cantidades enormes de gente en todo el mundo anhelaran el capitalismo industrial —aunque ésa no ha sido mi experiencia en México—, pero ésa es otra cuestión, pues la ideología de la pobreza no concibe preguntarles, averiguarlo. Impone una interpretación desde el principio: estás sumido en la pobreza y sólo el crecimiento económico moderno te puede sacar de allí.

El principal rasgo distintivo de la economía mexicana es la desigualdad: México encierra uno de los abismos más grandes, más obscenos, de todas las naciones del planeta entre sus ciudadanos más ricos y los más desposeídos. Este abismo tiene tanto un pasado como un presente poblados de gente específica tomando decisiones deliberadas: aquellos que abrieron el abismo a propósito y siguen manejando su amplitud cada vez mayor, y aquellos que se rebelan contra él.

La historia del colonialismo español es compleja, pero no ambigua: los españoles invadieron, tomaron tierras de las comunidades indígenas, esclavizaron a los pueblos autóctonos y luego, al paso de tres siglos, adoptaron diversas formas de trabajos forzados según las necesidades morales y políticas del momento. Aquí es donde empieza la "pobreza" contemporánea. En los primeros dos siglos de colonización, "la mayoría de las comunidades que se conservaron conocieron un proceso de regresión económica: desaparición de los *calpulltin* especializados en el comercio, las artesanías y las actividades intelectuales, y retroceso a la vida agraria más primitiva".[11] En la primera mitad del siglo XVIII, la economía de México, sobre todo en el campo, seguía siendo esencialmente precapitalista, basada en la agricultura de subsistencia y el comercio regional. El sistema de la encomienda[12] se convirtió en peonaje por deudas, y en trabajos forzados en condiciones de semiesclavitud: "Expropiado de sus tierras, el indígena no podía evitar trabajar regular o esporádicamente en la hacienda".[13] Y mientras los españoles corrieron a los indígenas de sus tierras para imponerles trabajos forzados, México se convirtió en la primera colonia en desarrollar millonarios.[14]

Con la Guerra de Independencia y la Revolución, el imperialismo español se rompió y se transformó en un tipo de colonialismo nacionalista interno.[15] Porfirio Díaz abrió la economía a una inversión extranjera enorme (con sus formas de control corporativo), gobernando México como si fuera "una reserva capitalista para sus amigos mexicanos y extranjeros".[16] Después de la agitación de la Revolución y sus secuelas, Lázaro Cárdenas implementó una serie de medidas que lidiaban de manera muy concreta con la miseria, sobre todo la rural —a saber, un enorme reparto agrario y la consagración de los derechos de propiedad ejidal en la Constitución—, y que a la vez funcionaban como mecanismos para establecer un monopolio gobierno-partido tanto sobre la economía como sobre el proceso político. En los 50 años posteriores a la Revolución, el porcentaje total de la población considerada marginal presentó una caída, pero los números absolutos de gente viviendo marginalmente en diversos grados de miseria se incrementaron.[17]

En el periodo en que el PRI consolidó su poder, entre los años cuarenta y los setenta, la economía mexicana creció anualmente a una tasa de más de 6%, lo que llevó a los admiradores a proclamar este crecimiento como el Milagro Mexicano.[18] Sin embargo, las tasas globales de crecimiento coincidieron con un incremento drástico en la disparidad entre los ricos, por un lado, y los sectores desposeídos y excluidos de la sociedad, por otro: "En 1958, los ingresos del 5% más rico de todos los mexicanos eran 22 veces los del 10% más pobre; para 1980 esta diferencia era de más del doble, y los ricos disfrutaban de ingresos 50 veces mayores que el sector más pobre de la población".[19] Y los años ochenta fueron todavía peores. La deuda externa se disparó con la caída de los precios internacionales del petróleo, y el Fondo Monetario Internacional se apresuró a introducir un "programa de austeridad": cientos de miles de personas perdieron su trabajo, el desempleo en el campo se duplicó, millones de habitantes rurales se vieron desplazados por motivos económicos hacia las rutas de migración tanto interna como internacional, el salario mínimo perdió más de la mitad de su valor en 10 años y casi 60% de los hogares urbanos cayó por debajo de la línea de la pobreza.[20] Entre 1983 y 1988, el costo de la vida aumentó más de 90%, mientras que el ingreso per cápita cayó 50%, de un cálculo de 2 405 a 1 320 (cifras en dólares).[21]

En 1988 Salinas perdió las elecciones, pero el PRI controló el conteo de votos y, después de una inexplicable caída del sistema, anunció, con las hojas de cómputo recién impresas en la mano, el triunfo decisivo de su candidato. Todos los instrumentos con los que contamos coinciden: el día de su toma de posesión fue sombrío y horrendo.[22]

Carlos Salinas eliminó el artículo 27 de la Constitución (poniendo fin al programa de reforma agraria de la Revolución y abriendo el camino a la privatización de terrenos ejidales) y firmó el TLC, dos medidas diseñadas para echar a los pequeños campesinos de sus tierras, aplastar la microempresa y, en consecuencia, arrancar del campo mexicano una cosecha móvil de jornaleros y obreros para la maquila —acciones diseñadas para crear pobreza—. Al mismo tiempo, entre 1989 y 1992, Salinas privatizó 989 paraestatales,[23] una acción que pretendía concentrar aún más riqueza en una clase súper élite. El *Wall Street Journal* describe el plan de privatización de Salinas así: "El proceso de privatización creó una nueva clase de súper ricos en México. En 1991, el país tenía dos billonarios en la lista de *Forbes*. Para 1994, al final del sexenio del señor Salinas, había 24".[24] Veinte días después de que Salinas dejara el cargo, el 30 de noviembre de 1994, la economía mexicana colapsó; el 22 de diciembre, el peso cayó 20%, 5 000 millones de dólares salieron del país en 48 horas.[25] Mientras los beneficios del modelo económico de Salinas se extendían hacia abajo, la pobreza pasó del 45 al 50% de toda la población, y unos 3 300 000 niños menores de 14 años se vieron obligados a trabajar.[26]

Los economistas y los políticos la llaman pobreza. Pero no lo es; es violencia. Más de la mitad de la población mundial, incluyendo a unos 50 millones de mexicanos, no sufre de ninguna carencia innata ni de mala suerte geográfica, mal clima o malas decisiones que se conjuguen en la espiral de la miseria. Sus pueblos son cárceles al aire libre. La gente no eligió vivir en los montes áridos sobre los valles fértiles; las invasiones imperialistas la empujaron hacia allá a punta de lanza, a punta de pistola, y luego desencadenaron la primera y más devastadora táctica de guerra biológica: el hambre.

No existe un equivalente de la lista *Forbes* de los más pobres del mundo; no hay ningún algoritmo para calcular la tasa y la voracidad del hambre y la desnutrición, y si la muerte por miseria se considerara la meta final de la pobreza, desde luego tan siniestro honor no correspondería a una sola persona: cada año millones compartirían el título de ser el habitante más pobre del mundo. Así, por cada billonario de *Forbes* con sus fotos brillantes y sus fundaciones de beneficencia, al otro extremo del espectro existe un inframundo correspondiente, quizá un cuarto mundo, de millones de personas demacradas, dejadas de lado, y la mayoría aún no está en edad preescolar. Éste —y no la construcción de una clase intermedia acolchonada, conectada a sus computadoras y celulares, moda, autos híbridos y otras exquisiteces del ingreso desechable— es el logro de la Edad del Imperialismo Económico. Un escritor dijo que se podía medir una democracia por las condiciones de sus cárceles; una economía, por su parte, se podría medir también por la naturaleza de sus extremos.

Consideremos a Carlos Slim Helú, empresario nacido en México, hijo de un inmigrante libanés que hizo una primera fortuna comprando propiedades céntricas en la secuela de la Revolución de 1910-1920.[27] A los 26 años, Slim, egresado de la carrera de ingeniería de la UNAM, contaba con unos 400 000 dólares de una herencia y sus primeras inversiones; nada mal para un joven que está empezando. Jugó en la bolsa a fines de los años sesenta y principios de los setenta y luego se puso a buscar compañías que pudiera comprar a bajo precio para hacerlas repuntar. Su estrategia resultó inmejorable: entre 1970 y 1995, la economía mexicana se colapsó tres veces, y cada vez el gobierno de los Estados Unidos salió al rescate con préstamos que golpearían a los contribuyentes mexicanos incluso de la siguiente generación. Cada vez que la economía se hundió, Slim compró compañías en bancarrota. En 1981, el empresario compró acciones de una de las principales tabacaleras. Reinvirtió sus ganancias, y después del masivo colapso económico de 1982, "compró docenas de compañías a precio de remate".[28] Pero, como hemos visto, su gran oportunidad llegó cuando Carlos Salinas —su amigo de varios años— abrió las compuertas de la privatización, permitiéndole a Slim adquirir la participación mayoritaria de la paraestatal telefónica, Telmex, con un monopolio garantizado de siete años que el gobierno le otorgó. Slim obstaculizó la conexión de la competencia a las redes de Telmex por años, mientras cobraba una de las tarifas telefónicas más caras del mundo. Con Telmex y después con Telcel, su capital se incrementó exponencialmente, lo que le permitió comprar unas 200 compañías diferentes, muchas de las cuales producen bienes para el Estado: carreteras, plataformas petroleras y demás. En 2000, el presidente Fox puso a un ex ejecutivo de Slim al frente del organismo a cargo de regular su industria. Ahora, 15 años después, Carlos Slim encabeza la lista *Forbes;* es el hombre más rico del mundo, con una fortuna estimada en 59 000 millones de dólares. En 2006 y 2007, Slim ganó un promedio de 27 millones de dólares *diarios.* A los 67 años, ha dejado gran parte de la administración de su imperio a sus tres hijos, ha aumentado sus donativos a la caridad y disfruta leyendo libros sobre las estrategias militares de Gengis Kan hasta altas horas de la noche.[29]

Slim puede estar en la cima, pero la clase súper élite de México incluye por lo menos 24 fortunas de más de 1 000 millones de dólares y 85 000 millonarios también en dólares. ¿Y hasta abajo?

Según estadísticas oficiales del gobierno publicadas por el Consejo Nacional de Población (Conapo), de un estudio realizado en

2005, tres estados completos tienen un grado "muy alto" de marginación y otros ocho un grado "alto".[30] Los números son confusos, pero tanto las estadísticas nacionales del gobierno como las del Programa de las Naciones Unidas para el Desarrollo —ambas muy problemáticas y por lo general conservadoras en sus cálculos— establecen que unos 50 millones de mexicanos viven en condiciones de "pobreza", con menos de cuatro dólares al día, y entre ellos, unos 15 millones viven en "extrema pobreza", con un dólar o menos al día.

Si los millonarios en México tuvieran en promedio cinco millones de dólares por persona (un cálculo muy bajo), entonces su riqueza total alcanzaría unos 425 000 millones de dólares, más de lo que la mitad del país —50 millones de personas— tiene para vivir en un año. Pero estas cifras son increíblemente elevadas: ¿quién puede entender lo que son "59 000 millones" de dólares o "50 millones" de pobres?

"Como herida abierta en uno de los pliegues de la montaña guerrerense, San Pedro el Viejo está lejos de todo."[31] No hay calles pavimentadas ni dinero para pagar el viaje de cuatro horas de pie en la caja descubierta de alguno de los camiones de redilas que recorren los olvidados caminos de tierra que suben sinuosos por la montaña. En temporada de lluvias el recorrido toma el doble, ocho horas bajo el agua, y entre agosto y septiembre, cuando las lluvias son más fuertes, los caminos se vuelven ríos de lodo que ni siquiera los camiones pueden navegar.

—Por eso estos enfermos ya no salen —dice Paulino, el único habitante que habla un poco de español—. Porque además saben que se van a marear en el camino, no van a aguantar y se van a morir. Harán gastar a sus familiares para nada y harán que gasten más por el traslado del cuerpo.

Pero aunque un residente agonizante de San Pedro el Grande pudiera llegar con vida al hospital, una vez allí no tendría manera de explicar lo que le pasa —los hospitales no tienen intérpretes para ninguna de las lenguas indígenas de México—, y tampoco tendría para pagar la consulta ni las medicinas.

La gente de San Pedro el Viejo tiene una sola fuente de alimento: la tortilla. Llaman "tuberculosis" a la muerte por desnutrición. Los servicios de salud son un lujo tan inaccesible y tan de otro mundo como las compras por internet. La decrépita "clínica de salud" no tiene medicinas, instrumentos médicos, doctores ni enfermeras; sólo un póster descolorido de la Secretaría de Salud que dice: "Donde tú estás, está tu salud". San Pedro el Viejo es parte del recién creado municipio de Cochoapa el Grande, formado por decreto del gobierno del estado de Guerrero en 2002. Cuando Vicente Fox tomó posesión como presidente de México en 2000, Metlatónoc era el municipio más pobre de México; pero en 2006, cuando Fox dejó el cargo, esta población estaba en el número seis y Cochoapa el Grande era el nuevo primer lugar. Cochoapa el Grande tiene 15 600 habitantes que viven en 120 comunidades sobre una superficie de 690 kilómetros cuadrados de áridas montañas del suroeste; todos ellos pasaron toda su vida en Metlatónoc hasta que un político agitó su varita mágica y se volvieron Cochoapa el Grande. Después de todas las promesas y fotos en medios, siguen siendo las comunidades más pobres del país; lo único que cambió fue el nombre de su municipio. El antropólogo Abel Barrera, que dirige un centro pro derechos humanos y una clínica legal gratuita para la gente de la montaña de Guerrero, resumió así la situación de las comunidades indígenas de esta región: "Para ellos el derecho a la salud es un petate en la tierra, que es el derecho a la muerte".

Andrés se cayó hace año y medio y ahora sólo le quedan fuerzas para mirar.

—Tiene el cuerpo podrido.

No saben qué más decir. Está tendido en una cama hecha con ropa vieja y hierba de monte que según dicen es curativa. Su madre, Micaela, le da de comer pozol, una papilla de maíz y agua caliente. Ya pasaron tres meses desde la última vez que se puso de pie. En los

18 meses posteriores a su caída, ningún doctor ha pasado por el pueblo de El Carmen en Santiago el Pinar, Chiapas. Micaela camina en silencio, las manos apretadas en puños. Hizo el viaje a la ciudad para traer un doctor, pero éste no quiso venir porque Andrés y Micaela no están inscritos en el programa federal de apoyos Oportunidades. Santiago el Pinar es el segundo municipio más pobre de México, según estadísticas del Programa de las Naciones Unidas para el Desarrollo. Cuesta como 400 pesos viajar a la ciudad más cercana, San Cristóbal de las Casas. No hay cocinas, no hay baños, no hay más piso que la tierra aplanada rodeada por paredes de adobe. Son 13 comunidades con una población total de 2 174 personas. El presupuesto anual del municipio es de tres millones de pesos. Los niños empiezan a trabajar a los cinco años.

María tiene cuatro años y recoge granos de café en la montaña de Yetón. Con los pies cuarteados y los huaraches rotos, camina hora y media hasta la primaria y hora y media de vuelta, y luego sale al campo a ayudar a sus papás a recoger café. Los compradores que comercian con las comunidades indígenas aisladas de carreteras y mercados les pagan entre 10 y 15 pesos por kilo de café, más o menos una décima parte de lo que ese mismo café llegará a costar en una tienda de abarrotes o en una cafetería de la Ciudad de México o de los Estados Unidos. Los subsidios federales son sólo para los cafetaleros que expiden facturas. La mayoría de los habitantes de Aldama y Xulumó, Chiapas, no hablan español; no saben leer ni escribir; no tienen luz eléctrica ni facturas. En Mixtla de Altamirano, Veracruz, las comunidades indígenas nahuas no tienen caminos que los conecten con la cabecera municipal ni con otros pueblos con mercado. Llevan años solicitando una carretera a los sucesivos gobiernos estatales y federales. Hace poco, el senador Pedro Montalvo fue de visita —entró y salió en helicóptero— y prometió construir la carretera. No han construido nada. Según las estadísticas oficiales del gobierno, Mixtla de Altamirano es el sexto municipio más pobre de México. Todos los municipios de población mayoritariamente indígena de Veracruz se consideran de "alta marginación" según el Conapo.

David Cilia, editor de fotografía de *Contralínea,* me mostró sus fotos al regresar de Oaxaca y de las comunidades rarámuri de Chihuahua. Fue pasando las hojas de contacto digitales. Un hombre con la pierna podrida comiendo una tortilla. Familias cuyas únicas pertenencias son unas cuantas cobijas y una cubeta de plástico, que viven en cuevas apenas formadas en las montañas. Familias moliendo maíz entre piedras de río. Una mujer tendida en una cama hechiza en un cuarto de tierra, la cara desfigurada de dolor, la piel hundida alrededor de sus huesos; se está muriendo entre gusanos. Un niño, ahora ciego, con los ojos hinchados a punto de reventar, cubiertos de bacterias. Una joven familia cuya única lámina corrugada está apoyada a menos de un metro de altura sobre cuatro montones de piedras para brindarle su único refugio. Un niño que ya no puede hablar, caminar ni masticar, con un tumor sin atender saliéndole de la cabeza. Niños sin dientes porque sus cuerpos no tienen suficiente calcio para la segunda dentición.[32]

Las fotografías nos acercan demasiado, hay demasiada luz, las acciones son torpes y exageradas, sin ninguna finura. Si fuera novelista tacharía las palabras que he usado para describirlas y volvería a empezar. No describen personajes metidos en vidas imaginarias. Las personas captadas en las fotografías de Cilia, como tantas otras, no sufren por la brutalidad arbitraria de la naturaleza. No sufren a causa de un mundo cruel. Luchan contra el arma más devastadora de los tiempos modernos: el hambre. El hambre no es simplemente la falta de nutrientes en el cuerpo; es un asalto. En un mundo de antibióticos, correo electrónico y vuelos comerciales, un mundo donde el dinero se mueve más rápido, más lejos y en mayores cantidades que nunca, el hambre no es accidental; es una forma evitable de genocidio. No; la pobreza no es un accidente de la naturaleza, no es un accidente histórico: es a la vez el abandono insensible de una sociedad cómplice y un instrumento ideológico empleado para descontextualizar y volver más natural la miseria impuesta y las nuevas formas de dominación política y control social.[33] El hambre es guerra biológica de clases; es un arma de destrucción masiva.

4

El atraco

En nuestras comunidades sólo tenemos gente mayor, jóvenes y niños. Muchos se quedan allá [en los Estados Unidos]; algunos se mueren en el camino, en la pasada. Allá no los tratan bien. No son más que mano de obra barata, y los discriminan. México se está convirtiendo en una guardería de pobres que se van a ir a trabajar a Estados Unidos.

Dominga Maldonado,
La Veracruz, Querétaro

La colonización sienta las bases de las migraciones posteriores.
Aviva Chomsky

La frontera se ve tan grande porque estamos de rodillas.

Pinta en el muro fronterizo en Nogales, Sonora

Ésta es la tierra de los futuros robados; la tierra de las familias robadas, los pueblos robados; ésta es la tierra del presente destripado, donde las posibilidades cuelgan secas y derrumbadas en el aire, aún visibles, perturbadoras, inalcanzables: aquí todos los caminos atraviesan el desierto, cruzan una línea invisible trazada en el calor, hacia otro mundo que aquí llaman "el otro lado"; un mundo donde sobrevivir implica aceptar al menos tácitamente la ley del *apartheid* trasnacional. Nadie se salva. El robo sangra en las calles, en cada casa, en el campo. Calles vacías, cuartos vacíos, campos vacíos, casas enteras vacías. Los que faltan marcan su ausencia con lo que dejan atrás, lo que dejan vacío y lo que dejan sin terminar. Las familias están divididas y rotas, los pueblos atrofiados, el futuro suspendido en su dependencia de la misma fuerza que ha lisiado su presente. Ésta es la tierra del robo abierto: el robo de humanidad, racionalizado, naturalizado y atrapado en el concepto atemporal y apolítico de la migración humana.

El pueblo de Guadalupe está ubicado en un trecho de ladera a unos cuantos kilómetros de la pequeña ciudad de Acámbaro, en la punta sur del estado de Guanajuato, a unos 150 kilómetros al norte de la Ciudad de México.[1] Viniendo de Acámbaro, uno da la vuelta y empieza a subir un cerro por calles angostas —algunas pavimentadas, otras no— en las que el vehículo tiene que esquivar suavemente las grietas y filos de roca del camino. No hay letreros ni semáforos. Casas de adobe de un piso al lado de casas nuevas de concreto, de dos plantas, recién pintadas y equipadas con balcón y antena parabólica. Doña Lupe, la delegada, quien representa al pueblo ante el gobierno municipal en Acámbaro, es la única autoridad de Guadalupe. No hay policías ni jueces. No hay estación de bomberos, hospital ni clínica de salud. Hay una escuela primaria, pero no hay secundaria ni preparatoria. Las casas tienen luz eléctrica y agua corriente (unos cuantos litros al día), pero no hay sistema de alcantarillado ni drenaje. Vine a Guadalupe a preguntarle a la gente de aquí sus experiencias con la migración.

ADELA

"Huy, los pueblos… los pueblos están tristes." Su hija se fue a los Estados Unidos hace 10 años y nunca ha vuelto; sigue tratando de conseguir una visa de trabajo para que sea seguro venir a visitarla.

RODRIGO IBARRA, AGRÓNOMO DE ACÁMBARO

—¡La gente ya no tiene gallinas! Ya no produce porque ya no hay mano de obra. La gente vive de las remesas. Antes sembrábamos maíz y lo vendíamos a las tortillerías de Acámbaro; había una red local de producción en Acámbaro, una economía local en Acámbaro, y eso es lo que ha sido completamente destrozado. Cuando era niño el campo estaba repleto de parcelas sembradas con maíz, calabaza, frijol, chile, y todo era producción de temporal. Ahora, nadie siembra ni maíz ni nada sin riego. No hay milpas, ya no hay milpas en el campo, y ya no hay porque tienes que gastar más de lo que puedes ganar produciendo aquí a nivel local. Entonces hay especies locales de maíz que han desaparecido en Acámbaro, y esto es algo que ha pasado en las últimas dos décadas. Las redes locales de producción-consumo están completamente destruidas en Acámbaro. Aquí ya no hay maíz, ahora todo es Maseca, y así es con todo. Aquí tenemos un clima perfecto pero ya no producimos nada de lo que consumimos. Acámbaro es conocido en todo el país por su pan, y aquí producimos mucho trigo, pero no hay ni un grano de trigo de Acámbaro en el pan de Acámbaro. Y es más, ya más gente come pan Bimbo que el pan de aquí de Acámbaro. Hace poco fui al campo con mi familia a un pueblito y pensé que estaría bueno comprar una gallina, regresar y cenar pollo, ¡pero nadie tenía gallinas!

DOÑA LUPE

Única representante del gobierno en Guadalupe, doña Lupe tiene una mirada feroz y cautelosa. Trabaja 24 horas al día y recibe apenas 400 pesos al mes del gobierno municipal. Ella es la responsable de abogar, en nombre de Guadalupe, en la interminable batalla por fondos. Guadalupe, como todos los pequeños poblados de México, no tiene un presupuesto anual asignado: cada año se tiene que pelear por cada peso a nivel municipal. Este legado del puño de hierro del PRI sobre los fondos públicos ahora provoca amargas peleas entre partidos políticos rivales. El primer año que doña Lupe ganó la elección como candidata del PRD, el presidente municipal panista de Acámbaro se negó a asignar "un solo costal de cemento" a Guadalupe. Luego el PAN trató de forzar a doña Lupe a dejar el puesto, pero los habitantes de Guadalupe que votaron por ella lucharon por defender su cargo. Hace poco el presidente municipal del PAN le dijo a doña Lupe que le mandaba 20 toneladas de cemento a Guadalupe si ella le llenaba un camión de gente con camisetas del PAN para ir a su primer informe de labores.

—Le dije a mi gente que se pusiera las playeras y ni una palabra. Era la única manera de pavimentar esa calle —me dice doña Lupe, asqueada del juego—. Todos los partidos políticos son unos ladrones. No debería ser un asunto de partidos, sino de las necesidades de la comunidad. ¿Pero qué podemos hacer?

Le pregunto cuánta gente está en los Estados Unidos.

—La mayoría de los jóvenes están del otro lado. En cada familia hay dos o tres personas que están allá —dice.

Su hijo de 24 años lleva cuatro años en Florida, trabajando en la construcción. Su esposa se fue a alcanzarlo, y dejaron a su hija de cinco años en Guadalupe.

—Es triste que esté creciendo sin sus papás —dice doña Lupe—. No se puede sobrevivir aquí porque en el campo ganas 20 pesos diarios. Toda la vida en el campo se está secando. Mi otro hijo me dice que ya no va a seguir estudiando [después de la secundaria] porque no hay trabajo y de todos modos va a tener que irse para allá.

Doña Lupe tiene tres hermanos y tres hermanas; todos trabajan en los Estados Unidos, uno en Texas y cinco en Florida. Ahora todos tienen a sus familias en los Estados Unidos. Algunos vienen de visita porque tienen visa, pero los indocumentados se quedan; pasan los años y no ven a sus familias. El marido de Lupe es un carpintero muy hábil que construyó a mano la casa donde viven después de trabajar año y medio en los Estados Unidos. Luego se regresó a trabajar otros siete meses y ahorró para construir un cuarto y poner una miscelánea en Guadalupe. El principal atractivo del negocio es una maquinita de Harry Potter ante la que los niños se forman para jugar.

—Aquí no ganas en una semana lo que allá ganas en un día —dice doña Lupe—. Todos los pueblos del campo están abandonados, la tierra está llena de tristeza.

MARGARITA Y JAVIER

Esta pareja tiene cinco hijos que viven en los Estados Unidos, una hija que se la pasa viajando y un hijo que sigue en la escuela. Tres de los hijos de Margarita y Javier están en Florida, uno en Chicago y uno en California. Hace varios años, en 1999, Margarita decidió aventurarse al norte a visitar a dos de sus hijos que no había visto en siete años. Uno estaba trabajando en Salinas, California, de camionero. Margarita y su hija Esmeralda, que entonces tenía 16 años, le pagaron 1 800 dólares cada una a un coyote para que las pasara. Caminaron por el desierto de Arizona cuatro días, dos de los cuales los pasaron en un cañón, escondiéndose de la Patrulla Fronteriza. El coyote les dio una lata de atún sin abrelatas. Lo más que pudieron hacer fue hacerle agujeritos golpeándola con una piedra y apresurarse a tomar unas cuantas gotas de agua antes de que cayeran a la arena. Cuando lograron cruzar, los coyotes del otro lado metieron a 160 personas en cuatro camionetas, amontonando a 40 en la parte de carga, literalmente unos encima de otros. Cerca de Wilcox, Arizona, chocaron. Margarita recibió cortadas en toda la espalda y en la cabeza. La policía la mandó en helicóptero a un hospital en Phoenix. Esmeralda, su hija, se quedó en el hospital de Wilcox. Un doctor nacido en México vio a la joven golpeada, sangrando y llorando en el estacionamiento, y le preguntó qué tenía. Ella le dijo que no encontraba a su madre. El doctor pronto descubrió que a la madre la habían llevado a Phoenix; escondió a Esmeralda y saliendo del trabajo la llevó a esta ciudad en su coche. En el hospital de Phoenix, los doctores querían que Esmeralda firmara una autorización para que su madre fuera donadora de órganos, pero ella se negó, diciendo que no iba a firmar nada hasta que llegara su hermano. Los doctores ya se habían dado por vencidos con Margarita hasta que Esmeralda les gritó que su madre aún estaba viva. Llamó a su hermano, que se hallaba en Salinas, y éste tomó un avión para alcanzarlas. Otro doctor en Phoenix ocultó a Esmeralda para que la Patrulla Fronteriza no la deportara. Días después, Margarita seguía convaleciente de sus graves heridas en la cabeza y la espalda, pero la Patrulla Fronteriza empezó a registrar el hospital para deportarla a Nogales. Los doctores ayudaron a sacarla a escondidas por la puerta de atrás. Seguía sin poder caminar. Se fue con su hijo a Salinas en coche y se desmayó en el camino. En Salinas la vieron otros doctores que querían amputarle una pierna. No podía caminar sola. No quiso que la amputaran y decidió regresar a Guadalupe. Sus hijos y ella liquidaron su cuenta del hospital de Phoenix. En Acámbaro recibió terapia física y después de meses logró caminar otra vez.

Su marido Javier también tiene una historia trágica. A principios de los noventa lo aprehendieron en un tren que iba entrando a los Estados Unidos procedente de Ciudad Juárez. El tren llevaba coches nuevos fabricados en México para las agencias de los Estados

Unidos. Decenas de migrantes se subieron al tren y venían en los autos abiertos, muchos en el asiento del conductor, divertidísimos, imaginando que venían conduciendo.

—Pero algunos como que se entusiasmaron demasiado y empezaron a prender las luces, las direccionales, a sonar el claxon, y pues la migra se dio cuenta y pararon el tren. Cuando se paró salimos corriendo en diferentes direcciones buscando dónde escondernos.

A Javier lo mandaron de regreso, pero lo volvió a intentar y logró pasar, y luego consiguió trabajo en la pizca de frutas y verduras en California. Le pregunto a Javier si logró ahorrar algo de dinero cuando trabajó en los Estados Unidos. Se ríe.

—No. Entre la renta, los pasajes, la comida, el teléfono y las remesas que mandaba para la casa, después de un año volví a México con 3 000 pesos.

Pregunto cuándo fue la última vez que se reunió toda la familia. Margarita responde que su hijo menor, Pancho, que ahora tiene 16 años, no conoce a tres de sus hermanos mayores. Sus hijos se fueron cuando tenían 17 años. Ahora tienen a su vez hijos adolescentes que no conocen a sus abuelos. Cuando hablan por teléfono y Margarita trata de pasarle el teléfono a Pancho, él dice:

—¿Qué quieres que les diga si ni los conozco?

—Mi familia está quebrada desde 1990 —dijo Margarita—. Mi familia se rompió, dejó de ser y desde ahí nacieron las lágrimas. Hace como unos 10 años que la migración empezó de manera tan exagerada. Antes a lo mejor conocías a alguien que tenía a su marido trabajando allá; ya no, ahora todo el mundo se va. Lo que no hacen aquí lo hacen allá, y lo que es más triste todavía es que apenas sobreviven. Sí, nos mandan un poquito, pero sabemos lo que ellos sufren allá. Pierdes a tu hijo y ganas un poquito de apoyo. Entonces ahora la gente tiene casas bonitas y bien arregladitas, pero las calles están vacías. Cuando la gente regresa en diciembre trae sus aparatos bonitos, pero hay muy poca gente aquí para usarlos. El pueblo avanza, pero sólo en el sentido de que tiene casitas bonitas.

Su casa tiene piso de concreto cuarteado, puertas de fierro y vidrio, techo de lámina y paredes de concreto. Es sólida y limpia, pero humilde bajo cualquier estándar estadounidense.

—Pierdes a tu hijo; la familia se desintegra, todo el mundo se va, la familia se descompone. Pienso que eso es un crimen.

LA CASA BONITA

Caminando en un tramo de calle sin pavimentar —la sección que espera a que lleguen las 20 toneladas de cemento después del informe del gobierno municipal— veo una casa nueva de dos pisos muy atractiva, recién pintada, con un jardín verde, flores en macetas y una antena parabólica gigantesca en el balcón del frente. Toco en la reja de afuera, que está cerrada, pero nadie contesta. Vuelvo a tocar y una mujer que va pasando por la calle me grita:

—No hay nadie, andan en el norte.

Otra mujer, Rosita, pasa caminando y se detiene a preguntarme a quién busco.

—A los dueños de esta casa —le digo.

Me responde:

—Están todos del otro lado.

Rosita vive cruzando la calle, en una casa de adobe de un piso. A su marido lo mataron en un robo cuando trabajaba en la Ciudad de México y todos sus hijos trabajan en la construcción en Saint Louis. Ella trabaja de sirvienta en el vecino Acámbaro, donde, dice:

—Las señoras no me dan ni un vaso de agua, mucho menos tiempo para comer.

Rosita gana 100 pesos diarios.

OLIVIA Y CARLOS

Los dos pasan caminando por la iglesia a las 10:15 a.m., llevando una carretilla llena de refractarios cubiertos con una tela; en ellos traen enchiladas, tacos, tortas. Olivia y Carlos atraviesan el pueblo hacia la primaria Emiliano Zapata, donde venden sus antojitos caseros a los alumnos hambrientos en el recreo, que empieza a las 10:30. Ellos, y otros cinco como ellos, son las cafeterías ambulantes de la escuela. Carlos tiene 18 años. Le pregunto si piensa irse a los Estados Unidos.

—Pues sí, creo que sí, pero nomás un año o poco más, para trabajar un rato y regresar, porque de veras no me quiero quedar allá.

—Todos dicen lo mismo —Olivia, su madre, se mete en la conversación—. Mi hermana decía lo mismo y, huy, han pasado años. Dicen que si se quedan aquí no van a ganar suficiente para construir sus casas, que apenas les alcanza para tener qué comer. Pero ahora se van, y luego se quedan.

Los otros dos hijos de Olivia trabajan en los Estados Unidos, uno en Florida y otro en Ohio.

LOS NIÑOS DE QUINTO

Entro a un salón lleno, con 27 alumnos de quinto año. Les pregunto:

—¿Qué es la migración?

—¡Los que se van al norte! —grita una voz.

—Los que no tienen papeles —dice otra.

—¿Y por qué emigran? —vuelvo a preguntar.

—¡Para trabajar! ¡Para apoyar a sus familias! —gritan todos al mismo tiempo.

—¿Y por qué se van a trabajar allá y no aquí?

—¡Ganan más!

—¡Aquí no hay trabajo!

Pregunto quién tiene algún familiar en los Estados Unidos y todo el salón levanta la mano. Todos. En total, contando a la maestra, 28.

Diez tienen hermanos o hermanas en los Estados Unidos; otros 10 tienen a alguno de sus padres en ese país.

—¿Quién tiene un tío o una tía en los Estados Unidos?

Todos levantan la mano.

Les pido a los niños que saquen una hoja en blanco y una pluma o lápiz, y respondan dos preguntas: ¿qué es la migración?, ¿por qué emigra la gente?

Francisco Javier, 10 años: "Los emigrantes son los que van a los Estados Unidos y luego a otros lugares y hay jóvenes que se van y dejan sus familias en México. Emigran al otro lado para mandar dinero a sus familias para que puedan sobrevivir".

José, 11 años: "La migración es cuando a unos hombres los persigue la policía cuando se van al norte entonces tienen que irse escondiendo de la policía. Se van de mojados para darle de comer a sus familias y para poder comer y sobrevivir".

Jesús, 10 años: "La migración es cuando las personas viajan al otro lado. Se van para ganar dinero para sus familias".

Anayeli, 10 años: "La migración es cuando la gente se va al norte sin papeles. Se van para ganar dinero para sus familias".

Geovani, 12 años: "La migración es cuando la gente no tienen dinero".

Diego, 10 años: "La migración es cuando una persona se va a Estados Unidos para apoyar a su familia".

Juana, 11 años: "La migración es cuando una persona se va al otro lado sin pedir permiso de las autoridades arriesgándose a muchos peligros para apoyar a su familia. Se van para apoyar a sus familias y para que la gente sepa que todos pueden hacerlo, no solamente los hombres".

EL GRUPO DE SEXTO

Atravieso la cancha de basquetbol y entro al salón de sexto; 26 alumnos en total, de entre 11 y 12 años.

Les pregunto:

—¿Qué es la migración?

—Cuando las personas se van a otro país —aventura un alumno.

—¿Hay algo especial que los motiva a ir a otro país?

—Van a trabajar —dicen todas las voces.

Les pido que levanten la mano si algún miembro de su familia vive en otro país. Todos levantan la mano, incluyendo al maestro.

—¿Dónde?

—Del otro lado. En el norte —dicen todas las voces.

Les pido que levanten la mano si su hermano, hermana, mamá o papá trabajan en los Estados Unidos. Se levantan 23 manos. Les pregunto si tienen un tío o tía que trabaje en los Estados Unidos; otra vez, todos levantan la mano.

Reparto hojas en blanco y les pido a los niños que escriban qué harían si tuvieran una varita mágica.

Jimena, 11 años: "Quiero cambiar al Estado mexicano para que haya más empleo y todas las personas puedan tener una vida mejor".

César, 12 años: "Quiero usar mi varita mágica para crear más trabajo".

Norelli, 11 años: "Quiero una vida mejor en México para que todas las personas no se vayan a los Estados Unidos y las familias no se separen y no se vayan de México".

María Guadalupe, 11 años: "Quiero cambiar a México para que haya más trabajo y todas las personas que extraño puedan regresar y no se tengan que ir otra vez".

Mariana, 12 años: "Quiero que todos mis parientes estén aquí en México y que haya trabajo en México para que no se tengan que ir a U. S. A."

Sheila, 12 años: "Quiero cambiar las cosas para que mis hermanos puedan estar con la familia y podamos estar felices porque la Navidad es muy triste para mi familia porque no estamos juntos, eso es lo que quiero cambiar con mi varita mágica".

Arturo, 12 años: "Quiero que haya trabajo en Acámbaro y todos los que están en los Estados Unidos regresen. Quiero que Acámbaro sea un lugar donde hay trabajo".

Xóchitl, 11 años: "Quiero cambiar que todos mis tíos y mis tías y mi mamá regresen y que no se vayan para siempre".

LOS MAESTROS

El director: "Hace 10 años en una escuela aquí cerca habían ocho maestros en el turno de la mañana y ocho en el turno de la tarde. Ahora la escuela ya no está y la comunidad entera ya se va también". Se pone a contar con los dedos cuántas escuelas cercanas han cerrado: cuatro.

El maestro de educación física: "Antes eran solamente los padres los que se iban, pero ya no. Ahora, como es tan difícil cruzar sin papeles, los padres se van, ahorran, y después mandan traer a sus hijos y entonces otros dos o tres niños desaparecen de la escuela".

La maestra de quinto: "Mi hijo trabaja en una tienda de plantas a las afueras de Chicago. Ha trabajado ahí ocho años, desde que tenía 18. Cruzó sin papeles y regresaba una vez al año. Pero la última vez que se fue, hace como cinco años, casi se murió en el desierto. Todos llegaron, pero estaban mal y sus pies tenían tantas ampollas que ya ni parecían pies. Le hablé por teléfono después y su voz estaba débil, sin nada de fuerza, y me dijo que habían tenido problemas, que se les acabó el agua. Y dejó de regresar a casa. Dos años después tuvo su primer hijo y por un lado estaba yo feliz porque mi hijo está saliendo adelante, pero también duele porque, pues, él está lejos. Y también por su situación legal sin papeles los jefes lo explotan, le pagan menos de lo normal y no le dan beneficios. La explotación continúa, es como un tipo de esclavitud moderna. Imagínate, aunque viven bajo condiciones tan difíciles allá, en nuestro país las cosas están tanto peor que prefieren vivir allá donde se tienen que meter tres familias en una sola casa para que les alcance para la renta".

UNA SEÑORA EN LA CALLE

Caminando bajo un paraguas para protegerse del inclemente sol de mediodía, una mujer mayor se detiene, titubeante, a contestar las preguntas de un extraño: dos de sus hijos llevan 15 años trabajando en California; los dos tienen visa y trabajan en restaurantes.

MANUELA, ABUELA DE SHEILA, CRUZANDO LA CALLE

Manuela tiene 84 años. Sheila, del grupo de sexto, me lleva a su casa a conocerla. Tiene tres, no —"a ver", cuenta con los dedos—, cuatro hijos en los Estados Unidos.
—¿Y por qué se fueron?
—No hay trabajo aquí. Nada, aquí no hay nada. Entonces se tienen que ir; aquí lo único que les queda es morirse de hambre.

LA JOVEN QUE TRABAJA EN UNA MISCELÁNEA VACÍA A MEDIA CUADRA

Tiene dos hermanos en los Estados Unidos. Quiere irse para allá pero le da miedo cruzar el desierto.

EL DUEÑO DE UNA TORTILLERÍA NUEVA

—Vamos a construirles un monumento a los gringos. Gracias a ellos aquí estamos vivos.

Dice que la mayoría de su familia trabaja en los Estados Unidos. Señala un grupo de niños de 11 y 12 años en la puerta:

—Todos estos chamacos nomás están esperando alcanzar la edad para cruzar —dice—. Todo el pueblo sobrevive con lo que la gente manda de Estados Unidos.

LA MAMÁ DE LUPITA

Lupita, una de las niñas de quinto (un grupo de niños de quinto y sexto me abordaron en la calle y me llevaron por el pueblo), me lleva a conocer a su mamá. Su papá trabaja cuidando jardines en Saint Louis, Missouri. Desde hace ocho años va a los Estados Unidos cada año con permiso de trabajo. Se queda nueve meses y regresa. La mamá de Lupita vende enchiladas en la escuela en el recreo.

—Aquí no hay trabajo, nadie se puede ganar la vida; por eso la gente se va, por necesidad, nadie se va por gusto.

JORGE, DE 50 AÑOS, E HIPÓLITO, DE 84

Jorge está pintando un gato de coche en el escalón de la banqueta e Hipólito está sentado en la sombra. Les pregunto por qué la gente se va al norte.

—Todos se van por la misma razón —dice Jorge—. Porque aquí no hay cómo sobrevivir. No hay trabajo y a la vez los precios siguen subiendo y subiendo.

Dice Jorge que antes había granjas de frutas y verduras por todos lados en los alrededores de Guadalupe: brócoli, jitomate, apio, lechuga, calabaza y, desde luego, maíz. Cuando todas las granjas quebraron, hace como 10 años, el trabajo se acabó. Pero la migración de veras se disparó cuando quitaron los campos de cempasúchil, hace aproximadamente cinco años. Los únicos que todavía tienen cosechas —maíz y sorgo— son los ricos, quienes poseen parcelas grandes y sistemas de riego. Para la gente pobre, dice, no queda nada.

—Antes la gente tenía ganado. ¿Y ahora? ¿Qué ganado? No hay dónde pastar. Casi todo el campo está abandonado, no hay siembra, pero a la vez todo lo han comprado los ricos.

Jorge trabajó en restaurantes y cortando el pasto en California hace unos 20 años. Le pregunto si hay algún restaurante en Guadalupe.

—Aquí no hay restaurantes. Con el nivel de pobreza, ¿quién va a pagar una comida en un restaurante? Espero que algo nos ayude a arreglar las cosas aquí, porque si no vamos a empezar a morirnos de hambre. ¡Mírame a mí! —dice, señalando su cuerpo enflaquecido.

LA JOVEN QUE ATIENDE UNA PAPELERÍA EN ESA CALLE

Elizabeth tiene 21 años. Está sentada detrás del mostrador en una papelería del tamaño de un clóset y que sólo ofrece unas cuantas plumas, lápices, cuadernos y clips. Le pregunto si alguno de sus familiares ha emigrado.

—Bueno, casi toda mi familia está allá; mis tíos, mi mamá. Llevan allá unos 10 años. Sólo dos tíos vienen a visitar porque tienen papeles.

Su mamá trabaja en Florida; no ha venido de visita en nueve años.

—¿Qué piensas sobre la migración a los Estados Unidos?

—Bueno, yo culpo al gobierno mexicano más que a nadie. No hay trabajo aquí y la falta de empleo es lo que hace emigrar a la gente. En mi caso, por ejemplo, acabo de titularme hace seis meses de la licenciatura en administración de empresas y no puedo conseguir trabajo.

La papelería es un negocio familiar que pusieron en la entrada de la casa.

—¿Qué vas a hacer?

—Voy a buscar trabajo en Celaya, Morelia o Querétaro, pero en Estados Unidos no. Estados Unidos ya me ha quitado demasiadas personas de mi familia.

Consideremos las cifras. En 2000: 389 616. En 2001: 392 003. En 2002: 394 120. En 2003: 396 129. En 2004: 397 988. Cada año, casi 400 000 personas dejan sus hogares por todo México para buscar trabajo en los Estados Unidos. Provienen de casi cada rincón del país. Caminan. Pagan o se endeudan para conseguir 3 000 dólares a fin de que un extraño los guíe a través del desierto, por una tierra donde, en los meses de verano, el cuerpo humano necesita como un galón de agua cada tres horas para sobrevivir.[2] Pero éstos son los que tienen éxito, los que pasan. Cada año, la Patrulla Fronteriza estadounidense arresta y deporta cerca de un millón de personas, y cada año mueren cientos debido al calor, ahogados en el río Bravo, aplastados por los trenes o abatidos a balazos y machetazos por narcotraficantes y bandidos.[3] Actualmente hay igual cantidad de gente de México buscando asilo económico en los Estados Unidos que gente buscando asilo político en todo el continente africano.[4]

Los Estados Unidos tienen la economía más grande y el ejército más poderoso del mundo. También cuentan con la fuerza laboral inmigrante más grande del mundo, con una enorme cantidad (más de 10 millones) de indocumentados. México, su vecino del sur, con quien comparten una frontera de 3 326 kilómetros, genera más migrantes que ningún país de la tierra, independientemente de su población. Cada año huye más gente de México para buscar trabajo en los Estados Unidos que de China o India, países con más de 1 000 millones de habitantes. México y los Estados Unidos firmaron un supuesto tratado de "libre comercio" en 1994. Desde que México inició la ola de privatizaciones y "reestructuración" económica necesarias para aprobar el TLC, la emigración de México a los Estados Unidos es más del doble y sigue creciendo cada año. En 2003, los migrantes mexicanos mandaron a casa más de 1 300 millones de dólares, pero esos mismos migrantes en ese mismo año aportaron unos 395 000 millones de dólares a la economía estadounidense.[5] Los trabajadores mexicanos recolectan la mayoría de las frutas y verduras que se cultivan en los Estados Unidos. Los trabajadores mexicanos también construyen casas, edificios de oficinas y carreteras; limpian las casas y oficinas de la gente; sirven las comidas y lavan los platos. Mientras tanto, sus pueblos en México apenas se mantienen con vida gracias a las remesas que mandan. Brotan nuevas casas, pero las calles que llevan a ellas están sin pavimentar. No se construyen nuevas escuelas, clínicas, centros comerciales ni centros culturales. La relativa prosperidad de los Estados Unidos y la creciente marginación y miseria de México están íntimamente relacionadas, unidas en una relación compleja de influencias e impactos circulares. La migración laboral forzada es un motor de riqueza y pobreza.[6]

La derecha antiinmigrante de los Estados Unidos concibe el acto de cruzar la frontera sin autorización como una especie de pecado original, una acción criminal que marca para siempre a los transgresores con una identidad criminal: "Si estas personas fueron capaces de violar la ley una vez —dice su lógica—, serán propensas a violarla una y otra vez; no tendrán ningún respeto por la ley, y así entrará al país una oleada de criminales". La economía estadounidense, con todas sus maravillas, privilegios y excesos, se mantiene a flote —y siempre se ha mantenido— mediante la explotación del trabajo de los migrantes. La agricultura industrial que conocemos no existiría sin la mano de obra migrante, de la que también dependen en gran medida las compañías de desarrollo y construcción. La insolencia de quienes ven a los trabajadores mexicanos (y de otras nacionalidades) como invasores da fe del profundo legado y continua preponderancia del racismo en los Estados Unidos, al igual que el despiadado oportunismo de los oficiales electos cuando usan la patriotería con la esperanza de obtener los votos de miedo necesarios para quedarse otro periodo en su cargo.

En la guerra de 1846-1848, los Estados Unidos invadieron México y le arrebataron la mitad de su territorio —la tierra que después sería California, Nevada, Utah, Nuevo México, Arizona, la mitad de Texas y Colorado, y pedacitos de Arkansas, Oklahoma y Wyoming—. Toda esta tierra primero fue invadida por los españoles y reclamada como parte de la Nueva España. El general Zacarías Taylor invadió el territorio mexicano en el verano de 1846, en una "transgresión calculada" de la frontera mexicana.[7] Dos años después, la doctrina estadounidense del "destino manifiesto" de veras se hizo "manifiesta" con la conquista de lo que hoy es el suroeste de los Estados Unidos. El capital estadounidense invadió hasta lo profundo de México durante el porfiriato, y otra vez después de los años cuarenta.[8] La ola de privatizaciones y reestructuración económica llevada a cabo por los presidentes De la Madrid y Salinas en los años inmediatamente anteriores a la firma del TLC abrió la puerta a una invasión de capital norteamericano sin precedentes.[9]

El desastre del TLC es bien conocido y está bien documentado.[10] Y aún hay quienes se retuercen y responden con evasivas cuando se habla de exigirle cuentas al TLC por sus devastadores efectos sobre la emigración mexicana.[11] Presentan como prueba los más de 100 años de migración a menor escala y las estadísticas de migración creciente de los años ochenta y principios de los noventa, antes de que entrara en vigor el TLC. Sin embargo, este tratado es más que un acuerdo implementado en 1994: implica toda la reestructuración económica de los años ochenta necesaria para aprobar el acuerdo. El TLC mismo es la abreviatura del modelo económico dominante —imperialismo económico— que le ha sido impuesto a México y a tantos otros países. Ése es el principal argumento de Raúl Delgado Wise, experto en migración de fama mundial. Escribe, por ejemplo:

> No sólo se intensifican las relaciones comerciales entre ambos países, sino que se generan transformaciones profundas en el ámbito productivo asociadas a una reestructuración de los procesos de trabajo de carácter binacional, con fuertes repercusiones en el campo laboral. Todo ello en el marco de una nueva estrategia de dominación imperialista comandada por el capital financiero y las grandes corporaciones multinacionales de origen estadounidense [...] En el corazón de nuestro argumento subyace la hipótesis de que el modelo de integración económica imperante se fundamenta en el papel nodal asignado a la fuerza de trabajo mexicana —tanto la que labora en el país como allende las fronteras— en el proceso de reestructuración industrial estadounidense.[12]

El economista Juan Manuel Sandoval desarrolla un argumento similar:

> La relación establecida entre libre comercio y migración laboral (uno como problema, otro como solución) por parte de ambos gobiernos es un vínculo falso. El libre comercio ha beneficiado sobre todo a los capitalistas estadounidenses. Con esta estrategia, Estados Unidos busca asegurar un flujo migratorio controlado y regulado de mano de obra barata a su economía [...] El TLC [...] se ha convertido en uno de los mecanismos para la creación de un ejército laboral trasnacional de reserva para E. U., al desplazar gente de las industrias y la agricultura mexicanas, que compiten en condiciones de desventaja contra las grandes corporaciones estadounidenses.[13]

Los procesos de competencia y dominación económicas crean un sistema de *apartheid* trasnacional en medio de países supuestamente democráticos. El TLC crea incentivos para que grandes compañías estadounidenses se trasladen a México, donde los reglamentos laborales y de protección al medio ambiente son laxos y rara vez se hacen respetar. También desarraiga a los pequeños agricultores y obreros y se los lleva a las maquilas y a los Estados Unidos, donde trabajan sin la autorización documental del Estado —con lo que se convierten en "ilegales"—. El TLC crea una subclase trasnacional de personas económicamente desposeídas, en muchos casos indígenas, que se convierten en ciudadanos de segunda tanto en su propio país como en los Estados Unidos. La misma ilegalidad de los migrantes garantiza que serán trabajadores explotables: por miedo a ser deportados, pocos de ellos recurrirán a la justicia cuando sus empleadores incumplan los contratos o sus obligaciones legales. En los Estados Unidos, los trabajadores migrantes son sometidos no sólo a la "legítima" discriminación legal basada en su estatus migratorio de indocumentados, sino también a un racismo institucional, cultural y personal como cosa de todos los días. Mientras tanto, esta expulsión por la fuerza de los marginados económicos le quita presión social a la élite mexicana, al rasurar cada año a cerca de medio millón de personas desempleadas y enojadas que piden a gritos oportunidades económicas.

Cerrito de Agua es un lugar definido sobre todo por sus carencias.[14] En este pequeño pueblo de poco menos de 3 000 habitantes no hay calles pavimentadas ni carretera para llegar. No hay restaurantes, cines ni centros comerciales. No hay secundarias, preparatorias ni universidades. No hay servicio de celular ni hospital. No hay fábricas ni librerías; tampoco cafés. El campo alrededor del pueblo está seco y descuidado. Las calles están vacías.

En los últimos 15 años, la explosión migratoria de México ha vaciado gran parte de la región central del país y ha llegado hasta los estados del sur, como Chiapas y Yucatán, pero ha sido sencillamente devastadora en el estado de Zacatecas, una región agrícola seca y montañosa a unos 630 kilómetros al noroeste de la Ciudad de México. Poco más de la mitad de la población de Zacatecas —compuesta por cerca de 1.8 millones de habitantes— ya vive en los Estados Unidos, sobre todo en los alrededores de Los Ángeles, Chicago y Atlanta. Entre 2000 y 2005, tres de cada cuatro municipios registraron un crecimiento de población negativo. Una ley estatal de 2004 creó dos nuevos escaños en el congreso local para los migrantes que viven en los Estados Unidos. En 2006 la despoblación costó al Estado uno de sus cinco distritos electorales.

—Bueno, ya viste cómo es aquí —dice el doctor Manuel Valadez López, señalando hacia la puerta de su pequeña clínica privada, cuando le pregunto qué impacto ha tenido la emigración sobre el pueblo—. No ha habido el más mínimo desarrollo. No hay ni un metro de pavimento. Las pocas personas que tienen banquetas enfrente de sus casas las hicieron ellas mismas. La mayoría de la gente defeca afuera.

El doctor Valadez, de 40 años, originario de Cerrito de Agua, es uno de los muy pocos que se han ido del pueblo y han regresado. Sus seis hermanos ahora viven y trabajan en los Estados Unidos, repartidos entre el sur de California, Aurora, Illinois y Atlanta, Georgia. Sus cuatro hermanas se casaron con hombres que se fueron a trabajar a los Estados Unidos, sobre todo al sur de California. El doctor Valadez se mudó a Guadalajara (a unas cinco horas al suroeste de Zacatecas) cuando era adolescente para ir a la preparatoria y a la universidad. Se quedó a estudiar medicina con especialidad en ginecología.

—Venía de visita y había tanto trabajo que hacer que me quedé. Eso fue hace ocho años —dice—. Aquí toda la cultura es que la gente crece y se va a Estados Unidos: sus padres, sus tíos, sus hermanos y hermanas, todo el mundo se va. Los niños fuertes e inteligentes, todos se van a Estados Unidos. Acá no hay servicios básicos, el gobierno no ha hecho ni una sola obra. Aquí en la clínica pusimos nuestro propio sistema de desagüe. Hay agua de llave, pero no está limpia y la gente tiene todo tipo de infecciones, típica situación de tercer mundo. Pero el impacto más fuerte, lo peor de todo es que la gente que posiblemente podría quedarse aquí y hacer algo, todos se van.

Pero las calles vacías y los trechos de campo sin arar, blanqueados por el sol, hablan de otra cosa que simple abandono. Los que faltan aquí, cuyas tierras no se cultivan, cuyos caminos no se pavimentan, están trabajando en los Estados Unidos, construyendo centros comerciales y fábricas, lavando platos en restaurantes y cafés, cortando uvas y arrancando lechugas: creando en la economía estadounidense los bienes y servicios que precisamente faltan en sus pueblos.

Un informe de enero de 2008 de Richard Nadler, presidente de la conservadora Americas Majority Foundation, reveló que las economías estatales más fuertes de los Estados Unidos son las que tienen mayor número de trabajadores migrantes. Nadler escribe:

> El análisis de los datos de 50 estados y Washington, D. C. demuestra que una mayor población residente y/o influjo de inmigrantes está asociada con altos *niveles* y *crecimiento* del producto bruto del estado, el ingreso personal, el ingreso personal per cápita, el ingreso disponible, el ingreso disponible per cápita, el ingreso medio por hogar y el ingreso medio per cápita.

—Yo pienso que el plan de Estados Unidos es convertir a México en una especie de colonia —dice el doctor Valadez, sonriendo a medias—. La gente se va a Estados Unidos para trabajar y ganar dólares. Regresan a México a gastar sus dólares en productos americanos. Es un negocio redondo. Todos aquí dependen de Estados Unidos. Si eso no es una colonia, ¿entonces cómo defines colonia?

Los responsables de la política migratoria estadounidense nunca se detienen a pensar cómo va a afectar esto a México. Los grupos antiinmigrantes atacan a los migrantes por hablar en español mientras los activistas de los derechos de los inmigrantes alaban su ética laboral. Hay acalorados debates sobre la legalización y los programas de empleo temporal. Las preguntas que guían la política de inmigración estadounidense son: ¿cuántos dejamos entrar? y ¿cómo los vamos a procesar en el sistema? Pero quién se pregunta qué le pasa a México.

Con casi medio millón de mexicanos cruzando la frontera cada año para buscar trabajo en la economía más grande del planeta, México se ha convertido en el principal exportador de su gente del mundo. La palabra "migración" hace que de alguna manera todo esto parezca natural: gente que se traslada, gente que busca una vida mejor. Pero la magnitud de la migración mexicana es tan enorme y su repercusión en México tan devastadora, que la simple idea de gente que se traslada difícilmente hace justicia a la realidad.

—Las teorías de la migración siempre muestran los intereses del norte —dice Raúl Delgado Wise, quien también es director del posgrado de Estudios del Desarrollo de la Universidad Autónoma de Zacatecas—. Necesitamos crear categorías diferentes para evidenciar lo que está pasando. Estamos usando estadísticas de los Estados Unidos para mostrar que los inmigrantes nacidos en México contribuyen con 8% del producto interno bruto de los Estados Unidos, unos 900 000 millones de dólares, que es más que el producto interno bruto de México. Eso te dará una idea de la magnitud de lo que estamos hablando, del costo para México de la migración.

El profesor Delgado Wise pertenece a un pequeño pero atareado grupo de investigadores que estudian la migración mexicana en la Universidad de Zacatecas. Publican una revista internacional llamada *Migración y Desarrollo* y están sentando las bases para un laboratorio de ideas alternativo al Banco Mundial, que se llamará Consorcio de Estudios Críticos del Desarrollo.

—Con todo esto tenemos que ver realmente cuánto le está costando a México, cuánto está perdiendo México —dice Delgado Wise.

Para entender la migración masiva de México a los Estados Unidos, argumenta Delgado Wise, uno debe desmitificar la naturaleza de la integración económica México-Estados Unidos que empezó en los años ochenta y alcanzó su máxima expresión con el TLC. Lo que México de veras exporta, explica, es mano de obra. El supuesto crecimiento del sector manufacturero mexicano es una "cortina de humo", pues casi la mitad de todas las exportaciones manufactureras son de maquiladoras que importan los materiales y exportan el producto final y las utilidades. México sólo pone la mano de obra.

Las políticas instrumentadas en los años ochenta y con el TLC, a menudo agrupadas bajo el término "neoliberalismo",[15] cortaron la inversión del gobierno en obra pública y agricultura, privatizaron paraestatales clave y crearon tasas de interés atractivas para los capitales extranjeros. Estas políticas abrieron el camino a un incremento de 25 veces en las ventas de las maquiladoras de 1982 a 2003. Sin embargo, tan sólo de 1994 a 2002, México perdió más de un millón de trabajos agrícolas. Y de 1980 a 2002, en el mismo periodo en que las ventas de las maquiladoras se dispararon, la migración de México a los Estados Unidos creció 425%, lo que equivale a más de 400 000 personas al año.

—En México hemos exportado la fábrica de migrantes —dice Rodolfo García Zamora, profesor, junto con Delgado Wise, del posgrado de Estudios del Desarrollo y autor del libro *Migración internacional, remesas y desarrollo local en América Latina y el Caribe*—. México está hipotecando su futuro con la migración y las remesas. Ve las estadísticas: en los 10 estados con mayor historia de migración, 65% de los municipios tiene una tasa negativa de crecimiento de la población. Esto quiere decir que en el futuro esas comunidades no tendrán la capacidad de reproducirse ni económica ni socialmente, porque la demografía de la migración las ha condenado a desaparecer.

García Zamora, quien ayudó a escribir el plan estatal de desarrollo de Zacatecas, es un crítico feroz de los programas del gobierno para hacer frente a las consecuencias de la migración.

—En México sólo hay un partido político: el PRI —dice—. Está el PRI de los dinosaurios. Y está el PRI con hepatitis, los dinosaurios arrepentidos y contaminados con algo del partido comunista, es decir, el PRD. Y después está el PRI azul, que es igual de inepto, igual de corrupto y tiene el mismo nepotismo que el viejo PRI; aquí hablo del PAN.

"El gobierno del PRD en Zacatecas actúa exactamente como un gobierno priista. La misma improvisación y el mismo nepotismo. La mayoría del tiempo se la pasan implementando programas federales. Redactaron un buen plan de desarrollo, pero no lo han implementado. Dependen de los programas de asistencia, del populismo y de limosnas. Nunca han llevado a cabo una política seria de desarrollo económico regional que busque disminuir el éxodo masivo de 40 000 zacatecanos que abandonan el país cada año."

Fernando Robledo, director del Instituto de Migración del gobierno del estado de Zacatecas, no entiende cuál es el problema.

—La economía estadounidense depende de la mano de obra barata —dice—. México tiene un exceso de obreros. Nos complementamos.

Robledo desestima lo que se dice sobre la despoblación y el campo abandonado, llamándolo "fatalismo".

—Zacatecas tiene 120 años de historia con la migración —dice—. La migración es histórica.

Describe las prioridades de desarrollo del gobierno del estado: todas son variaciones del programa Tres por Uno, en el que los gobiernos municipal, estatal y federal ponen un peso por cada peso que mandan las organizaciones de migrantes en los Estados Unidos para proyectos locales de desarrollo. Robledo menciona que las prioridades de desarrollo del estado son construir carreteras interestatales hacia el norte, hacia los Estados Unidos, y crear invernaderos para cultivos comerciales de exportación hacia ese país.

—Si tuvieras un presupuesto de 50 millones de dólares —pregunta—, ¿lo usarías para aumentar la producción en el campo o para construir una autopista? Es una decisión económica y política.

Refiero a Robledo el argumento de Delgado Wise en el sentido de que el número de migrantes mexicanos se disparó después de que las políticas económicas neoliberales desarraigaran a los campesinos con pocas tierras para mandarlos de jornaleros a los Estados Unidos. Luego le pregunto: construir más carreteras hacia la frontera México-Estados Unidos y cambiar la agricultura a un modelo de cultivos comerciales de exportación, ¿acaso no reproduce a nivel local esas mismas políticas neoliberales que fueron las que despojaron a los campesinos?

—No vivimos en un país socialista —responde con amargura, un poco antes de que yo pueda terminar mi pregunta—. ¡Por favor! Para estar claros, no estamos en un país socialista donde el gobierno controla cada detalle de la economía. Estamos en un país neoliberal; no podemos escapar de la economía neoliberal. ¡Por favor! Es muy fácil criticar desde un escritorio.

Cuando le repito su afirmación, "no podemos escapar de la economía neoliberal", Robledo trata de retractarse diciendo que él no dijo eso, y luego que, bueno, él no quiso decir eso. Está de acuerdo con las "críticas al neoliberalismo" de Delgado Wise, pero la mejor manera de avanzar, dice, es construir más autopistas y crear industrias exportadoras —es decir, implementar más políticas neoliberales—.

Mario García no está de acuerdo. García, un robusto campesino y albañil de cuarenta y pocos años, salió de Zacatecas hace unos años para trabajar en el sur de California, pero después de unos cinco meses decidió regresar a El Cargadero, un pueblito diminuto como a 80 kilómetros al oeste de la ciudad de Zacatecas.

—En México si trabajas un par de turnos, puedes vivir bien, pensé; sin tantos lujos ni carreteras, pero puedes tener una vida más tranquila.

El Cargadero, con una población local de unos 350 habitantes y una población en los Estados Unidos de más de 1 000, es considerado una historia de éxito del desarrollo local basado en las remesas de los migrantes. La mayoría de las calles del pueblo están recién pavimentadas, resultado del programa Tres por Uno. García, su esposa y sus tres hijas, de 3, 6 y 16 años, viven en El Cargadero, pero sus nueve hermanos y hermanas, y más de 50 primos y primas, viven y trabajan en los Estados Unidos.

—Hay muchos puntos de vista pero, como puedes ver, aquí es una comunidad abandonada por la migración —dice García, parado afuera de su casa de tabicón de concreto—. Siempre he relacionado la migración con el gobierno; el gobierno debe trabajar para mantener a la gente dentro del país, encontrar trabajos, mejorar las condiciones de vida. Aquí tenemos calles bonitas, pero ¿dónde está la gente?

En efecto, viniendo de Zacatecas a El Cargadero uno ve kilómetro tras kilómetro de campos vacíos, restaurantes cerrados y casas tapiadas. José Manuel, un taxista que trabajó cuatro años en California lavando platos y preparando ensaladas, me acompaña a recorrer El Cargadero. Me dice que este enorme vacío se ha convertido en algo común.

—La mayoría de estas tierras ya no las trabaja nadie. Los dueños se fueron para Estados Unidos y dejaron las tierras —dice—. Me acuerdo cuando estas calles no estaban pavimentadas, pero el campo estaba lleno de maíz y frijol.

Eso fue precisamente lo que hizo regresar a Mario García.

—El campo está en quiebra —dice—. La economía rural necesita ser resucitada. Pero exportamos una de las cosas más valiosas: nuestros trabajadores. Y ahora no producimos nada.

"Necesitamos analizar más de cerca el libre comercio, porque pudiera ser que el libre comercio esté beneficiando a todos menos a México. Tal vez hay unos cuantos millonarios nuevos, pero hay muchos más que están jodidos; las cosas no están parejas. Antes del TLC producíamos un montón de duraznos, los mercados nacionales clamaban por los duraznos de Zacatecas. Pero con el TLC, las compañías de Estados Unidos empezaron a exportar duraznos de Chile y Brasil, y cayeron los precios. Ya no pudimos vender nuestros duraznos y la gente empezó a irse a buscar trabajo en Estados Unidos.

"México no necesita una frontera abierta con Estados Unidos que invite a los mexicanos a irse a trabajar a ese país. La gente siempre habla de la legalización; pero no, lo que debe ser legalizado es la capacidad del mexicano de quedarse en su propio país para que México pueda producir y crecer."

—¿Cómo podrían ayudar las políticas de los Estados Unidos? —pregunto.

—Estados Unidos no tiene políticas justas para México. La solución aquí sería que el gobierno mexicano construyera estrategias para frenar todo esto, para que el campo produzca nuevamente.

"Pienso que si mis primos, mis hermanos y hermanas estuvieran aquí, si mis parientes y paisanos estuvieran aquí, estaríamos produciendo. Pero nadie toma la iniciativa. No hay apoyos para el campo, no hay trabajadores. Es un problema que lleva décadas creciendo, y ahora estamos pagando las consecuencias de la migración."

Cuando llego a El Cargadero buscando a García, quien representa al pueblo en la junta municipal, Ángel, de nueve años, se ofrece para acompañarme a ver a Mario. En el camino me regala un chicle de un paquetito que trae en la bolsa. Cuatro de sus tías se mudaron a los Estados Unidos y tienen sus familias allá. Su hermano, que ya tiene 18, lleva tres años en Los Ángeles trabajando en restaurantes. Le pregunto cuál es su materia favorita en la escuela.

—Español —responde.

Le pregunto si sabe qué quiere ser de grande, y se le ilumina la cara. Afirma con la cabeza.

—¿Qué? —le pregunto.

—Campesino —dice.

—¿Mil dólares? Por 1 000 dólares te mando caminando seis días en el desierto. Ni a mi familia le cobro 1 000 dólares. Si quieres cruzar aquí son 3 000 dólares. Si sólo quieres caminar un poco, por 2 000 dólares te llevo un poco más allá y desde ahí. Pero por 1 000 dólares vas a cruzar todo el desierto —dice el pollero sin el menor toque de humor.[16]

Mide como 1.65 y es delgado; trae una camiseta con las mangas recortadas exhibiendo un tatuaje borroso de Cristo en el hombro derecho; trae los lentes oscuros levantados sobre el pelo grueso y corto, y debajo de cada ojo entrecerrado por el sol tiene una lágrima tatuada, una por la pena que anda cargando, la otra por un hombre que mató. Él mismo es hijo de la migración. Sus padres cruzaron con él la frontera de ida y vuelta a Los Ángeles desde que era un bebé; en esa ciudad se unió a los Maravillas y el miembro de una banda rival mató a su hermano de 11 años, a cuyo asesino buscó y mató a balazos.

Ahora está parado junto a la puerta de su Blazer roja, a un costado de un valle poco profundo. Está en el lado mexicano de la frontera, de cara a una tienda de campaña del ejército de los Estados Unidos ubicada a una distancia como de una cancha de futbol, donde los soldados revisan el valle con binoculares, las cámaras de la Patrulla Fronteriza barren el terreno y los agentes recorren los caminos; el muro que separa México de los Estados Unidos de pronto acaba y vuelve a empezar, dejando un hueco de 30 metros por donde polleros como él guían a más de 100 personas al día al otro lado de la frontera. Por medio de celulares se coordinan con guías escondidos abajo, en los matorrales, y susurran instrucciones a los migrantes agazapados del lado mexicano, esperando que les digan que peguen la carrera. Si la Patrulla Fronteriza los ve cruzar, oyen un grito a sus espaldas y regresan corriendo para evitar ser detenidos, procesados y deportados.

Es una escena salida de las caricaturas de Looney Tunes. Pero aquí no hay comedia: la farsa ritual de la frontera se desenvuelve hasta su más caricaturesco detalle a menos de 10 metros del punto principal de deportación de migrantes indocumentados, donde tan sólo en 2006, según el director del Centro de Atención al Migrante del gobierno del estado de Sonora, Antonio Rivera Cortés, la Patrulla Fronteriza deportó a 160 000 personas. Aquí, todos juntos, se encuentran los elementos de una grotesca comedia de equivocaciones. El hueco en el muro. La tienda de campaña del ejército. Los jeeps de la Patrulla Fronteriza y las torres de cámaras. Los *gangsters* tatuados.

Los policías mexicanos corruptos con sus rosarios de oro y sus lentes oscuros que se acercan a recibir sobornos. Y los migrantes indigentes dispuestos a jugárselo todo por una oportunidad de trabajar. Los polleros tienen hasta un sofá decrépito y descolorido aquí en lo alto para disponerse a observar cómodamente los movimientos de la Patrulla Fronteriza del otro lado y coordinar a los grupos de migrantes agazapados abajo. Están acomodados justo enfrente de los soldados estadounidenses destacados para proteger la frontera. Todo esto sucede a plena vista.

Los guías llevan a los migrantes en fila india, agazapados, al otro lado de la frontera y a un estacionamiento desde donde esperan ser trasladados a casas de seguridad en Phoenix y Tucson, donde nuevamente esperarán a que sus familias manden el giro con su pago. Acuclillados junto al muro o en los matorrales, esperan. Todos los días, todo el día y toda la noche, los polleros cruzan la frontera con decenas de personas literalmente en las narices del ejército estadounidense y la Patrulla Fronteriza. Llega una patrulla de la policía de Nogales, el pollero le hace una seña para que regrese más tarde por su mochada. Llegan unos judiciales del estado, se bajan del coche bromeando con los polleros, mientras ven a los migrantes allá abajo, intentando cruzar. Le pregunto a uno de los judiciales si vienen muchos periodistas por aquí. Me responde, taimado:

—No, casi todos están comprados. Solamente vienen los extranjeros, y tampoco son pendejos, saben qué pueden decir y qué no.

Un pollero nos ofrece llevarnos a mí y a otros dos reporteros a los túneles. Dice que puede conseguirnos una entrevista con "el mero mero" y que veremos drogas, migrantes y armas, por sólo 500 dólares. El hombre de las lágrimas tatuadas murmura:

—No te fíes. Puede que te lleve a un túnel con tus cámaras, pero de ahí no sales.

La palabra que aquí nadie dice pero que todos piensan es "narco". Los traficantes de drogas, los señores intocables protegidos por ejércitos privados de soldados desertores de las fuerzas especiales, que controlan las rutas fronterizas tanto en la ciudad como en el desierto, ganan decenas de millones de dólares al año con el tráfico de personas. El gobierno no sólo se queda mirando (literalmente), sino que también se embolsa una buena tajada. ¿Y el concepto de ley, aquí, en la frontera? Hay que buscarlo entre los huesos de los que han muerto: aquí sólo mandan los que tienen dinero y armas.

—Son mercancías andantes —dice un señor que vive atrás de un comedor para migrantes en Nogales—. Todo el mundo cobra su cuota: la policía local, los oficiales mexicanos de migración, la AFI, los políticos; todos… es un dineral. Es toda una industria construida sobre el dolor y el sufrimiento de personas que tal vez nunca jamás volverán a ver a sus familias.

Rosario y Guillermo cruzan el puente caminando con sus dos hijos, de seis y siete años, y aceptan el plato caliente de arroz con frijoles que les sirven en el Centro de Atención al Migrante conocido como Centro Mariposa, a unos cuantos metros del *lounge* de los polleros. Son de San Isidro, Michoacán, y hablan entre ellos murmurando rápido en purépecha, su lengua materna. Acaban de ser deportados después de su tercer intento de entrar a los Estados Unidos para alcanzar a dos tíos que trabajan en la construcción en Florida. Dos veces los robaron en el desierto. El primer robo ocurrió cuando llevaban seis horas caminando.

—El coyote me dijo que ya estábamos en Estados Unidos y me quitó 2 000 dólares y nos dejó en el desierto, pero todavía en Sonora —dice Guillermo. Ése fue su primer intento.

Lo volvieron a intentar. Esta vez los agarraron unos ladrones cuando iban en un grupo como de 20 personas del lado americano y les robaron todo. Los ladrones los golpearon con los cañones de sus armas. Rosario trae un rasguño en la cara desde el ojo derecho hasta los labios. Cuando le pregunto qué pasó trata de responder pero se pone a llorar.

—Pienso que el guía estaba involucrado con los rateros —dice Guillermo—, porque en la noche él prendió un cigarro pero nos dijo que nadie más podía fumar ni prender nada. Cuando los ladrones llegaron pues agarraron al guía con su cigarro prendido, el único, y se lo llevaron antes de robarnos.

Un hombre de 21 años, Zack, fue deportado por Nogales. Tomó la ruta Altar-Sásabe. La policía mexicana detuvo a su grupo y el pollero le pagó. Luego la policía mexicana especial para migrantes, el Grupo Beta, los paró, y de nuevo el pollero lo sobornó. Cruzaron la frontera y caminaron dos días con sus noches. Finalmente los recogieron y los llevaron a Phoenix, a una casa de seguridad. Cuando entraron a la casa, los hombres que esperaban dentro los golpearon con sus pistolas y les quitaron sus carteras, calcetines y zapatos. Uno por uno los obligaron a llamar a su familia para pedirles dinero. Si la familia no contestaba, los hombres los empezaban a abofetear. Si decía que no tenía suficiente dinero, entonces los rapaban (a Zack le cortaron el pelo a menos de un centímetro, dijo, señalándose la cabeza al contar esta parte de la historia) y les ponían una golpiza salvaje. Después de tenerlos cerca de un mes en el cuarto, dándoles apenas unas tortillas al día (Zack estaba flaco como un alambre), los hombres golpearon a uno de su grupo y luego lo mataron, clavándole un cuchillo en el pecho una y otra vez, todo esto en medio del cuarto, enfrente de los otros, con guardias armados vigilando. Poco después, la policía de Arizona hizo una redada en la casa y los deportó a todos, secuestradores y secuestrados, juntos. La policía nunca preguntó nada a los secuestrados ni investigó el secuestro ni el asesinato. Y de todas maneras, Zack está listo para volverlo a intentar. Concluye:

—Hay tantas historias, muchas aún peores que ésta.

El pueblo de Altar está bajo un sitio permanente aunque casi invisible. Es uno de los principales puntos de reunión para los migrantes que se dirigen hacia el desierto de Arizona; narcotraficantes, policías y polleros monitorean las calles constantemente, recorriéndolas día y noche en sedanes blancos con vidrios entintados y sin placas, buscando migrantes recién llegados. Se acercan a los grupos de hombres sentados en la plaza con entusiastas saludos y apretones de manos. Esperan a los autobuses que llegan del sur y bajan a sus pasajeros a un lado de la calle —en Altar no hay central camionera—; de inmediato se abren paso con cara de inocentes entre el grupo de recién llegados, ofreciendo ayudarles a cruzar la frontera ese mismo día y a mitad de precio.

Aquí todos vigilan a todos. Los migrantes son fácilmente identificables, con su especie de uniforme obligado para el desierto: camiseta, jeans, tenis, cachucha y mochila, todo negro (y chamarra en otoño e invierno). Caminan en grupos de cuatro, nunca solos ni todos juntos. Salen temprano en la mañana de la casa de huéspedes donde duermen, 30 por cuarto en un trozo de piso de concreto, con una cobija si pagan extra; desayunan por turnos los tamales y el café que venden en la calle. Caminan por la fila de puestos colocados a lo largo de la calle, donde venden mochilas, calcetas, talco para pies y otras provisiones; se dirigen a la tienda de abarrotes y compran latas de atún y botes de agua de galón. Es fácil reconocerlos.

Todos los demás andan en coche. La gente del pueblo lo usa para entrar y salir del pueblo, pues aquí no hay adónde ir. Los que manejan en círculos, despacio, una y otra vez por la plaza y por la única avenida que parte al pueblo en dos y en la que todo el tiempo se escucha el zumbido de los tráileres de 18 ruedas que van y vienen de la frontera, son los polleros, los peligrosos, los que abusan de los migrantes sin contactos y a menudo mienten, presentándose como el primo de la persona que aquéllos están esperando. Ermelinda, una migrante de 53 años, viuda y madre soltera de Veracruz, que aguarda al pollero, me dice:

—Aquí estás en la boca del lobo, anda con cuidado.

La boca del lobo. La frontera. El desierto.

En febrero de 2007, un grupo de narcotraficantes, posiblemente del cártel de Sinaloa, secuestró a unos 300 migrantes, escondiéndolos en un rancho del desierto cerca de Sásabe. Iban a meter drogas a la Nación Tohono O'odham (en Arizona) y no querían que los migrantes "calentaran" la zona atrayendo a la Patrulla Fronteriza.[17] Un cura del pueblo logró negociar la liberación de 120 personas el 13 de febrero de 2007. Ningún medio nacional ni internacional reportó el secuestro masivo. Al momento de escribir esto, aún faltan de liberar aproximadamente 180 personas.

—Los tenían ahí sentados en un rancho cercano al Sásabe, pero sólo quisieron darme a 120, a los más golpeados, a los que tenían los tobillos quebrados o la cabeza abierta por los batazos que les pegan. Al resto de los 300 no sé qué les pasó, no sé si los soltaron —le dijo el cura a un reportero salvadoreño que por casualidad andaba en Altar el día del secuestro.[18]

Un funcionario municipal de Altar llamó a la oficina del procurador del estado de Sonora unos días después del secuestro para reportar que había 300 personas desaparecidas. Poco después, un narco llamó al funcionario y le dijo que le acababan de hablar de la oficina del procurador para informarle de la queja del funcionario. Y le dijo que ésa era la última vez que le perdonaba semejante transgresión.[19]

En octubre del mismo año, las carrocerías quemadas de las camionetas de pasajeros que llevaban a los migrantes desaparecidos al norte seguían ahí tiradas, de cabeza, en el camino de terracería que va de Altar a la frontera.

La boca del lobo.

5

El levantamiento en Oaxaca

> El bondadoso señor regañaba a los empleados que no entendían el sencillo principio del segundo saco. Como el pueblo nunca se rebela por cargar un saco pesado, porque no conoce la vida sin explotación ni sabe que esa vida existe, ¿de qué manera se puede exigir algo que no cabe en nuestra imaginación? El pueblo se rebelará sólo cuando de pronto, con un solo movimiento, alguien quiera echarle en la espalda otro saco. En este caso el campesino no lo soportaría, caería de cara al fango, pero se levantaría agarrando el hacha. Así pues, su merced, él agarra el hacha, no por no haber soportado el otro saco, que hubiera podido en realidad soportar. El campesino se alza porque siente como si al echarle el segundo saco en los hombros lo hubieras querido engañar, tratarlo como a un animal bruto, pisotear lo que le quedaba de su pisoteada dignidad, tomándolo por un estúpido que no ve, ni siente ni comprende. El hombre agarra el hacha no en defensa de su bolsillo, sino de su dignidad.
>
> RYSZARD KAPUSCINSKI,
> *El emperador*

Una ciudad perdida de carpas hechizas se extiende por toda la plaza con su red de cables y cuerdas que amarran las lonas a pesadas rocas, árboles y postes de luz; caminos angostos serpentean entre las colecciones de ollas y cazuelas de las cocinas improvisadas. Los arquitectos de esta ciudad de tiendas de campaña —del plantón, como dicen— son muy competentes, incluso elegantes, para construir con el mínimo material en las condiciones más precarias. Tienen mucha práctica; lo han hecho cada año en el mismo lugar desde hace 26 años.[1]

En muchos países, la idea de huelga evoca la imagen de piquetes: hombres y mujeres con pancartas afuera de una compañía, cantando consignas, repartiendo volantes, colgando letreros. A menudo, aunque no siempre, el horario de oficina está implícito: en muchos casos, la acción de la huelga es de nueve a seis.

Aquí no. Cuando la Sección 22 del sindicato nacional de maestros de México se va a la huelga, está en huelga todo el día todos los días. Por todo el estado, 70 000 maestros dejan sus escuelas, viajan a la capital y construyen su campamento en el zócalo y las turísticas calles aledañas del centro histórico de Oaxaca de Juárez. La plaza se vuelve una ciudad dentro de la ciudad, o quizá una ciudad equilibrada sobre la ciudad.

Pero esta vez los maestros se rebelaban contra un hombre, Ulises Ruiz, cuyo lema de campaña había sido "¡No más plantones y no más marchas!" A diferencia de sus predecesores, Ruiz no quiso negociar con los maestros de su estado. No quiso pactar: decidió ver quién podía más y amenazó con echarlos por la fuerza del centro histórico si no terminaban su huelga. Los maestros se mantuvieron firmes, pero pasaron largas y miserables noches con la falsa alarma de redadas en la madrugada.

A las 4:30 a.m. del miércoles 14 de junio de 2006, la alarma fue real. Unos cuantos estaban despiertos, masticando sus nervios en silencio, pero casi todos dormían cuando más de 1 000 policías atacaron la plaza desde dos lados, disparando granadas de gas lacrimógeno indiscriminadamente hacia el laberinto de lonas. Miles de maestros gritaron, jalaron a sus compañeros dormidos, cargaron a los niños y salieron corriendo, buena parte de ellos descalzos.

El gas lacrimógeno era desquiciante, densas nubes químicas que salían de las granadas que cayeron por todo el campamento. Las granadas son brutales; al pegar causan quemaduras, cortadas y contusiones. El gas en sí, sobre todo en cantidades tan copiosas, es violentamente desconcertante. Te cierra la garganta como una llave y te cierra los ojos y no te deja abrirlos. Hay dos remedios bien conocidos: alejarse corriendo a ciegas del gas y enjuagarse la cara con Coca-Cola (que brinda alivio inmediato). Si no puedes recurrir a ninguno, estás en problemas: sientes que te sofocas hasta que vomitas, y otra vez sientes que te estás sofocando.

Aunque los maestros no lo sabían, la redada de la plaza empezó momentos después de que elementos de las fuerzas especiales tomaran la sede del sindicato de maestros, a una cuadra, y su sala de asambleas, en la orilla del centro histórico. En su búsqueda de los líderes sindicales —un reportero local los sacó por atrás y se los llevó en su coche—, los policías de las fuerzas especiales golpearon a docenas de maestros y pulverizaron la diminuta estación de radio comunitaria del sindicato y a sus locutores voluntarios, que lograron transmitir los primeros segundos de la golpiza antes de que se apagara la señal.

La victoria de la policía parecía rápida y contundente. Para las 5:00 a.m. los policías controlaban el zócalo, habían destruido la estación de radio de los maestros e hicieron una enorme fogata en la plaza donde quemaron las tiendas de campaña y las pertenencias de los huelguistas: ropa, zapatos, libros y mochilas, todo lo que los maestros dejaron atrás en su estampida por escapar. Pero la victoria de la policía duró poco. Los maestros no habían escapado; se reagruparon en una universidad cercana y en otras plazas pequeñas para organizarse y juntar piedras y palos. Hacia las 5:30 a.m. los maestros estaban otra vez a orillas de la plaza.

Alguien en la oficina del gobernador no sacó bien las cuentas, porque el 14 de junio de 2006, 1 000 policías estatales mal pagados se enfrentaron a 40 000 maestros también mal pagados y a varios miles de vecinos que, molestos por haberse despertado con sus hijos ahogándose por el gas lacrimógeno, salieron a las calles.

El gobernador Ulises Ruiz Ortiz —del PRI, el partido que ha monopolizado el gobierno de Oaxaca desde hace 78 años— monitoreó la batalla desde su mansión a las afueras de la ciudad. Cuando le notificaron la inminente derrota de sus tropas, Ruiz ordenó que dos helicópteros privados sobrevolaran el centro para que la policía pudiera dispararles granadas de gas lacrimógeno a los maestros desde el aire. Fue un error.

—Después de una hora ya casi habíamos recuperado toda el área, en cuanto volvimos a agarrar valor —me contó un maestro que participó en la pelea—. Entonces los helicópteros nos empezaron a disparar granadas. Nos aterramos hasta que un cuate gritó que podíamos agarrar las granadas y echárselas a la policía.

Ya la redada de la madrugada, con su uso excesivo de gas lacrimógeno, había ofendido a los maestros, pero los helicópteros los obligaron a cruzar una raya.

—El 14 de junio, el gobierno decidió reprimir, y mandó a la policía a golpear a la gente y a disparar gas lacrimógeno desde los helicópteros —me dijo una maestra presente esa mañana—. Todos los años anteriores, el gobierno llegaba y anunciaba con un megáfono: "Vamos a levantar el campamento", y al tercer anuncio todos agarraban sus cosas y se echaban a correr. Esta vez no hubo nada de eso. Hasta nos atacaron desde el aire, como si fuéramos criminales.

Una anciana indígena que vive de limosnas me dijo que el gobernador cometió un error terrible al usar gas lacrimógeno:

—No debería haber usado el gas. Hubiera agarrado a unos cuantos maestros, y a la cárcel, como antes. Pero no, usó el gas y los insultó, y por eso ahora tenemos este problema.

Para los maestros —y para la mayoría de los habitantes de la ciudad de Oaxaca—, el barroco despliegue de fuerza del estado no sólo fue represivo sino totalmente desproporcionado, una afrenta, un ataque contra su dignidad.

EL LEVANTAMIENTO EN OAXACA

A pesar del talento por todos reconocido de los pilotos de los helicópteros ("Ese piloto era un chingón", dijo un maestro), y de los policías apostados en las azoteas y ventanas de los hoteles que disparaban granadas de gas lacrimógeno desde todos los ángulos posibles, los maestros consiguieron correr a los policías, apedreándolos, atacándolos con palos y tubos tomados de las ruinas de su campamento. Para las 9:00 a.m. la policía iba en franca retirada, disparando pistolas y metralletas al aire y a los pies de los maestros para cubrir su éxodo. Los maestros tomaron control del centro de Oaxaca y aprehendieron a varios policías, incluyendo a Margarito López, uno de los comandantes de la redada. Esa misma noche, liberaron a sus prisioneros al cuidado de la Cruz Roja. Más de 90 maestros ingresaron a los hospitales de la ciudad con dolencias que iban desde intoxicación por gas lacrimógeno hasta huesos rotos, heridas de bala, contusiones y pulmones perforados por el impacto de las granadas. Dos maestras embarazadas hospitalizadas sufrieron abortos involuntarios horas después de la redada policiaca por estar expuestas a tales cantidades de gas.

La infortunada redada policiaca de Ulises Ruiz encendió una rebelión social más profunda que controlaría la ciudad de Oaxaca por más de cuatro meses y pondría en marcha formas de desobediencia civil organizada que replantearían la dinámica de la protesta en México, al menos por un tiempo, en favor de los oprimidos. Pero el uso flagrante de la violencia policiaca distaba mucho de ser la única causa de este levantamiento.

El estado de Oaxaca está ubicado en la costa del Pacífico en el empobrecido sur de México; colinda con Chiapas al oriente, con Guerrero al poniente, y con Puebla y Veracruz al norte; tiene el quinto territorio más grande de los 31 estados de la República, con una población de 3.4 millones de habitantes. También es el estado con la mayor diversidad de culturas indígenas. En Oaxaca hay 16 grupos indígenas o pueblos, y más de un millón de personas hablan alguna lengua indígena como lengua materna.

En gran medida, el gobierno federal ha abandonado a Oaxaca, como a la mayoría de los estados del sur, permitiendo que los caciques locales manejen las gubernaturas estatales como sus feudos. Mientras los gobernadores y senadores del PRI amasaron fortunas, la mitad de la población de Oaxaca, sobre todo las comunidades rurales indígenas, vivía sin servicios. Hasta el día de hoy, sólo la mitad de los habitantes del estado —sobre todo los que viven en la ciudad de Oaxaca y en un puñado de pequeñas ciudades en el valle central y en la costa— recibe los servicios municipales básicos: agua, drenaje, luz.

Cuando la ola de descontento a nivel nacional llevaba 20 años creciendo, el PRI aceptó la derrota electoral en 2000, cuando el candidato conservador católico Vicente Fox ganó las elecciones, prometiendo un gobierno de "cambio" y "transición democrática".

Sin embargo, al terminar el control presidencial absoluto del PRI sobre el gobierno federal, muchos de los caciques estatales y regionales perdieron la única supervisión real que tenían. En un libro reciente sobre el conflicto en Oaxaca, el sociólogo Víctor Raúl Martínez, que vive en ese estado, escribe que con la ruptura del presidencialismo en 2000 los autoritarios gobiernos estatales quedaron en libertad de consolidar sus cacicazgos pues ya no había un "presidente imperial" que les diera órdenes desde la Ciudad de México. Por poner un ejemplo, cita un informe que muestra que en los últimos ocho años los gobernadores de Oaxaca han dejado sin comprobar 920 millones de dólares de fondos públicos, una cantidad nada pequeña en un estado donde la mitad de la población vive sin electricidad ni drenaje.[2]

Ulises Ruiz, conocido desde hace mucho como un habilidoso "operador" político y electoral del PRI, tomó posesión en diciembre de 2004, entre denuncias generalizadas de fraude. En sus primeros días en el puesto trató de hacer que su oponente, Gabino Cué, fuera arrestado con cargos falsos y mandó a seudomiembros del sindicato a ocupar la bodega y oficinas del diario estatal *Noticias,* el único periódico que se mostró crítico con su campaña. Ruiz mandó arrestar y torturar a decenas de líderes de organizaciones indígenas. Sacó de la ciudad la oficina de gobierno y la instaló en un complejo donde está el cuartel de policía. Luego mudó el congreso estatal a otro pueblo, que queda para el otro lado, ambas medidas diseñadas para evitar las marchas y plantones de los numerosos sindicatos y organizaciones sociales del estado. Derribó amadas estatuas y andadores en la ciudad de Oaxaca para hacer otros nuevos y, dicen sus críticos, lavar fondos estatales a fin de meterlos a la campaña presidencial de Roberto Madrazo por el PRI en 2006. Ulises Ruiz hizo pocos amigos fuera de su camarilla partidista.

—Aquí tenemos asambleas para todo —dijo Alejandro Cruz, abogado de una organización pro derechos humanos indígenas con sede en Oaxaca—, pero [Ruiz] no consulta a nadie. Otros simulan las consultas, pero este tipo no sabe ni simular. Se siente rey.

Las marchas y los plantones son cosa de todos los días en Oaxaca. Y el campeón de los plantones, por mucho, es la Sección 22 del Sindicato Nacional de Trabajadores de la Educación (SNTE).

Desde los primeros días del priismo, los sindicatos han existido para crear y manejar multitudes de reserva que vayan a los mítines y voten por el PRI —a cambio de una torta o unos pesos—, más que para defender los derechos obreros. El SNTE es el sindicato más grande y posiblemente el más corrupto de México y de toda América Latina. A fines de los años setenta, maestros de todo el país intentaron terminar con la corrupción del sindicato y crearon la Coordinadora Nacional de Trabajadores de la Educación (CNTE), con un gran número de seguidores en los estados del sur, como Chiapas, Tabasco y Oaxaca.[3] En 1980, los maestros de Oaxaca lograron apoderarse de su sede y crearon la disidente Sección 22, con lo que iniciaron una lucha de 26 años por democratizar el sindicato nacional y traer mayores recursos al abandonado sistema escolar de Oaxaca. Por lo menos una vez al año desde 1980, los maestros de la Sección 22 entregan su lista de demandas al gobernador y al secretario de

Gobernación del país. Cuando no reciben una respuesta satisfactoria, hacen un plantón en el corazón del centro histórico de la ciudad de Oaxaca, y allí se quedan hasta recibirla.

A fines de abril de 2006, los maestros exigieron un aumento salarial para compensar la explosión de precios en el turístico Oaxaca, así como más fondos federales para útiles escolares, alimentos y reparaciones en las escuelas. Los maestros exigían un fondo especial para garantizar que cada alumno de primaria tuviera un par de zapatos —en Oaxaca, muchos estudiantes e incluso maestros tienen que andar horas en caminos de terracería para llegar a la escuela—. Pero Ulises Ruiz rechazó las demandas de los maestros y se negó a dialogar directamente con ellos. El 1° y el 15 de mayo los maestros hicieron marchas multitudinarias, pero el gobernador no cambió su postura. El 22 del mismo mes los maestros montaron su campamento en el zócalo de Oaxaca. Pero Ulises Ruiz seguía sin ceder ni un ápice; en vez de eso amenazó con levantar el plantón por la fuerza.

Dos días después de la fallida redada de Ulises Ruiz, casi medio millón de personas —en un estado de 3.4 millones— salió a las calles a protestar. Al presenciar este vuelco espontáneo de apoyo, los líderes del sindicato se llenaron de energía con una idea.

Enrique Rueda, un listo y atlético maestro de historia de cuarenta y pocos años, era en ese momento el secretario general de la Sección 22. Él y un grupo de organizadores del sindicato convocaron a una reunión el 17 de junio de 2006 con numerosas organizaciones pro justicia social de todo el estado, sobre todo grupos con capacidad de convocatoria.

—Estábamos buscando una manera de canalizar el apoyo espontáneo que recibimos después del 14 de junio y extenderlo en el tiempo —me dijo Rueda en agosto de 2006—. Queríamos tomar la experiencia de 26 años del sindicato y aplicarla a la sociedad en general.

Los maestros convocaron a formar la Asamblea Popular del Pueblo de Oaxaca, la APPO, abierta a todo aquel que estuviera de acuerdo con su demanda única: la salida de Ulises Ruiz. Los maestros hicieron a un lado sus 16 demandas, exigiendo la renuncia de Ruiz o su remoción del cargo por parte del gobierno federal antes de continuar las negociaciones. La salida del gobernador se convirtió en la única demanda del movimiento.

Para sorpresa de todos, más de 300 sindicatos y organizaciones en defensa de la justicia social, derechos indígenas y derechos humanos se unieron. La izquierda de México, con su infame sectarismo, había encontrado algo en lo que todos podían estar de acuerdo: deshacerse de Ulises Ruiz. Pero la APPO era más que una agrupación fortuita de izquierdistas de la vieja guardia, como después se presentaría en la prensa extranjera (aunque, es cierto, había dibujos enormes de Marx, Engels, Lenin y Stalin adornando el plantón reinstaurado en el zócalo, gracias a una organización llamada el Frente Popular Revolucionario, FPR). Por todo Oaxaca, gente que nunca había participado en una protesta ni en una marcha, mucho menos en una organización política de izquierda, se unió y formó organizaciones completamente nuevas para poder sumarse al movimiento de la APPO y ejercer presión para lograr la caída política de Ulises Ruiz.

El movimiento de la APPO abrió un vacío, una promesa de participación política que casi de inmediato se llenó con decenas de miles de personas que nunca se habían sentido parte del mundo de la política, un mundo que en Oaxaca había sido propiedad exclusiva del PRI desde 1929. Una de las primeras acciones de la APPO fue cambiar su nombre para reflejar la diversidad cultural del estado. Los miembros indígenas señalaron que en Oaxaca no hay sólo un *pueblo*, sino muchos *pueblos*. Y así, la APPO se convirtió en la Asamblea Popular de los Pueblos de Oaxaca.

La Asamblea convocó a la gente a participar en las elecciones federales del 2 de julio de 2006 con un voto de castigo contra el PRI.

Y en efecto, el 2 de julio el PRI fue aplastado en Oaxaca por primera vez en su historia. Perdió 9 de los 11 distritos electorales del estado, y su candidato presidencial, Roberto Madrazo, se llevó una derrota contundente. El voto de castigo fue una demostración de fuerza, pero también una advertencia para Ulises Ruiz y su clan: si Ulises caía, el PRI no podría ganar las elecciones para reemplazarlo.

Como me explicó un abogado:

—Si [Ruiz] sale antes de noviembre, el gobernador interino tiene que llamar a elecciones, y el PRI no ganaría esas elecciones nunca. Pero si aguanta hasta el 1° de noviembre, no tienen que llamar a elecciones, y su grupo puede dejar a uno de los suyos en el cargo a que termine su sexenio.

Ulises Ruiz no parece el típico tirano déspota. Yo lo vi por primera vez en una conferencia de prensa en un exclusivo y bien vigilado hotel a las afueras de la ciudad, el 17 de julio de 2006 —la única conferencia de prensa que daría en casi seis meses de conflicto—. La prensa llevaba esperándolo más de una hora cuando entró con una sonrisa pegada como con pegamento, que causaba una tensión extraña entre su mirada alerta e inquieta y la mueca congelada en sus labios. De altura promedio, delgado y de aspecto medio frágil, Ruiz tiene un bigote poblado que junto con sus lentes ofrece el único detalle real de su cara redonda, casi sin facciones. No es feo ni guapo, no frunce el ceño ni sonríe. Es simplemente normal. Cuando entró pensé que era alguna especie de asistente que venía a pedirnos paciencia por el retraso del gobernador. Pero no; era Ulises Ruiz.

La primera pregunta que golpeó el aire, antes de que Ruiz se pudiera sentar, la gritó un reportero de Televisa:

—¿Se siente solo?

—No. No me siento solo para nada —respondió Ruiz—. El gobierno mantiene una absoluta disposición al diálogo.

—¿Piensa dejar el cargo?

—De ninguna manera. Esto se ha politizado. Tenemos que rescatar las cuestiones originales de este conflicto —logró decir Ruiz; milagrosamente, sin cambiar su sonrisa pegada—. Mi disposición es favorecer el diálogo.

Como cualquier político competente, el gobernador logró responder preguntas sin decir nada durante casi media hora, y luego se fue. Nadie, ni siquiera los reporteros de los periódicos oficialistas, creyó lo de su "disposición" a "favorecer el diálogo". Su disposición ya había quedado bastante clara. Todos sabían que habría más sangre, pero nadie sabía bien cuándo ni cómo. Las preguntas de los reporteros pretendían adivinar qué forma tomaría la violencia futura. Claro que el gobernador no iba a decirlo directamente, así que los reporteros se concentraron en su tono de voz y expresiones faciales, una estrategia completamente fallida, puesto que ambos permanecieron perfectamente inmutables.

Ruiz había convocado la conferencia de prensa para anunciar la suspensión del internacionalmente famoso festival cultural de la Guelaguetza.[4] La APPO había ocupado el teatro al aire libre donde cada año se hace la Guelaguetza; quemaron el escenario de madera y grafitearon toda el área con consignas en contra de Ulises, incluyendo un caricaturesco y gigante dedo medio extendido junto a las palabras: "¡Toma tu Guelaguetza!" Habían bloqueado todas las calles que llevan al teatro y las que lo rodean, y llenaron la zona con miles de maestros y gente del lugar. La APPO grafiteó un mensaje en inglés para los desconcertados turistas internacionales cargados de cámaras que no habían oído las noticias: "Excuse us, because of repression we have suspended the function" ["Disculpen, debido a la represión hemos suspendido la función"].

La APPO, que no quería hacerse fama de ser una fuerza que cancela fiestas, organizó una "Guelaguetza popular" sin asientos exclusivos ni cuota de entrada. Pero más que una fiesta fue una demostración de cómo recobraban una forma de expresión cultural del pueblo que había caído en la comercialización del gobierno del estado. Su Guelaguetza atrajo a unas 20 000 personas, la mayoría provenientes de los alrededores de Oaxaca, pero fue totalmente denigrada por los medios.

Las estaciones de radio locales y estatales y el canal de televisión fueron extremadamente hostiles hacia los maestros y la APPO. El 14 de junio no reportaron la verdad sobre la violencia policiaca, y en cambio informaban a su público que la Guelaguetza popular era un fracaso. Sistemáticamente afirmaban que "mercenarios políticos" de izquierda y vándalos estaban al frente del movimiento. Los medios internacionales más bien ignoraron a la APPO por completo.

Para poder combatir la hostilidad de la prensa controlada por el gobierno —el gobierno del estado es dueño del único canal de televisión estatal, CORTV, así como de dos populares estaciones de radio, e inunda de publicidad a otras estaciones y periódicos que se mantienen a flote con fondos gubernamentales—, los maestros de la Sección 22 construyeron su propia estación de radio comunitaria, Radio Plantón. En la redada del 14 de junio de 2006, la policía estatal atacó la estación y la hizo pedazos. Ese mismo día, un pequeño grupo de estudiantes universitarios entró a la cabina de controles de la diminuta Radio Universidad y les dijo a los estudiantes mayores y empleados de la universidad que iban a tomar la estación en solidaridad con el movimiento de los maestros. Empezaron a usar las ondas radiales para encauzar la indignación de la gente contra el gobierno del estado. Cuando los maestros crearon la APPO y pronunciaron su demanda de que saliera Ulises Ruiz, Radio Universidad repitió esa demanda prácticamente cada minuto. Un mes después, casi toda la gente que caminaba por el centro de Oaxaca traía un pequeño radio portátil de 30 pesos, sintonizado en Radio Universidad. Con cientos de llamadas diarias de gente de toda la ciudad que marcaba desde su celular, Radio Universidad tenía la noticia —y cualquier cantidad de rumores— antes que nadie.

Aproximadamente a las 9:15 p.m. del 22 de julio de 2006, dos días antes de la "Guelaguetza popular", Yolanda, una joven de 17 años, y Carmen, una maestra de kínder, estaban en los controles de Radio Universidad animando a la gente a ir al festival.

—Estábamos transmitiendo en vivo —me dijo Yolanda—. Otra compañera y yo estábamos en los controles cuando pasaron unas pickups disparando. La gente se metió corriendo a la estación y se tiró al piso. La transmisión se cortó. Todo salió al aire, los balazos y todo, y luego se cortó la señal.

Carmen estaba al aire cuando oyó las ráfagas de ametralladora que atravesaron las ventanas y se impactaron en las paredes de la estación. Sólo unas cuantas mujeres, algunas con hijos, estaban de guardia. Todos se echaron al piso.

—Yo pedí ayuda y logré decir que nos estaban atacando antes de que se perdiera la señal —dijo Carmen.

Los testigos dijeron que los hombres vestían de negro, que traían la cara cubierta con pasamontañas y paliacates y que venían en una pickup y un auto compacto. El tiroteo duró unos 15 minutos antes de que la gente —varios miles— empezara a llegar a la estación y corriera a los atacantes. Nadie resultó herido y los voluntarios lograron reparar la antena ese mismo día.

Ulises Ruiz acusó a la APPO de haber mandado gente a disparar contra sus propios miembros para ganar simpatizantes. A su vez, la APPO y los maestros acusaron a Ulises Ruiz de haber enviado a sus matones a destruir el equipo de transmisiones de la estación de radio e intimidar a los voluntarios que la operaban.

Para convertir las protestas en una verdadera ofensiva de desobediencia civil, el sindicato de maestros y la APPO lanzaron una campaña para "crear ingobernabilidad". En México no hay ningún mecanismo para destituir ni hacer juicio político a un gobernador. La única vía legal que tiene la gente para obligar a un gobernador a dejar el cargo es impulsar al Senado federal a declarar la "desaparición de poderes" en el estado, con lo que queda disuelto el poder ejecutivo estatal y se abre la puerta a nuevas elecciones o a un gobernador interino. En Oaxaca nunca había pasado algo así. Nunca había sido necesario. Puesto que el PRI controlaba todas las ramas del gobierno federal y estatal, el presidente sólo tenía que dar la orden para que un gobernador odiado dejara el puesto, y luego el presidente nombraba a su sucesor. Esto sucedió en Oaxaca en 1977, cuando un movimiento de protesta obligó a Manuel Zárate Aquino a dejar la gubernatura.

Sin embargo, en 2006 el presidente, el panista Vicente Fox, pertenecía a la oposición conservadora y había llegado al poder denunciando las prácticas del PRI de la vieja guardia, como quitar del cargo a gobernadores incómodos. Fox dijo una y otra vez: "Yo no quito ni pongo gobernadores", tanto para justificar su pasividad respecto a Oaxaca como para echarle tierra al PRI. Fox también andaba bastante ocupado en la Ciudad de México. El candidato de izquierda de las elecciones presidenciales del 2 de julio de 2006, Andrés Manuel López Obrador, acusaba a Fox y su partido de fraude electoral y simultáneamente organizaba marchas enormes y preparaba un expediente de miles de páginas para exigir legalmente el recuento completo, voto por voto.

La APPO y el sindicato de maestros vieron su oportunidad: inutilizarían el gobierno del estado con bloqueos físicos, aunque "pacíficos", sin armas, en todas las oficinas de gobierno. A esto lo llamaron la "Ofensiva del 26 de julio".

Los maestros y los habitantes de la ciudad llegaron entre las seis y las ocho de la mañana. Colgaron sus lonas de árboles y postes. Abrieron sus periódicos y sacaron sus tejidos. Y se sentaron. Se sentaron frente a la procuraduría estatal —que también es la jefatura de policía—, el congreso, la oficina del gobernador, la corte del estado y la tesorería. Crearon "brigadas móviles" que iban en autobuses requisados del servicio público a dependencias menores, como los archivos y la dirección de tránsito; hicieron pintas en las paredes y luego —después de sacar a los empleados— inutilizaron las cerraduras con palillos, pegamento y pintura en aerosol.

En cuestión de días, decenas de miles de maestros y miembros de la APPO habían forzado al gobierno del estado a un exilio itinerante. Cuando se rumoraba que el gobernador y el legislativo estatal estaban reunidos en algún hotel exclusivo, la APPO mandaba una comisión de unos cuantos cientos de personas a que marchara al hotel a exigir que los funcionarios fueran desalojados: "Si no los sacan ustedes —decían— tendremos que tomar el hotel".

El 14 de junio de 2006, la gente había vencido su miedo a la represión; se defendió y ganó. El flujo masivo de apoyo en las siguientes semanas creó una sensación de participación comunitaria y de construcción del movimiento que hacía que casi cualquier cosa pareciera posible, como que maestros y habitantes se organizaran y lograran paralizar por completo al gobierno del estado sin usar otra cosa que sus cuerpos, lonas de plástico para tapar el sol y la lluvia, el periódico, el tejido y su conversación. Sin armas. Sin manifiestos. Sólo acción directa, organizada. Aquí la política de la protesta favorecía, por el momento, a los oprimidos: el movimiento tenía las multitudes, el empuje y la coordinación. El estado sólo tenía armas.

En esta atmósfera cinética de posibilidades políticas, un grupo de mujeres que acampaba frente a la tesorería empezó a hablar. Estaban haciendo café y tamales en fogatas banqueteras y comenzaron a bromear sobre cómo hasta en los levantamientos a las mujeres les toca cocinar y limpiar.

—¿Y qué, siempre vamos a estar atoradas en el papel histórico de la mujer, cuidando el café, la comida, y limpiando? —dijo una de las mujeres—. Podemos hacer cosas mejores.

Decidieron hacer una marcha exclusivamente femenina, inspirada en la marcha argentina de las cacerolas de diciembre de 2001, en la que las mujeres salieron a las calles golpeando ollas y cazuelas. Lo notificaron a la prensa e hicieron el anuncio en Radio Universidad, invitando a las mujeres a reunirse a las 11:00 a.m. el 1º de agosto de 2006 en la Fuente de las Siete Regiones, con sus cacerolas, listas para hacer ruido.

Unas 5 000 mujeres respondieron al llamado. Llegaron con el delantal puesto, con cacerolas y cucharones en mano; hicieron un escándalo devastador y el ruido se conectó con la energía de posibilidades que ya flotaba en el aire. Estas mujeres estaban cargadas, repletas de electricidad, como si una misma palabra en su subconsciente colectivo orquestara su rugido: *invencible*. Cuando las 5 000 manifestantes llegaron a su destino, la plaza central ocupada, iban demasiado encarreradas como para detenerse, para ponerse a oír discursos. Alguna gritó: "¡Vamos al Canal 9!" El grito resonó, hizo eco en la multitud, ganó voces, ganó volumen. Y la multitud atravesó la plaza y salió a las calles. Algunas mujeres marcharon, otras se apropiaron de autobuses de pasajeros y otras más pararon coches, les dijeron a sus tripulantes que se bajaran y les ordenaron a los conductores que las llevaran al Canal 9, la televisora estatal del gobierno, CORTV. Una señora de casi 70 años le dijo a un conductor reticente que enfrentaba a una tupida multitud de mujeres empuñando utensilios de cocina:

—Pues si no nos quiere llevar, nomás deje la llave en el motor y bájese, porque este coche va al canal de televisión.

Cuando Mercedes Rojas Saldaña, directora de CORTV, se enteró de que miles de mujeres de la APPO iban para allá, ordenó a todos los empleados que empezaran a desmantelar los equipos de la televisora. Salió a la reja a recibir a las mujeres. Éstas pidieron una hora al aire para contar su versión de lo sucedido el 14 de junio de 2006 y por qué exigían la salida de Ulises Ruiz. Rojas se negó. Las mujeres pidieron media hora; Rojas volvió a negarse. Pidieron 15 minutos, y cuando Rojas se negó por tercera vez, tomaron el control de la estación.

—Todas las mujeres que vinimos acá tan sólo queríamos un poquito de tiempo, media hora, una hora —dijo Estela, una de las participantes, en una entrevista desde el canal tomado, a mediados de agosto de 2006—. Sólo queríamos una oportunidad de decir un poquito de toda la verdad, de tanta verdad que hay. Y dijimos que después nos íbamos. Pero no quisieron darnos ese tiempo, una hora o algo, y seguro que ahora se arrepienten.

Fueron necesarias casi tres horas para que las mujeres negociaran la liberación de todos los empleados a cambio de que volvieran a encender las cámaras y el equipo de transmisión. Para las 7:00 p.m. las mujeres estaban transmitiendo en vivo, en televisión estatal y en dos estaciones de radio, una en FM y otra en AM, que rebautizaron como Radio Cacerola.

Un montón de mujeres —algunas sentadas en sillas de oficina disparejas, otras abarrotadas detrás, de pie, con las cacerolas en alto— llenó las pantallas de televisión por todo el estado de Oaxaca. La iluminación era deficiente, el sonido estaba mal ecualizado. No había efectos especiales ni paneos artísticos de cámara de un encuadre a otro. No llevaban maquillaje ni vestuarios especiales. Era un grupo de mujeres de jeans y sudadera, de delantal y camiseta. Mujeres que pasan sus vidas en barrios ruinosos y pueblos abandonados en el campo; mujeres que dan clases en escuelas de un solo salón sin calefacción ni electricidad. Vieron a la cámara y hablaron, pero esa noche también estuvieron detrás de la cámara y en los controles.

Todas las noches las mujeres oían rumores de que la policía iba a hacer una redada en el canal. El gobierno del estado cabildeó tanto con el presidente como con el senado para que interviniera. Pero las mujeres no se movían. "Ahora es la televisión del pueblo", dijeron. Y su mensaje a los otros medios era claro: "Los demás tienen que decir la verdad. Si no, ya saben la que les espera".

En México, la postura política de cada medio de comunicación es bien conocida, aunque hay algunos esquizofrénicos. Le pregunté a José Manuel Villarreal, un conservador representante de la industria de los medios, si me podía dar algunos ejemplos de estaciones de radio, televisoras o periódicos imparciales. No pudo. Esquivó la pregunta, titubeó y luego cambió de tema. Le volví a preguntar. Dijo:

—Cuando este conflicto esté resuelto, creo que tenemos que hacer una autocrítica seria y trabajar para reestructurar los medios, para crear más conexiones con la sociedad.

Televisa y TV Azteca, junto con el diario *Reforma,* apoyan decididamente al partido gobernante —antes el PRI, ahora el PAN—. El diario *El Universal* por lo general apoya al partido en el poder, aunque publica algunos artículos críticos. El diario *La Jornada* y el semanario *Proceso* son los medios de circulación nacional más críticos, y ambos dieron extensa cobertura al conflicto de Oaxaca. (No obstante, durante este conflicto *La Jornada* y otros diarios publicaron decenas de inserciones pagadas con un formato casi idéntico al de las noticias y en las que se informaba de un sinfín de obras públicas inauguradas por Ulises Ruiz. Ninguna de estas inserciones se identificaba como tal; la única diferencia era que los encabezados estaban en cursivas.) Y, como ejemplo de los medios verdaderamente esquizofrénicos, el diario *Milenio* publicaba editoriales que condenaban a la APPO, diciendo que era un grupo de vándalos radicales y violentos, mientras que en la sección de noticias el artículo principal, escrito por su enviado especial Diego Osorno, detallaba la participación de policías vestidos de civil y funcionarios estatales en ataques armados contra los miembros de la Asamblea. En Oaxaca casi todas las estaciones de radio y periódicos estaban de parte del gobernador, con una excepción: *Noticias* apoyaba a los maestros y después apoyó a la APPO.

Cuando la APPO tomó el canal de televisión y las estaciones de radio, sus miembros no pretendían ser imparciales o equilibrados: querían contar su versión de la historia. Y resultó que eso era precisamente lo que un gran número de personas deseaba escuchar. Los medios ocupados se convirtieron en centros de organización y comunicación de la APPO. Cientos de personas llamaban a diario para expresar sus puntos de vista, avisar de acciones de protesta que se iban a llevar a cabo, o denunciar los movimientos y ataques policiacos por toda la ciudad. Miles más escuchaban a toda hora, de día y de noche, y estaban listos para responder ante amenazas y peligros.

—Lo que fue tan importante de que los medios de comunicación estuvieran en manos de la APPO —dijo Jill Freidberg, una cineasta que cubrió el movimiento y dirigió el documental *Un poquito de tanta verdad*, sobre el uso de los medios por parte del movimiento— es que en realidad nadie estaba tomando decisiones de programación. Las *llamadas telefónicas* a las estaciones fueron lo que convirtió esos medios en la convocatoria, en la *asamblea* al aire. De veras creo que los medios de comunicación en manos del movimiento hicieron mucho más que generar apoyo. Eran la voz de la gente hablando unos *con* otros, organizando, defendiendo, debatiendo, convocando.

Lynn Stephen, profesora de antropología de la Universidad de Oregon y autora de *Zapotec Women: Gender, Class and Ethnicity in Globalized Oaxaca [Mujeres zapotecas: género, clase y etnicidad en el Oaxaca globalizado]*, me escribió en un correo electrónico:

> La radio ha sido la fuerza vital del movimiento de la APPO […] Las mujeres de la estación de radio no parecen ser militantes combativas, sino que suelen ser gente que ha vivido allí toda la vida y que finalmente se hartó de ser invisible y del maltrato de los sucesivos gobiernos estatales que llevan décadas prometiendo que van a mejorar sus condiciones de vida.

Los medios de verdad *son* poder. Y la habilidad de la APPO para usar la televisión y la radio para conectarse directamente con gente de todo el estado de Oaxaca, en tiempo real, consolidó la creciente ola de simpatía y apoyo del movimiento. Y, como dijo Jill Freidberg, los medios ocupados abrieron el espacio político para que la gente de Oaxaca se pudiera conectar consigo misma, hablar unos con otros. El primer ataque armado contra el movimiento fue contra el medio que el movimiento había tomado, Radio Universidad. No es accidental que una semana después de que miles de mujeres tomaran la televisora del estado los ataques armados aumentaran; grupos parapoliciales armados secuestraron y agredieron a manifestantes por toda la ciudad de Oaxaca y en otras poblaciones.

Durante los primeros embates armados contra el movimiento sucedió algo muy sorprendente. Policías vestidos de civil llegaron a las manifestaciones y dispararon al aire para asustar a la gente. Pero no funcionó. En vez de salir corriendo, echarse al suelo o dispersarse frenéticos, los manifestantes pronto persiguieron y detuvieron a sus agresores. El 31 de julio de 2006, miembros de la APPO capturaron a Isaías Pérez Hernández, un policía estatal que disparó una pistola en una manifestación, y luego lo entregaron —ileso— a la policía federal. Yo hablé con Pérez durante su detención. Admitió que era policía del estado, ex militar, pero insistía en que él no le había disparado a la APPO; de hecho, me dijo que no sabía ni disparar con pistola, que después de años en el ejército y la policía nadie lo había entrenado para tirar con arma corta. Mentía. Un examen de balística llevado a cabo allí mismo por la procuraduría federal detectó que tenía pólvora en la mano, con lo que se demostró que Pérez había disparado una pistola en las últimas horas.

Dos agentes de la AFI respondieron a la llamada que hizo la APPO reportando que habían capturado a Isaías Pérez Hernández cuando les estaba disparando. Miembros de la APPO lo habían llevado a la escuela de derecho del estado, a dos cuadras del zócalo ocupado. Afuera había tal multitud que era casi imposible acercarse a cinco metros de la puerta. Cuando llegaron los agentes de la AFI —tipos altos y fornidos, con trajes negros almidonados y gruesos lentes oscuros— se quedaron parados a un lado de la multitud y tuvieron que esperar a que los organizadores de la APPO hicieran un llamado a la gente para que les abriera el paso hasta la puerta. Cuando entraron, los agentes de inmediato revisaron a Pérez buscando señales de maltrato, golpes o tortura; le alzaron la camisa, le revisaron los ojos y la cabeza. No tenía ninguna herida ni marca. Le preguntaron si lo habían golpeado y él dijo que no. Los agentes lo llevaron a otro cuarto para interrogarlo. Al poco tiempo llegó un equipo federal de forenses para llevar a cabo un examen de balística que probó que Pérez había disparado una pistola en las últimas horas.

Los agentes federales en ningún momento interrogaron, cuestionaron ni acusaron a la APPO de nada. Era como si reconocieran a la Asamblea como una fuerza beligerante independiente y aceptaran por tanto su legítimo control del territorio. Y, desde luego, los miembros de la APPO tenían razón: habían detenido a un hombre que había sacado una pistola y había disparado al aire para intimidar una marcha pacífica; lo habían detenido sin lastimarlo; convocaron a miembros de la prensa para que estuvieran presentes en todo momento durante su detención, y llamaron a la policía federal para que se hiciera cargo de él. Lo que sorprende aquí es que la policía federal aceptara la llamada de la APPO e interactuara con la organización como si fuera una especie de fuerza rebelde legítima. Pero en realidad los agentes federales no tenían opción: la APPO en efecto controlaba el centro de la ciudad de Oaxaca.

El 8 de agosto de 2006, dos estudiantes incendiaron un autobús cerca de la universidad para crear una distracción; luego entraron corriendo a la estación de radio y le echaron ácido al transmisor. Estudiantes voluntarios atraparon y detuvieron a los saboteadores, que admitieron que les habían pagado 2 500 pesos por el trabajo. Radio Universidad salió del aire y la gente cambió su sintonía a Radio Cacerola. Al día siguiente, pistoleros irrumpieron en las oficinas del periódico *Noticias* disparando metralletas Uzi e hiriendo a seis empleados con los fragmentos de bala que rebotaron del techo y las paredes.

Luego, el 10 de agosto, hombres con pasamontañas y armados con rifles de asalto fueron por Germán Mendoza Nube, un conocido activista del FPR; lo levantaron de su silla de ruedas, lo golpearon en la calle y echaron su cuerpo a la caja de una pickup. Testigos fotografiaron el secuestro, y horas después las mujeres del

Canal 9 mostraron las fotografías y entrevistaron a los testigos al aire. Mendoza Nube apareció varios días después, en un penal federal cerca de la Ciudad de México, lo cual implica, por supuesto, que las autoridades federales estuvieron involucradas en su desaparición. Ese mismo día, pistoleros emboscaron a miembros de la APPO que se dirigían a una junta regional de la Asamblea en la región indígena triqui del noroeste de Oaxaca; mataron a tres personas: Andrés Santiago Cruz, Pedro Martínez y Pablo Martínez.

Al día siguiente, miles de manifestantes de la APPO y maestros marcharon para exigir la liberación de Mendoza Nube —a quien aún tenían incomunicado—. Pistoleros dispararon contra la multitud desde el primer piso de una casa; le dieron en el corazón a José Jiménez Colmenares, quien iba acompañando a su esposa, una maestra y miembro de la Sección 22. Al día siguiente, el 11 de agosto de 2006, la policía golpeó y desapareció a Erangelio Mendoza, activista de mucho tiempo del sindicato de maestros; apareció varios días después, a cientos de kilómetros, en un penal federal de máxima seguridad en la Ciudad de México.

Flavio Sosa, uno de los voceros de la APPO, convocó a una junta con Carlos Abascal, entonces secretario de Gobernación, para discutir posibles soluciones al conflicto en Oaxaca.

—Ulises Ruiz nos está llevando a una situación prácticamente de guerra civil, y nuestro movimiento es no violento —dijo en una conferencia de prensa en la plaza ocupada—. Nuestro movimiento es no violento. De hecho, es un movimiento contra la violencia, contra un sistema de violencia que nos excluye, contra la violencia de la brutalidad policiaca.

Mientras la policía estatal llevaba a cabo sus ataques relámpago contra la gente que protestaba, los turistas seguían tomando café y paseando por el centro de la ciudad ocupado por la APPO, ajenos a los balazos a un par de kilómetros. El ambiente en el zócalo ocupado por los manifestantes era pacífico e incluso animado.

Luego, el 20 y 21 de agosto, policías uniformados y vestidos de civil recorrieron la ciudad en un convoy conformado por unas 40 pickups, disparando sus ametralladoras contra los manifestantes. La primera noche atacaron el equipo de transmisión —propiedad del estado— del Canal 9; hirieron a los que estaban acampando junto a las antenas y destruyeron el transmisor por completo con fuego de ametralladora y escopeta. El Canal 9 y Radio Cacerola salieron del aire. Pero antes de que amaneciera, miles de personas salieron a las calles y ocuparon todas las estaciones de radio comerciales de la ciudad de Oaxaca, 12 en total. Tomaron las estaciones de radio sin armas, sin puñetazos y sin empujar a nadie.

—La puerta estaba abierta, no había nadie de vigilancia. Llegamos y les informamos que íbamos a tomar control de la estación pacíficamente —dijo la profesora Carmen.

Esa noche regresó la policía; esta vez atacó las estaciones de radio. Dispararon contra los manifestantes, los reporteros y la gente que caminaba por la calle. Mataron a Lorenzo San Pablo Cervantes, un arquitecto que acababa de salir de su casa para ir de voluntario a la estación de radio controlada por la APPO en su colonia. Las dos televisoras nacionales filmaron a los escuadrones de la muerte y mostraron las tomas. Los camarógrafos de la agencia de noticias Reuters también los filmaron. Luis Alberto Cruz, un fotógrafo de *Milenio,* tomó fotos de los hombres que iban en la caja de una de las camionetas, vestidos de negro, con chalecos antibalas y pasamontañas, disparando sus ametralladoras. Momentos después, los hombres le dispararon a Cruz, que logró cubrirse tras un poste de luz. Oyó cómo se partía y astillaba la madera con los balazos.

En respuesta, miles de personas construyeron barricadas por toda la ciudad para bloquear a los escuadrones. Sin embargo, en los días siguientes las televisoras nacionales sólo hablaron de los vándalos radicales y violentos de la APPO. Los medios filmaron y fotografiaron a la policía atacando y matando gente en la calle, pero de algún modo, en los medios masivos, los que construyeron las barricadas en la calle para detener a los escuadrones de la muerte se volvieron los violentos.

Durante semanas y semanas, yo caminé por esas calles todas las noches. Los hombres y las mujeres que atendían las barricadas me ofrecieron café y pan. Se ofrecieron a acompañarme para que no caminara solo. Me mostraron el altar de la Virgen de Guadalupe que habían puesto sobre los costales de arena de su barricada. Me contaron sus historias. Una maestra zapoteca de 60 años que tiene que caminar cuatro horas para llegar a su escuela. Un estudiante universitario de 20 años que acaba de regresar de trabajar en la construcción en Michigan para pagarse sus estudios. Un maestro de kínder de 67 años que no aceptó su jubilación para poder seguir en el sindicato y poder participar en la huelga. Familias por toda la ciudad iban de barricada en barricada ofreciendo café y chocolate caliente a los que se quedaban toda la noche de guardia. Una niña de ocho años que me ofreció una taza de café mientras entrevistaba a seis mujeres en una barricada me preguntó, preocupada, a las 2:30 a.m.:

—¿No estás cansado?

—Tengo que caminar seis horas para llegar a mi escuela —dijo Estela, una mujer mixteca que llevaba 30 años dando clases en comunidades de la sierra; se había quedado despierta toda la noche en una barricada cerca de una estación de radio ocupada por la APPO—. Y luego, cuando llego, me encuentro con que la mitad de los niños no ha desayunado y la otra mitad no tiene lápiz ni cuaderno. Uso mi salario para comprarles los útiles, para prepararles pan y tortillas. ¿Cómo esperan que los niños aprendan si no han desayunado?

De muchas maneras, las barricadas de la APPO eran la expresión más elocuente del compromiso del movimiento con una lucha pacífica.

—¿Quieren que la gente se levante en armas? ¿Quieren armarse ellos? ¿Se acuerdan de cómo empezó la Revolución mexicana? —preguntó Antonio, uno de los voceros de la APPO, un día después de que la policía matara a Cervantes—. Otra vez, hacemos un llamado a la lucha pacífica. Vamos a responder con organización, con barricadas, con guardias nocturnas. No somos una guerrilla urbana; están tratando de provocarnos.

Imagínate: escuadrones de la muerte recorren tu colonia y matan a tu vecino. No te escondes. No te vas de la ciudad. No tomas una pistola y devuelves el fuego. Te juntas con tus vecinos, hacen barricadas como pueden y en la noche montan guardia; preparan café y tortas para compartir; hablan de lo que están viviendo y de lo que creen que debería hacerse. Y luego dicen que eres violento.

Así como los medios ocupados por el movimiento se convirtieron en espacios de participación política sin jerarquías, donde la gente de Oaxaca hablaba entre sí, de la misma manera las barricadas se volvieron un espacio horizontal fragmentado de acción política directa, donde las personas de Oaxaca se encontraron unas a otras y, nuevamente, hablaron entre sí. A todo esto, lo de las guardias era una acción de alto riesgo: dos personas fueron abatidas a tiros en las barricadas. Con excepción de un puñado de barricadas a cargo sobre todo de gente joven, la mayoría fueron levantadas y mantenidas por la gente que vivía en esa misma calle, junto con maestros de todo el estado, divididos entre las diferentes partes de la ciudad. Las guardias nocturnas se convirtieron en un lugar de conversación, reflexión y análisis, en un lugar para compartir experiencias y deseos, para organizar la rebelión y la toma de conciencia sin imposiciones de ningún líder.

La APPO nunca llamó a usar la violencia. Usaron, sin embargo, la *amenaza* de violencia para forzar acciones. Las "brigadas móviles", por ejemplo, consistían en multitudes de hombres y mujeres que llevaban palos, tubos y amenazantes garrotes con clavos atravesados; ordenaban a la gente que se bajara de los autobuses que planeaban tomar, o que saliera de las oficinas de gobierno que se proponían rodear o cerrar simbólicamente. En una ocasión, un oficinista le gritó a la prensa al salir de una dependencia de gobierno:

—¿Y esto no es violencia? ¡Nos están sacando a la fuerza! ¡Miren los palos y los tubos que traen! ¿Eso no son amenazas?

Y si bien las amenazas de la APPO eran intimidantes, los manifestantes nunca las cumplieron. Por ejemplo, en la toma de un autobús por parte de una brigada móvil, una señora se negó a bajarse del camión, gritándoles a los enmascarados con palos que no tenían derecho a impedir su libre tránsito. Los hombres insistieron, pero la señora no estaba para cuentos. Después de unos cuantos segundos de gritos, los jóvenes se echaron para atrás, se bajaron del autobús y lo dejaron pasar. Luego pararon al siguiente y lo volvieron a intentar, esta vez con éxito.

La ofensiva de desobediencia civil y los constantes preparativos de autodefensa expusieron al movimiento a muchos peligros, como agitadores infiltrados para provocar enfrentamientos violentos, irrupciones de violencia callejera y estallidos de ira contenida. La APPO constantemente lanzó advertencias sobre los agitadores, y las multitudes a menudo pidieron a gritos —muchas veces innecesariamente— que sacaran a cualquier sospechoso de ser un agitador. El riesgo de que estallaran la rabia y la violencia callejera era especialmente elevado en las relaciones entre los manifestantes y la prensa. Los miembros de la APPO se sentían heridos y traicionados por la prensa local y nacional, a la que acusaban de sólo transmitir la versión del gobierno de los hechos, y sobre todo la descripción oficial de la Asamblea como un movimiento violento de guerrilla urbana. (La prensa internacional prácticamente ignoró a la APPO hasta las matanzas de octubre.) Grupos de manifestantes les gritaban a los reporteros: "¡Digan la verdad!" Se acercaban a los periodistas y exigían ver sus credenciales. Los corresponsales de Televisa y TV Azteca eran sacados de los eventos de protesta por turbas que gritaban chistes, insultos y amenazas.

En una ocasión, un reportero local fue hospitalizado y necesitó puntadas después de ser golpeado por manifestantes que creyeron que era policía. Miembros de la misma multitud fueron quienes contuvieron a los atacantes y ayudaron al reportero a llegar al hospital, y unas horas después el comité directivo provisional de la APPO sostuvo una conferencia de prensa disculpándose por la golpiza y llamando a todos los miembros de la Asamblea a respetar a los reporteros, aun cuando sus patrones y directores fueran hostiles con el movimiento.

Y si bien las disculpas y el llamado a cambiar de actitud no los eximen de la responsabilidad de la golpiza, demuestran el compromiso de los manifestantes para evitar la violencia callejera disfrazada de autodefensa, sin abandonar nunca su derecho ni su disposición a defenderse. Que el comité directivo provisional reconociera tan rápida e inequívocamente su error —tanto haber golpeado al periodista como haber permitido que se fermentara semejante clima de hostilidad contra los reporteros— muestra una disposición a la autocrítica de la que el estado carece por completo (dos años después, ningún funcionario se ha disculpado por los asesinatos cometidos por los escuadrones de la muerte del gobierno).

La de la APPO es una estrategia rara y poco vista; llamémosla una *ofensiva* de desobediencia civil. No emplearon las tácticas tradicionales de la guerrilla latinoamericana ni adoptaron la no violencia filosófica. Estaban —incómoda e innovadoramente— en medio de las dos.

Las barricadas se convirtieron en la forma de protesta más descentralizada y horizontal en los seis meses de conflicto. Miles de personas de muy distintos orígenes las construyeron en sus colonias. De improviso, las barricadas se volvieron centros culturales, círculos de debate y clubes sociales. Hasta inspiraron un éxito clandestino, *El son de la barricada,* compuesto en el estilo tradicional del son jarocho.

Cuando los escuadrones de la muerte salieron en los noticieros de la televisión, el gobierno federal llamó a los maestros y a la APPO a pláticas de conciliación en la Ciudad de México. Al mismo tiempo, Ulises Ruiz amenazó con reconocer a López Obrador como presidente legítimo de México y denunciar un fraude electoral en las elecciones del 2 de julio. Su amenaza: si el gobernador de Oaxaca cae, el presidente electo Felipe Calderón lo sigue. A diario corrían rumores de que Vicente Fox iba a mandar al ejército o la policía federal a Oaxaca. Todas las noches de septiembre y octubre el rumor era el mismo: vienen hoy en la noche.[5] Nadie durmió.

El 21 de septiembre de 2006, miembros del sindicato de maestros y de la APPO emprendieron una marcha a la Ciudad de México para montar un campamento de protesta. Los 4 000 manifestantes caminaron más de 500 kilómetros atravesando cuatro estados, y el 9 de octubre de 2006 llegaron a la Ciudad de México, donde hicieron un plantón afuera del Senado. El 16 de octubre, 21 manifestantes de la Asamblea iniciaron una huelga de hambre para exigir la salida de Ruiz.

—Esto es un ejemplo de gente que ha llegado al límite de su paciencia después de décadas de abandono —dijo César Mateos, uno de los principales organizadores de la marcha—. El movimiento en Oaxaca busca cambios estructurales profundos, y el primer paso de estos cambios es la salida de Ulises. Pero queremos lograr estos cambios por medio de un movimiento pacífico, que es por lo que hicimos esta marcha. Ésta es la verdadera cara de la APPO.

La marcha arrancó con más de 4 000 personas; se redujo a unas 1 000 en los últimos días, pero luego creció por lo menos a 10 000, cuando entró a la Ciudad de México. Los manifestantes de la APPO caminaron un promedio de ocho horas diarias, bajo los aguaceros y el calor abrasador.

Juan Pérez, hombre delgado de 25 años, maestro de Jocotepec, Oaxaca, caminó 19 días seguidos. Traía huaraches de cuero, jeans, un sombrero de paja tejido a mano y una camiseta con la leyenda: "APPO: un sueño en construcción", pintada al frente en letras anaranjadas.

—Ninguna revolución va a venir desde un escritorio —dijo cuando salieron de Nezahualcóyotl para recorrer los últimos 13 kilómetros de marcha—. Para el gobierno, las voces de la gente no cuentan, y por eso tenemos que salir a las calles, para hacer algo con la impotencia que sentimos.

El Senado finalmente aceptó mandar una comisión a investigar la situación de la "gobernabilidad" en Oaxaca. El 11 de octubre de 2006, un día antes del arribo de los senadores, policías vestidos de civil dispararon contra una "brigada móvil" de la APPO; hirieron a cuatro personas. Cuando los senadores llegaron, se reunieron con Ulises Ruiz y su gabinete en un hangar custodiado del aeropuerto. Ruiz entregó cajas de documentos para probar que su gobierno había seguido trabajando "normal", sin que el conflicto lo afectara en lo más mínimo.

—Todo está documentado —dijo—. Ninguna dependencia estatal ha dejado de trabajar.

La APPO, a su vez, entregó una caja con casquillos de bala, granadas de gas detonadas, toletes rotos y fotografías de los escuadrones de la muerte, de la policía golpeando gente en la calle, de personas torturadas con el rostro deshecho: eso, dijeron, eran pruebas de "ingobernabilidad".

Mientras los senadores, de vuelta en la Ciudad de México, deliberaban, el 14 de octubre de 2006 pistoleros vestidos de civil mataron a tiros a Alejandro García Hernández. Eran las 2:30 a.m. y el señor García, con su esposa y su hijo, llevaba café caliente a los voluntarios de una barricada próxima a su casa, cuando dos hombres abrieron fuego.

—Mi papá estaba sangrando de la cabeza. Lo abracé y siguieron disparando, pero ahora contra mí —contó el hijo de García, Johnatan Halil, a un reportero de *La Jornada*—. Un compañero [Joaquín Benítez] se atravesó para protegerme. Por eso le dispararon en el hombro.

Los senadores seguían deliberando.

El 18 de octubre a las 9:00 p.m., pistoleros a bordo de un Jetta azul sin placas se aproximaron a Pánfilo Hernández, maestro indígena y miembro de la APPO, y le dispararon a quemarropa; recibió tres tiros en el estómago. Murió una hora después.

Esa noche, en una pantalla de televisión en el zócalo, un presentador de noticias informó que el Senado había votado en contra de declarar la "desaparición de poderes". Oaxaca aún era "gobernable". Ulises Ruiz se quedaba.

Hacia finales de octubre, los maestros llevaban cinco meses en huelga, sin sueldo, durmiendo en cajas de cartón debajo de lonas. Juntos, los maestros y la APPO llevaban cuatro meses controlando la ciudad. Policías vestidos de civil habían matado a 11 personas, secuestrado a cuatro, y golpeado, torturado y herido a decenas. Miles de personas por toda la ciudad llevaban dos meses levantando barricadas nocturnas y montando guardia hasta el amanecer. La tensión, el miedo y el agotamiento eran palpables. Muchos maestros querían terminar la huelga y regresar a la escuela. Y otros tantos sentían que debían seguir presionando.

—No es tan fácil, después de cinco meses y tantos asesinatos, nomás decir: "Bueno, ahí muere" —me dijo un maestro la noche que mataron a Pánfilo Hernández.

Tanto los dueños de los negocios como los trabajadores del sector turístico —restaurantes, cafés, hoteles, tiendas de artesanías, librerías— estaban al borde del colapso económico. El turismo casi había desaparecido en junio, julio y principios de agosto. Pero en septiembre, después de que los escuadrones de la muerte recorrieron la ciudad dos noches seguidas y mataron a Lorenzo San Pablo Cervantes, ese escaso pero constante turismo se esfumó. Aun así, los dueños de negocios con los que hablé reconocían las demandas sociales legítimas de la APPO y culpaban al gobierno tanto como a los manifestantes de su inminente ruina.

—Yo no estoy a favor de un lado ni del otro —dijo Gerardo Vázquez, ingeniero, dueño de la constructora Los Cocos—, pero, lamentablemente, en algunas de las cosas que hacen [los miembros de la APPO] tienen razón. Pero el gobierno no les presta la menor atención.

Yo conocí a Vázquez en la calle, cuando éste salía de su oficina para pedirle a la brigada móvil de la APPO que no pintara su parte de la pared y la banqueta, diciendo que había gastado más de 40 000 pesos en limpiar las pintas y cambiar los vidrios rotos de su propiedad, y que su negocio, aun tras despedir a más de 100 empleados, estaba al borde de la quiebra.

—Yo no tengo nada que ver con el gobierno —les dijo Vázquez—. Vayan a pintar las casas de los funcionarios; ésos nos han robado a todos. Váyanse a pintar allá, adonde van a parar todos nuestros impuestos.

Henry Wangeman ha vivido en Oaxaca más de 30 años. Es dueño de Libros Amate, una librería de obras en inglés sorprendentemente buena, enfrente de la famosa Catedral de Santo Domingo. Libros Amate tiene una selección de libros en inglés sobre México y América Latina más completa que la mayoría de las buenas librerías de los Estados Unidos. En los seis meses del conflicto, Wangeman vendió lo que antes vendía en un solo mes. Mandó mucho de su inventario a Mérida, Yucatán, para abrir una librería nueva y ver si allá lograba vender. Pero, no obstante el impacto muy negativo de la APPO sobre su negocio y sus ingresos personales —y su condena a los miembros más violentos—, apoyaba los objetivos generales de la Asamblea.

—Cuando sales a las marchas, puedes ver que no son sólo unos cuantos grupos políticos, sino que de veras está allí la gente —dijo Wangeman—, y que salió a mover sus ideas, a cambiar su sociedad. Me encanta ver las marchas porque sale toda la familia, los jóvenes y los viejos. Y no he visto una sola marcha bien reportada en la prensa.

Tiempo después, cuando la represión estatal había roto la última de las barricadas, me dijo:

—Es una vergüenza que no hayan quitado a Ulises Ruiz. Con toda la gente que mataron, ¡y hasta los filmaron disparando! Y luego el estado trata de echarle la culpa a la gente de la APPO, a pesar de toda la evidencia.

El 19 de octubre, mientras los familiares y amigos de Pánfilo Hernández lamentaban su muerte, Enrique Rueda, entonces secretario general del sindicato de maestros de Oaxaca, apareció en televisión nacional desde la Ciudad de México para informarle al país que la huelga había terminado, que los maestros regresarían a clases en unos días. Rueda hizo esta declaración antes de que la asamblea estatal de la Sección 22 se hubiera juntado para votar. Cuando Rueda llegó a la sede sindical dos días después para la asamblea estatal, enormes guardaespaldas tuvieron que escoltarlo al interior del edificio. La gente le aventó comida y bebidas y corrió a rodearlo, gritando insultos. Una mujer que estaba comiendo una torta cuando él llegó lo miró asqueada, luego volteó a ver su torta a medio comer y se detuvo apenas un instante antes de arrojársela a la cabeza, con excelente puntería.

La asamblea de maestros duró unas 14 horas, en las cuales nadie podía entrar ni salir del edificio. Una multitud de varios cientos de personas esperó toda la noche los resultados del voto de los maestros, gritando consignas en las que denunciaba a Rueda como traidor y exhortando, rogando a los maestros que siguieran con la huelga. Grupos de jóvenes enmascarados se disponían a incendiar el edificio, pero fueron detenidos por activistas de una organización femenina recién formada por todas las mujeres que participaron en la toma del Canal 9.

Rueda y otros líderes sindicales trataron de hacer fraude en la elección, pero una abrumadora protesta los obligó a realizar un recuento de votos, uno por uno. El recuento daba la victoria a los huelguistas, derrotando el regreso a clases que Rueda había prometido que era "un hecho" en televisión nacional. Los guardaespaldas de Rueda disfrazaron a su jefe y lo sacaron del edificio a escondidas a la mañana siguiente.

El presidente Fox prometió "resolver la crisis de Oaxaca" antes de terminar su mandato, el 30 de noviembre. Pero la APPO no cedió. Convocó a una huelga general a nivel estatal y a un bloqueo de carreteras para el viernes 27 de octubre de 2006.

La cantidad de pruebas es abrumadora. Cientos de testigos. Decenas de fotografías. Horas en video. El 27 de octubre de 2006, policías y funcionarios locales vestidos de civil atacaron las barricadas de la APPO en 15 lugares distintos de la ciudad de Oaxaca, matando a tres personas e hiriendo a docenas más. En una barricada de Santa Lucía del Camino, un barrio de clase obrera de la ciudad, policías y funcionarios mataron a tiros al reportero neoyorquino Brad Will, de Indymedia.

Yo conocí a Brad en enero de 2006, cuando cubría el lanzamiento de la Otra Campaña de los zapatistas. Luego lo volví a ver 10 meses después, a principios de octubre, en el zócalo. Nos sentamos a tomar un café y hablamos de lo que estaba pasando. Invité a Brad a acompañarme a caminar por las barricadas en la noche, pero sabiamente me dijo:

—No, gracias; quiero hacerme una idea de cómo está todo antes de salir a caminar en las noches. Digo, aquí las cosas están bastante serias, ¡están matando gente!

Los policías y funcionarios locales de Santa Lucía primero dispararon contra la barricada de la APPO en la calle Calicanto. La Asamblea pidió ayuda y Radio Universidad —otra vez al aire con un nuevo transmisor— difundió el llamado; más de 1 000 personas salieron a las calles y empezaron a repeler a los atacantes, lanzándoles piedras y botellas. Los pistoleros retrocedieron y se alejaron como una cuadra, y los miembros de la APPO los persiguieron por la angosta calle Juárez. Allí, por primera vez en todo el conflicto, los partidarios de la Asamblea sacaron armas, sobre todo pistolas de bajo calibre, y devolvieron el fuego.

Brad Will estaba ligeramente agachado, sosteniendo su cámara de video con las dos manos, filmando, listo para moverse, cuando dos balas lo hirieron en el pecho y en el costado derecho. La primera bala le atravesó la aorta. *El Universal,* diario de circulación nacional, publicó una foto de Brad momentos antes de que le dispararan. Está mirando al frente y hay un fotógrafo agazapado a su lado. *El Universal* también publicó fotos de los policías y funcionarios disparando con pistolas y rifles contra los manifestantes de la APPO que protegían las barricadas de Santa Lucía momentos antes de que cayera Brad.

Estos pistoleros fueron identificados en la primera plana de *El Universal* el 28 de octubre de 2006: Juan Carlos Soriano Velasco, un policía de camiseta roja y jeans que dispara una ametralladora; Manuel Aguilar, jefe policiaco, de pantalones grises y chamarra negra, que dispara una pistola, y Abel Santiago Zárate, regidor, de camisa roja, que camina enérgico, pistola en mano. Esta fotografía luego se publicó en el *New York Times*. La procuraduría de Oaxaca dijo que estos hombres habían sido arrestados. Unos días después, Diego Osorno, de *Milenio*, informó que los hombres no se encontraban en ningún penal de Oaxaca. Al otro día, el procurador aclaró: "Está bien, ahora sí ya los arrestamos", pero una semana después los liberaron por "falta de pruebas".

El 28 de octubre de 2006, el presidente Fox envió a más de 4000 policías federales militarizados a "reestablecer el orden" en Oaxaca. Los aviones, helicópteros y tanquetas antimotines empezaron a llegar esa tarde.

El 29 de octubre de 2006, por la mañana, la Policía Federal Preventiva (PFP) se preparaba para marchar a Oaxaca desde dos puntos: el aeropuerto y la carretera que viene de la Ciudad de México. Tenían que llegar a pie, pues decenas de miles de personas se levantaron al amanecer a poner barricadas por toda la ciudad. Había barricadas casi en cada esquina. Cuando la policía se disponía a marchar, multitudes de hombres, mujeres y niños, familias enteras, formaron vallas frente a ellos. Ofrecieron flores a los policías, ondearon banderas de México, imágenes de la Virgen de Guadalupe; se acercaron a hablar con cada oficial para pedirle que no reprimiera. La policía traía escudos antimotines, toletes, lanzagranadas de gas lacrimógeno y armas automáticas. Los helicópteros aterrizaban y despegaban. Las tanquetas antimotines hacían ruido con el acelerador. Después de casi cuatro horas de estar parados cara a cara, la policía empezó a avanzar, disparando cañones de agua y aerosol de pimienta contra la multitud. Por un momento, la gente empujó los escudos policiacos y la lámina de las tanquetas, y luego se dio la vuelta, corrió unos cuantos metros y empezó a caminar enfrente de la policía.

Hacia el anochecer, la policía federal ocupaba el zócalo. Derribaron las tiendas de campaña improvisadas, destruyeron las efigies tamaño real de Ulises Ruiz en papel maché disparando gas lacrimógeno desde un helicóptero. Mataron a tres personas —Alberto López Bernal, Fidel Sánchez García y Roberto Hernández López— y detuvieron a 30.

"Tras enfrentamientos callejeros llenos de humo, llega tranquilamente a su fin una crisis política que dejó por lo menos nueve muertos y puso a prueba al presidente Vicente Fox", informaba *Los Angeles Times* el 30 de octubre de 2006.

Pero la crisis no había llegado a su fin, y mucho menos tranquilamente. Ese mismo día, la APPO volvió a las calles. La policía había cercado el zócalo con alambre de púas y custodiaba todas las entradas con cientos de elementos y tanquetas. Unas 10 000 personas marcharon al centro de la ciudad, pasaron por el zócalo y caminaron unas cuantas cuadras más hasta la Catedral de Santo Domingo, donde hicieron un nuevo plantón. Ese mismo día el Senado aprobó una resolución no obligatoria que pedía a Ulises Ruiz su renuncia. Ruiz presentó una queja ante la Suprema Corte, alegando que la resolución del Senado era ilegal.

El 31 de octubre y el 1º de noviembre, la APPO puso los tradicionales altares de muertos y tapetes de arena dedicados a las 17 personas asesinadas por la policía desde agosto.

—Nuestro movimiento es pacífico —declaró Flavio Sosa, vocero de la APPO—. Nuestras armas mortales contra la PFP son flores y tapetes de arena para honrar a nuestros muertos.

(Un mes después, Flavio Sosa sería "levantado" en la Ciudad de México por la policía federal y encarcelado en un penal de máxima seguridad durante año y medio.)

A las 8:00 a.m. del 2 de noviembre de 2006, la policía llegó a quitar la última barricada de la ciudad de Oaxaca. Después de retirar los escombros y los autobuses usados para bloquear el importante cruce de Cinco Señores, varios cientos de granaderos y fuerzas especiales de la PFP se apostaron a lo largo de la avenida Universidad, a ambos lados de la Universidad Autónoma Benito Juárez. Eran dos cuerpos policiales armados con metralletas, granadas de gas lacrimógeno, escudos antimotines y toletes, listos para avanzar, con helicópteros militares sobrevolando y las tanquetas antimotines a sus espaldas. Sólo quedó el cascarón quemado de un viejo autobús, atravesado en avenida Universidad en medio de las dos filas de policías.

Dentro del campus universitario bardeado, los estudiantes estaban muy atareados —llenaban viejos cascos de refresco con gasolina y estopa, improvisaban máscaras antigás con cáscaras de naranja y vinagre y juntaban piedras del tamaño de un puño en carritos de supermercado—, preparándose para defender la universidad contra la policía federal. El comandante de las fuerzas federales, que no quiso dar su nombre, dijo que no tenían ninguna intención de invadir el campus universitario, donde se encontraba la estación de radio ocupada que los manifestantes de la APPO habían usado durante meses para coordinar su levantamiento de desobediencia civil contra el gobernador Ulises Ruiz Ortiz.

—Están en su casa —dijo el comandante—, y no vinimos a correrlos.

Los estudiantes no lo veían así.

Al poco tiempo, los habitantes de las colonias vecinas salieron a las calles y se pararon enfrente de las filas de granaderos para decirles, rogarles y gritarles que no avanzaran, que no atacaran la universidad. La multitud creció. Hacia las 10:00 a.m., los estudiantes empezaron a saltar la pared del campus para unirse, llevando coches chatarra, llantas viejas y postes de teléfono caídos para hacer una nueva barricada a tres metros de la policía federal. Le prendieron fuego. Los estudiantes le gritaron a la policía, agitando en el aire sus palos, piedras, resorteras y bombas molotov.

Luego uno de los helicópteros que sobrevolaba empezó a disparar granadas de gas lacrimógeno al interior del campus, y los estudiantes desataron una lluvia torrencial de pedradas y botellazos. Al poniente, un juego matutino de futbol se congeló a media jugada antes de que ambos equipos y árbitros corrieran a buscar piedras para unirse a la defensa.

Berta, una doctora de 58 años y profesora de medicina, había participado en el movimiento de la APPO desde el 14 de junio como voluntaria para ofrecer asistencia médica de emergencia a los heridos en la calle. En octubre había empezado a ayudar en Radio Universidad y por casualidad estaba al aire cuando la policía comenzó a disparar gas lacrimógeno dentro del campus. Su voz ronca, tranquila, sería difundida por todo Oaxaca y, gracias a internet, por todo el mundo, mientras la batalla se libraba ferozmente en la calle.

—Nos están atacando, ahorita, en este mismo momento —dijo al aire—. Ahora es el momento de salir a defender la universidad, a defender la radio.

Por toda la avenida, hombres y mujeres llevaban carritos de supermercado llenos de piedras hasta la primera línea. Les gritaban a los que venían de las calles vecinas que trajeran más piedras. Una mujer mayor avanzó entre las nubes de gas lacrimógeno ofreciendo a los estudiantes agua que había bendecido un padre de por ahí.

Los manifestantes repelieron a la policía, pero esto sólo dio paso a un ataque coordinado entre las tanquetas antimotines y los helicópteros, que desde el aire arrojaban granadas de gas lacrimógeno a los manifestantes.

Dentro de la universidad, brigadas improvisadas de primeros auxilios se apresuraban a llevar Coca-Cola con vinagre, su remedio para la quemadura inmediata de gas lacrimógeno, a los manifestantes de afuera. Los locutores de la estación de radio ocupada pidieron a los simpatizantes que salieran a las calles y llevaran comida, agua y Coca-Cola a la universidad.

La batalla en Eduardo Mata y en calles cercanas se convirtió en un caos. Las tanquetas entraron para dispersar a la multitud; tres helicópteros militares sobrevolaban disparando granadas químicas a la gente en la calle. Los manifestantes atacaban a la policía y a las tanquetas con tupidas lluvias de piedras, y luego corrían a cubrirse y enjuagarse el ardor de la cara con Coca-Cola.

—En esta lucha estoy dispuesta a dar la vida —dijo Olivia, una estudiante universitaria de 23 años que de inmediato puso manos a la obra haciendo máscaras antigás improvisadas con botellas de plástico y gasa empapada de vinagre—, para que mis hijos no tengan que vivir de rodillas.

Miles de personas de las colonias vecinas salieron a las calles y se unieron a la pelea: piedras, palos y bombas molotov contra tanquetas antimotines, gas lacrimógeno y granaderos federales. A las 3:00 a.m. la policía se retiró y regresó al zócalo, dejando la universidad en manos de la APPO. Unas 20 000 personas llenaron las calles y empezaron a reconstruir las barricadas derribadas esa mañana. Más de 200 personas resultaron heridas en la pelea.

Después del 2 de noviembre de 2006, la doctora Berta empezó a recibir amenazas de muerte todos los días. Alguien le mandó una copia de la Biblia con todas las maldiciones subrayadas. (Se vio obligada a optar por la clandestinidad; se fue de voluntaria médica a otro país latinoamericano.)

—Estaba asustada, no soy estúpida; pensé que nos iban a agarrar, que nos iban a encontrar enfrente de los micrófonos —dijo la doctora Berta más tarde, afuera de la oficina de la estación de radio—. Cuando dicen: "No vamos a entrar a la universidad", una piensa, bueno, si dicen que no es que sí. No podemos abrir las calles alrededor de la universidad: nos disparan desde allá. Ellos son los que nos obligan a poner barricadas por toda la ciudad. ¿De veras crees que no quieren apagar la voz del pueblo?

Todo noviembre, la policía mantuvo su ocupación del zócalo y la APPO su campamento de protesta a unas cuantas cuadras. La Asamblea llevó a cabo varias marchas multitudinarias y un congreso de dos días con cientos de delegados de cada rincón del estado para formalizar su organización. Los escuadrones parapoliciales del estado empezaron a operar de nuevo, golpeando a miembros de la APPO en la calle y llevándolos a la cárcel.

René Trujillo Martínez, un hombre delgado de 25 años, abogado y locutor voluntario de la APPO, tiene el desagradable honor de haber sobrevivido a una desaparición. Trujillo fue secuestrado de su departamento por hombres armados vestidos de civil; lo golpearon brutalmente con una pistola, lo llevaron a una casa de seguridad y lo torturaron; luego lo tuvieron encerrado e incomunicado durante dos días mientras lo interrogaban autoridades federales; milagrosamente, lo liberaron bajo fianza.

El martes 7 de noviembre de 2006, como a las 2:15 p.m., Trujillo y dos amigos se bajaron de un taxi y empezaron a caminar por Santo Tomás, la callejuela angosta y empinada que lleva al cuarto que Trujillo renta. Vieron que los venía siguiendo un grupo de hombres y echaron a correr. Los hombres también pegaron la carrera y alcanzaron a Trujillo y sus amigos cuando estaban cerrando la puerta del garaje. Los hombres, por lo menos seis —tres grandes y tres de altura promedio, según declararon varios testigos—, irrumpieron en el garaje pistola en mano, disparando y golpeando a los tres jóvenes, a quienes obligaron a salir a la calle.

—No sé si lo estaban esperando o si lo venían siguiendo, pero entraron con pistolas y todo —dijo un testigo (todos los testigos hablaron bajo la condición de permanecer anónimos)—. Iban vestidos de civil. Entraron a golpearlo, lo sacaron con mucha violencia. Ni siquiera hablaron; fue pura violencia.

Trujillo y sus dos amigos, Mauricio Marmolejo y Benito Pereda Fernández, fueron sujetados y golpeados en la calle por dos hombres cada uno. Pero los atacantes iban sobre Trujillo, y fue él quien recibió la peor golpiza: después de pegarle repetidamente en la cara con el cañón de una pistola, su agresor le metió el arma en la boca mientras le estrellaba la cabeza contra la pared.

Días después, aún se veía la sangre de Trujillo en las piedras afuera de su casa.

Trujillo participó en la toma de Radio Universidad del 14 de junio y fue voluntario en la estación hasta que los saboteadores pagados le echaron ácido al transmisor y la estación salió del aire. Pero Trujillo se quedó por ahí, ayudando a mantener la barricada que protegía la radio universitaria. Luego empezó como locutor el 21 de octubre, cuando la radio volvió al aire con el transmisor reparado. Conducía el programa de 3:00 a 5:00 a.m., conocido como *Radio Barricada,* que informaba sobre los movimientos policiales en la ciudad y sobre las barricadas que necesitaban refuerzos.

Los pistoleros obligaron a Trujillo y sus amigos a subir a una pickup amarilla rentada que, según los testigos, llamaron por celular mientras los golpeaban. Los atacantes les taparon la cara con sus propias camisas y los obligaron a acostarse boca abajo en la caja de la camioneta, inmovilizándolos con una rodilla en la espalda.

Después de manejar aproximadamente 20 minutos, los pistoleros se detuvieron y pasaron a los tres hombres a una pickup blanca, donde les pusieron capuchas de nylon, y se los llevaron a una bodega —creen que cerca del aeropuerto—. En la bodega, los pistoleros los torturaron: según los tres hombres, que después fueron liberados, les clavaron agujas debajo de las uñas (las cicatrices todavía se veían tres días después), les dieron toques en los pies, les pegaron en la cabeza y los asfixiaron.

Les pidieron identificar a los militantes de la APPO, a la gente más activa en Radio Universidad y a los hombres que, unos días atrás, habían capturado a dos soldados y luego los habían liberado. Los pistoleros tenían acentos oaxaqueño, chilango y norteño.

Después de unas 10 horas de tortura, los pistoleros los hicieron posar con armas y les tomaron fotos y video. Luego los llevaron a las oficinas de la Procuraduría General de la República (PGR) en Oaxaca y los acusaron del delito federal de posesión de arma de fuego. En la PGR los tuvieron incomunicados, y de nuevo los interrogaron y aterrorizaron con amenazas contra su vida y su familia. A las 6:30 p.m. del jueves 9 de noviembre de 2006, fueron liberados bajo fianza. Trujillo tuvo que pagar 40 000 pesos por su libertad.

El caso de Trujillo es raro: lo liberaron en tan poco tiempo que las cicatrices de los golpes y las torturas seguían siendo visibles. Su testimonio también describe la cooperación entre autoridades estatales y federales para perpetrar desapariciones y tortura durante el conflicto de Oaxaca.

El 15 de noviembre de 2006, la procuradora general de justicia del estado, Lizbeth Caña, presentó la teoría de que la APPO mató a Brad Will y le disparó a quemarropa por grabar a sus miembros en video. Mostró a la prensa una detallada presentación en PowerPoint usando el audio de la propia cámara de Brad —tomado de internet—, en el que se oye una voz que dice: "¡Qué te dije, güey, que no estés tomando fotos!" Cuando la voz pronuncia la palabra "tomando" se oye un sonido metálico; Lizbeth Caña dijo que era el sonido de una pistola nueve milímetros cortando cartucho.

Esta teoría tiene muchas fallas:

Primera, según la autopsia, a Brad no le dispararon a quemarropa, como sostiene Caña.

Segunda, Brad estaba viendo al frente y grabando en el momento exacto en que le dispararon, y la bala entró en su pecho, de frente, con una trayectoria ligeramente descendente; los miembros de la APPO estaban parados a la izquierda de Brad, un poco atrás. En el encuadre de la cámara de Brad no hay ningún manifestante.

Tercera, la voz fuera de cámara dice explícitamente: "¡Qué te dije, güey, que no estés tomando fotos!" Brad no estaba "tomando fotos"; estaba grabando con una cámara de video profesional de alta definición (y los manifestantes de la APPO conocen la diferencia). Sin embargo, acuclillado a su izquierda se hallaba un fotógrafo de una agencia internacional, tomando fotos de los manifestantes que disparaban resorteras y lanzaban piedras.

Cuarta, hay decenas de testigos, tanto miembros de la APPO como reporteros de todo el país, y nadie vio que ningún manifestante le disparara a Brad. Todo lo contrario:

—Todos los disparos venían del otro lado de la calle. Todos los reporteros estábamos cubriendo la batalla desde ese ángulo, y justo antes de que le dispararan a Brad, le dieron a un fotógrafo en la pierna. Todos sabíamos que los balazos venían del otro lado —me contó Diego Osorno.

Quinta, la APPO en Santa Lucía conocía bien y apreciaba a Brad, quien llevaba semanas allí, grabando. Su afinidad con la Asamblea se evidencia en los minutos anteriores de su propio pietaje: corre con los de la APPO, ayudándolos a determinar de dónde provienen los disparos con el zoom de su cámara.

Sexta, Lizbeth Caña dijo que el segundo balazo de Brad se produjo casi media hora después que el primero, cuando los miembros de la APPO trataban de sortear las barricadas para llevar a Brad al hospital; el doctor que practicó la autopsia dijo que la segunda herida se produjo al mismo tiempo que la primera, probablemente cuando Brad aún iba cayendo por el impacto de la primera bala. Además, una fotografía de la primera plana de *Milenio* del 28 de octubre de 2006 muestra a varios manifestantes cargando a Brad hacia el coche en el que trataron de llevarlo al hospital: en la foto se ven claramente las dos heridas de bala. El 24 de marzo de 2007, *Excélsior* publicó una fotografía en la que otra vez aparece Brad antes de que lo lleven al hospital y otra vez se aprecian claramente las dos heridas de bala. Lizbeth Caña envió el caso al procurador federal, dejó su puesto y lanzó su campaña para el senado estatal.

Después de una marcha el 20 de noviembre de 2006, cuatro enmascarados lanzaron piedras a la policía y luego se fueron corriendo. La policía disparó gas lacrimógeno y la APPO respondió con más piedras. Después de unas horas de tensión, los voceros de la Asamblea dieron la orden —la primera y única que daría la APPO— de que la gente se retirara y evitara la confrontación directa. Pero cinco días después pasó exactamente lo mismo: hubo una marcha enorme, y esta vez la policía provocó a los manifestantes robándole una hielera con refrescos a un manifestante. La multitud joven y alborotada montó una fila de escudos improvisados y empezó a arrojar cohetes de agua y piedras a la policía. Ésta respondió con una descarga de gas lacrimógeno y canicas lanzadas con resorteras; empezó a avanzar cuadra por cuadra hasta que, varias horas después, empujó a los manifestantes hasta una avenida abierta donde había más tropas esperando.

Sin embargo, la noche del 25 de noviembre de 2006, una vez que la policía sacó a los manifestantes del centro de la ciudad, desató una ola de violencia que no se había visto en los seis meses que duró el conflicto: la policía golpeó a hombres, mujeres y niños hasta dejarlos inconscientes a media calle; disparó ráfagas de ametralladora a la gente que corría a cubrirse; pistola en mano, entró a los hospitales a lo largo de la noche, sacando a manifestantes heridos y amontonándolos en camionetas. Esa noche, la policía aprehendió a 203 personas —cuando mucho 30 de ellas habían arrojado cohetes de agua a los policías, mientras una multitud de varios cientos miraba desde lejos—, y dos días después mandó a 141 a un penal federal en Nayarit. Buena parte de los que pelearon contra la policía escaparon por calles laterales, incendiando autos y edificios en su huida. La mayoría de las 203 personas arrestadas fueron acusadas de daños por incendio —lo cual estaba pasando al mismo tiempo que los golpeaban en la calle—, pero en los siguientes meses les retiraron los cargos. La APPO acusó a los jóvenes que se enfrentaron con la policía de ser provocadores pagados.

En el hospital general Doctor Manuel Velasco Suárez, hombres armados entraron y salieron toda la noche, buscando miembros de la APPO heridos, según numerosos testigos. El doctor Felipe Gama, director del hospital, dijo que siete hombres armados con pistolas entraron al hospital a la fuerza, amenazando a enfermeras y empleados.

—Recorrieron los pasillos y se fueron —dijo.

Sin embargo, varios testigos afirmaron que los hombres armados que empezaron a revisar el hospital después de que la policía disparara contra los manifestantes en una calle cercana como a las 8:00 p.m., entraron por la fuerza a las salas a buscar pacientes. Los hombres amenazaron a los guardias del hospital a punta de pistola y —dicen los testigos— se llevaron a varias personas heridas entre las 9:00 p.m. y las 2:00 a.m. El doctor Gama aseguró que al hospital sólo habían ingresado tres adultos con heridas causadas en la confrontación entre la APPO y la policía federal, dos con herida de bala y uno con una herida de proyectil en el ojo. Los testigos que se hallaban en la sala de espera del hospital dijeron que habían llegado por lo menos 15 personas buscando atención médica por balazos y otras heridas resultantes del conflicto de esa noche, pero que a algunos los rechazaron. La lista del guardia nocturno del hospital incluye los nombres de 12 adultos ingresados a urgencias esa noche.

Después de la represión del 25 de noviembre de 2006, la APPO debió esperar dos semanas para poder salir nuevamente a las calles a protestar, esta vez exigiendo la libertad de la gente arrestada el 25 de noviembre. En esas dos semanas, la policía estatal de Oaxaca reapareció uniformada por primera vez desde el 14 de junio y emprendió una cacería de brujas contra activistas conocidos de la APPO, la mayoría de los cuales optaron por la clandestinidad y salieron sigilosamente de la ciudad en camionetas por un laberinto de caminos vecinales para evitar los retenes policiacos. En un caso particularmente absurdo, la policía estatal detuvo, desapareció y después arrestó oficialmente a un joven activista de derechos humanos de la Ciudad de México que acababa de llegar a Oaxaca ese día —por primera vez en su vida— para ayudar a los grupos de derechos humanos locales a documentar las desapariciones de activistas de la Asamblea. Alberto Cilia, estudiante universitario de 21 años y campeón de ajedrez, viajó a Oaxaca para ayudar a recabar información sobre los desaparecidos y en unas cuantas horas él mismo era un desaparecido. (Apareció dos días después en un penal estatal de Oaxaca y pronto salió bajo fianza.)

El 10 de diciembre de 2006, más de 10 000 miembros de la APPO volvieron a marchar por las calles de Oaxaca para exigir la salida de Ruiz, el fin de la represión contra el movimiento y la liberación inmediata de todos los presos políticos.

—La gente está empezando a ir más allá del miedo —dijo Fernando Soberanes, maestro indígena y miembro de la APPO que participó en el movimiento desde el primer día—. Estamos regresando a las calles.

—La lucha en Oaxaca es, en muchos sentidos, precursora de otras luchas que vendrán —dijo Luis Hernández Navarro, miembro del movimiento de maestros desde sus inicios y ahora editor de las páginas de opinión de *La Jornada*—. Oaxaca encierra las contradicciones esenciales de la sociedad mexicana y anticipa los conflictos que surgirán en otros estados.

El fraude electoral y el gobierno autoritario, aunados a la combinación de las protestas altamente organizadas de los maestros y la fallida redada del gobernador, llevaron a una crisis de gobernabilidad en la que los maestros eran la columna vertebral de la resistencia popular, me dijo Hernández Navarro.

—La lucha va a continuar; no va a desaparecer.

Un año después de que Ulises Ruiz ordenara a la policía estatal sacar a los maestros de su campamento al amanecer, la APPO encabezó una marcha de varios cientos de miles de personas que seguían exigiendo justicia. Y si bien todos los prisioneros del movimiento —menos tres— habían sido liberados de la cárcel, ni un solo miembro de las policías estatales y federales había sido acusado de los 17 asesinatos y cientos de casos de tortura y detenciones ilegales. El gobierno ignoró tanto las causas de raíz del conflicto —los niños de primaria sin zapatos y la violencia policiaca ilegítima— como el impacto social de criminalizar el desacuerdo. La impunidad reina junto con Ulises Ruiz. El gobernador es la personificación casi caricaturesca de la violencia de la autoridad disfrazada de "Estado de derecho". Hace fraude electoral, lava dinero del Estado mediante obras públicas desastrosas, ataca a los periódicos críticos y organiza escuadrones de la muerte con asesinos convictos y policías en servicio que se ponen los pasamontañas y recorren la ciudad ocupada por manifestantes, disparando a la gente en la calle y matándola[6] —y Ulises Ruiz no es ninguna aberración—. Durante todo el conflicto en 2006 y desde entonces, el gobierno federal no ha hecho nada por investigar y castigar sus actos de violencia criminal; más bien, lo han protegido a cada paso.

El levantamiento en Oaxaca, con todas sus idiosincrasias y peculiaridades, dice esto: "La historia sigue viva, y esta historia continúa; tenemos más ideas y las haremos avanzar". El movimiento que la APPO representa no es una creación de la izquierda mexicana, como típicamente se concibe, ni de ninguno de los partidos políticos. Más bien es una expresión de la insistencia de los pueblos de Oaxaca en buscar justicia, de su voluntad de defender su dignidad a pesar de la violencia brutal del estado. Asombrosamente, la Asamblea unió a casi todos los grupos de oposición de Oaxaca. Pero hasta ese logro sin precedentes palidece ante la singular genialidad de la APPO: abrió un espacio social para gente que siempre había estado excluida de los mecanismos cotidianos de la política.

El movimiento que originó el levantamiento en Oaxaca reafirma que la resistencia y la rebelión no sólo consisten en articular demandas reales y movilizar a miles para presionar por el cumplimiento de esas demandas; no son sólo aventar piedras a los granaderos y cuidar montones de llantas ardiendo en las barricadas. Rebelión también es hacer café y llevarlo a los fatigados cuidadores de las barricadas, o juntar piedras en carritos de supermercado y acarrearlas hasta la primera línea. Resistencia también es tomar fotografías de las movilizaciones, escuchar las estaciones de radio ocupadas por el movimiento, crear arte de esténcil de protesta y pintar los muros de la ciudad, tener juntas vecinales, escribir nuevas canciones de protesta, contar historias de resistencia y rebelión, conectar con otros. Hay muchos campos de batalla inadvertidos que nunca llegan a las fotos de la primera plana ni al noticiero matutino.

Otro aspecto de la genialidad del movimiento de Oaxaca es la apertura ilimitada de espacios de resistencia en igualdad de condiciones: todos son miembros, tiran piedras y hacen café por igual.

La gente que participa en la APPO rara vez habla en primera persona del singular cuando se le pregunta por sus motivaciones o sus esperanzas: casi siempre responden con el plural, "nosotros". Yo les preguntaba: "¿Por qué estás aquí?" o "¿Qué esperas lograr?", y una y otra vez la persona entrevistada respondía: "Vinimos aquí porque..." o "Estamos luchando por..." No es que los individuos pretendan representar o hablar por los demás; más bien, sus ideas más fundamentales sobre sus acciones, el significado de sus acciones, sus deseos y sus inspiraciones son sociales, no individuales.

En varias ocasiones le pregunté a Florentino López —uno de los voceros de la APPO— por qué arriesgaba tanto *personalmente* por participar en la Asamblea. Florentino y su familia han recibido varias amenazas de muerte, hay una orden de arresto en su contra y ya lo han "levantado" de la calle y lo han golpeado las unidades parapoliciales, que amenazaron con matarlo allí mismo. Él, como individuo, al parecer tiene mucho que perder. Pero jamás respondió a mis preguntas con un "Siento" ni un "Pienso" ni un "Espero"; tampoco con una anécdota o historia personal. Siempre plantaba su ser individual en lo profundo del ser social:

—Porque anhelamos una verdadera transformación social; porque la exclusión y la pobreza abyecta que la mayoría de los que participamos en el movimiento hemos padecido en carne propia nos han arrastrado hasta aquí, de manera natural, a formar parte de este movimiento.

Las voces en las calles de Oaxaca advirtieron muchas veces que la violencia de la "pobreza" y la violencia de la autoridad son lo que hace necesaria la rebelión. La increíble participación y la creatividad expresada en las calles durante el levantamiento de 2006 en Oaxaca enseñan que la rebelión no sólo es necesaria, también es posible.

6

Reconquistar la autonomía indígena

Somos producto de 500 años de luchas: primero contra la esclavitud, en la Guerra de Independencia contra España encabezada por los insurgentes, después por evitar ser absorbidos por el expansionismo norteamericano, luego por promulgar nuestra Constitución y expulsar al Imperio francés de nuestro suelo, después la dictadura porfirista nos negó la aplicación justa de leyes de Reforma y el pueblo se rebeló formando sus propios líderes, surgieron Villa y Zapata, hombres pobres como nosotros a los que se nos ha negado la preparación más elemental para así poder utilizarnos como carne de cañón y saquear las riquezas de nuestra patria sin importarles que estemos muriendo de hambre y enfermedades curables, sin importarles que no tengamos nada, absolutamente nada, ni un techo digno, ni tierra, ni trabajo, ni salud, ni alimentación, ni educación, sin tener derecho a elegir libre y democráticamente a nuestras autoridades, sin independencia de los extranjeros, sin paz ni justicia para nosotros y nuestros hijos.

Pero nosotros hoy decimos ¡BASTA!

Primera Declaración de la Selva Lacandona,
Comandancia General del EZLN

Es una de las historias más hermosas de todos los tiempos: miles de hombres y mujeres convergen en silencio, sin ser vistos, sin que sus movimientos sean detectados; caminan entre montañas de niebla y sombra, recorren sinuosos caminos de terracería en las cajas de camiones desvencijados, avanzan por los túneles subterráneos del desagüe, se reúnen en esquinas de calles desiertas a las afueras de pueblos confinados a labores marginales. Después de tantos años quebrados, su invisibilidad es ahora un arma: nadie los ve, nadie los oye, nadie se da cuenta de que un ejército se está movilizando. En los primeros minutos de 1994, un ejército de harapos y huesos ataca, y si bien se disparan algunos tiros, su rebelión pone en marcha un tsunami de símbolos e ideas que habrán de estrellarse contra las costas de lo que se creía posible.[1]

Los que están despiertos miran su reloj, aguardando la media noche y con ella la llegada, les han dicho, de un Año Nuevo único. En la Ciudad de México, el presidente Carlos Salinas está ocupado en una ceremonia. Él y las luminarias de la élite mexicana, los trajes bien planchados, las camisas blancas almidonadas, esperan el momento de alzar sus copas cuando den las 12 campanadas para consagrar el éxito con que el presidente ha depositado a su nación en los brazos del "Primer Mundo", para sellar su lugar en la historia y su futuro en los pliegues del poder. El presidente espera a que la manecilla de los minutos trace su trayectoria circular, inevitable, y mientras espera, en el último rincón del país, en la orilla sur, el ejército de los olvidados marcha, aún sin ser visto, contra el olvido; su largo viaje nocturno es una subversión de esta media noche, un ataque planeado no sólo contra la sede del poder colonial en Chiapas, sino contra el "Primer Mundo", contra la historia, contra el espejismo electrónico de un futuro para cualquiera en los pliegues del poder.

Unos cuantos tienen ametralladoras, algunos cargan viejos fusiles de cerrojo de décadas pasadas, otros asen palos pintados para hacerlos parecer fusiles, algunos nomás traen palos y muchos no tienen más que rabia y hambre y su decisión de morir de un balazo antes

RECONQUISTAR LA AUTONOMÍA INDÍGENA

que seguir viviendo en un destino de olvido impuesto. Después de que Salinas de Gortari ha terminado sus diversos brindis e intercambios de sonrisas cómplices, un desafortunado grupo de asesores tiene que interrumpir el festejo y dar la noticia: guerrilleros indígenas han impedido la entrada de México al Primer Mundo tomando varias ciudades de Chiapas, incluyendo las calles empedradas de San Cristóbal de las Casas. El presidente no está contento y rápidamente ordena al ejército mexicano que aplaste a los insurgentes. Pero los rebeldes mayas, sobre todo campesinos tzotziles, tzeltales, tojolabales, zoques, choles y mames de las montañas y las selvas de Chiapas, ya han ocupado varias ciudades, destruido archivos del gobierno en San Cristóbal, leído la "Declaración de la Selva Lacandona" desde el palacio municipal y pegado copias en las paredes de la ciudad, secuestrado al odiado cacique y terrateniente general Absalón Castellanos Domínguez y capturado la atención del grupo de periodistas y fotógrafos que se formó rápidamente, y a través de ellos, de buena parte del mundo.

Desde la llegada de los españoles, ser indígena en la tierra que ahora se llama México (y en todo el continente) significaba estar congelado en las garras del hambre, atrapado en una condición de carencia, ser los hijos de una cultura demacrada, considerados deficientes por su misma naturaleza y constitución, y de allí simplemente destinados a vadear por siglos de privaciones y sufrimientos. Desde sus inicios y a lo largo de su evolución, la dominación imperial ha dependido de naturalizar de una u otra forma el horror infligido a los sujetos de la dominación —razas "inferiores", los pobres atrapados en ciclos de pobreza—; ser indígena ha significado ser olvidado, en el mejor de los casos, o ser visto como un animal que queda fuera de toda consideración ética, en el peor. El 1º de enero de 1994, el Ejército Zapatista de Liberación Nacional tomó su hambre, el hambre de los indígenas, el aura de carencia, y las esgrimió como arma: la imagen de los cuerpos famélicos de los soldados rebeldes y sus uniformes andrajosos hablaban de la legitimidad de su rebelión con una voz que no se podía acallar ni impostar, una voz que habló primero con la acción sin palabras. Como escribirían los zapatistas en uno de sus primeros comunicados: "Nuestra voz empezó a caminar desde [hace] siglos y no se apagará nunca más".[2] En un intento inepto y desesperado por combatir la legitimidad de los rebeldes, Salinas alegó que los soldados indígenas estaban encabezados por "profesionales de la violencia" extranjeros, rubios y de ojos azules, porque, según su lógica, los indígenas no podían rebelarse solos, no podían organizarse para llevar a cabo algo tan complejo como un levantamiento armado clandestino ni podían convertirse en sujetos históricos en el mismo escenario que el presidente. Ante la audacia de una rebelión indígena, nadie podía negar las injusticias subyacentes a la revuelta, así que la élite trató de negar que los rebeldes fueran en efecto indígenas, o que los hubieran organizado y los encabezaran indígenas. La identidad siempre es territorio disputado, y en Chiapas los zapatistas reconquistaron la suya.

¿Pero —podrían preguntar— qué puede tener de hermoso una guerra? ¿Qué pueden tener de hermoso la gente con armas, los soldados marchando y disparando, los aviones soltando bombas, los cuerpos tirados en caminos estrechos ya vacíos de sangre y vida? Nada. La historia del levantamiento zapatista no es una historia de guerra, aunque tiene guerra. La de los zapatistas es una historia sobre la adopción de una postura contra viento y marea en defensa de la dignidad, y una historia de los intentos, también contra viento y marea, de tomar una postura acorde con los mandatos de su meta: es decir, luchar con dignidad. En palabras de los zapatistas: "No salimos a la guerra el 1º de enero para matar o para que nos maten, nosotros salimos a la guerra para hacernos escuchar".[3] Desde el primer día de la guerra, el EZLN llamó a la Cruz Roja Internacional para que vigilara y regulara "los combates que nuestras fuerzas libran protegiendo a la población civil", y escribió: "nosotros declaramos ahora y siempre que estamos sujetos a lo estipulado por las Leyes sobre la Guerra de la Convención de Ginebra".[4] El EZLN sólo atacó a militares y policías, por lo general liberó a sus prisioneros en cuestión de días y rehusó ejecutarlos como lo hacía el ejército mexicano.

¿Qué tiene de hermoso esta historia? En una ciudad donde por siglos se obligó a los indígenas a caminar por la calle con los animales y los carros, dejándoles la acera a los descendientes de europeos; donde los indígenas debían caminar con la cabeza inclinada, evitando el contacto visual con los "auténticos" moradores; donde un golpe en la cabeza se usaba para comunicar los deseos de la élite; donde en los muros y calles de piedra hacía eco la ley tácita del *apartheid:* por estas calles, entre estos edificios, en esta ciudad, los rebeldes indígenas caminaron con la cabeza y las armas erguidas, con los rostros cubiertos con pasamontañas negros o paliacates rojos; ocuparon el núcleo simbólico del poder colonial en Chiapas y, lo que es más asombroso, no quemaron casas ni ejecutaron gente en la calle, como podría esperarse de un levantamiento armado, sino que leyeron su declaración y anunciaron su rebelión con un toque de humor que es ya legendario. Unos turistas asustados en la plaza ocupada de San Cristóbal estaban molestando a los guerrilleros con comentarios sobre sus itinerarios de viaje obstruidos, a lo que un guerrillero enmascarado respondió, agudo: "El camino a Palenque está cerrado. Tomamos Ocosingo. Perdonen las molestias, pero ésta es una revolución".[5]

Durante 12 días, rebeldes indígenas de una de las regiones más pobres del continente americano se enfrentaron a la maquinaria militar de las fuerzas armadas mexicanas: hombres y mujeres de botas y huaraches contra tanques, "helicópteros antinarcóticos proporcionados por el gobierno de los Estados Unidos"[6] y aviones de guerra; el conocimiento de los caminos montañeses contra el bombardeo aéreo de aldeas rurales; el cuidadoso intento de evitar muertes civiles contra la orden de matar "a cualquiera que parezca zapatista".[7] Pero esos 12 días de combate —en los que más de 200 combatientes y civiles cayeron ante las balas y la metralla— abrieron un campo de batalla imprevisto: el gobierno federal se apresuró a atacar la legitimidad del levantamiento, negando incluso a los indígenas el derecho de ser quienes eran, y hasta ese territorio los rebeldes despacharon con rapidez un arsenal de palabras escritas fieramente, escritas como habladas, armadas con la rabia y la poesía de una honestidad sin filtros. En sólo unas cuantas semanas, el EZLN logró defenderse en un conflicto militar intensamente desequilibrado y luego, leyendo tanto la intranquilidad del gobierno como el aumento del apoyo popular al llamado indígena de justicia, hizo un cambio decisivo del combate al terreno de la razón y la argumentación, de la historia y el presente, del lenguaje y la verdad, terreno en el que la superioridad de los insurgentes devastaría las tropas simplistas de la lógica gubernamental. La más decisiva de las primeras batallas tuvo lugar el 18 de enero de 1994, cuando el subcomandante Marcos respondió a la oferta de "perdón" del presidente Salinas a los soldados rebeldes:

Hasta el día de hoy, 18 de enero de 1994, sólo hemos tenido conocimiento de la formalización del "perdón" que ofrece el gobierno federal a nuestras fuerzas.

¿De qué tenemos que pedir perdón? ¿De qué nos van a perdonar? ¿De no morirnos de hambre? ¿De no callarnos en nuestra miseria? ¿De no haber aceptado humildemente la gigantesca carga histórica de desprecio y abandono? ¿De habernos levantado en armas cuando encontramos todos los otros caminos cerrados? ¿De no habernos atenido al Código Penal de Chiapas, el más absurdo y represivo del que se tenga memoria? ¿De haber demostrado al resto del país y al mundo entero que la dignidad humana vive aún y está en sus habitantes más empobrecidos? ¿De habernos preparado bien y a conciencia antes de iniciar? ¿De haber llevado fusiles al combate, en lugar de arcos y flechas? ¿De haber aprendido a pelear antes de hacerlo? ¿De ser mexicanos todos? ¿De ser mayoritariamente indígenas? ¿De llamar al pueblo mexicano todo a luchar de todas las formas posibles, por lo que les pertenece? ¿De luchar por libertad, democracia y justicia? ¿De no seguir los patrones de las guerrillas anteriores? ¿De no rendirnos? ¿De no vendernos? ¿De no traicionarnos?

¿Quién tiene que pedir perdón y quién puede otorgarlo? ¿Los que, durante años y años, se sentaron ante una mesa llena y se saciaron mientras con nosotros se sentaba la muerte, tan cotidiana, tan nuestra que acabamos por dejar de tenerle miedo? ¿Los que nos llenaron las bolsas y el alma de declaraciones y promesas? ¿Los muertos, nuestros muertos, tan mortalmente muertos de muerte "natural", es decir, de sarampión, tos ferina, dengue, cólera, tifoidea, mononucleosis, tétanos, pulmonía, paludismo y otras lindezas gastrointestinales y pulmonares? ¿Nuestros muertos, tan mayoritariamente muertos, tan democráticamente muertos de pena porque nadie hacía nada, porque todos los muertos, nuestros muertos, se iban así nomás, sin que nadie llevara la cuenta, sin que nadie dijera, por fin, el "¡YA BASTA!", que devolviera a esas muertes su sentido, sin que nadie pidiera a los muertos de siempre, nuestros muertos, que regresaran a morir otra vez pero ahora para vivir?

¿Los que nos negaron el derecho y don de nuestras gentes de gobernar y gobernarnos? ¿Los que negaron el respeto a nuestra costumbre, a nuestro color, a nuestra lengua? ¿Los que nos tratan como extranjeros en nuestra propia tierra y nos piden papeles y obediencia a una ley cuya existencia y justeza ignoramos? ¿Los que nos torturaron, apresaron, asesinaron y desaparecieron por el grave "delito" de querer un pedazo de tierra, no un pedazo grande, no un pedazo chico, sólo un pedazo al que se le pudiera sacar algo para completar el estómago?

¿Quién tiene que pedir perdón y quién puede otorgarlo?[8]

En el espacio que ocupan unos cuantos cientos de palabras, el subcomandante Marcos despojó al gobierno federal de toda pretensión de legitimidad, destrozando su impulso de doblegar al EZLN bajo la presión o bajo una lluvia de bombas. En el espacio de unos cuantos centímetros de papel periódico, los rebeldes enmascarados tiraron de espaldas el edificio del Estado y allí lo inmovilizaron, retorciéndose atónito. En una maniobra de *jujitsu* político —el lenguaje simple, directo y temerario—, los rebeldes ocultos en las montañas se ganaron el respeto de millones. La química de la quijotesca ofensiva militar del EZLN, entrelazada con la poesía, el humor y la insurgencia sin arrepentimientos de sus comunicados, creó una fuerza guerrillera que el gobierno no estaba preparado para enfrentar: una en que la mayoría de la gente del país estaba de acuerdo en que los rebeldes decían la verdad.

Allan R. Holmberg vivió con los sirionó en Bolivia de 1940 a 1942. En un libro titulado *Nómadas del arco largo,* escribió que este pueblo estaba "entre los pueblos culturalmente más atrasados del mundo".[9] Describió sus vidas de constante peregrinar y miseria y concluyó que los sirionó se habían quedado congelados en el tiempo, atrapados en esa vida desde hace milenios, ejemplos del "hombre en un estado natural máximo".[10] Nunca investigó su historia —pareciera que no se le ocurrió—, así que no se enteró de que la viruela y la gripe habían arrasado sus aldeas en la década de los veinte y que habían estado luchando contra las invasiones de tierras de los rancheros blancos, apoyados por el ejército boliviano; cuando Holmberg convivió con ellos, iban huyendo, escapando de la muerte y la esclavitud a manos del ejército y los rancheros.[11] En su libro *1491: una nueva historia de las Américas antes de Colón,* Charles Mann escribe que Holmberg

> nunca llegó a entender del todo que el pueblo al que consideraba un residuo del Paleolítico era en realidad un puñado de sobrevivientes a las persecuciones que poco antes habían destrozado una cultura. Fue como si se hubiera encontrado con unos refugiados huidos de los campos de concentración de los nazis y hubiera concluido que pertenecían a una cultura que siempre había caminado descalza, siempre al borde de la inanición.[12]

Charles Mann toma "el error de Holmberg" como una metáfora para describir lo profundamente mal que entendieron los europeos a los pueblos que habitaban las Américas antes que ellos al negarles su historia —pasando por alto, de un modo muy conveniente, las implicaciones de las invasiones europeas de tierras como causa de las brutales condiciones de vida que los antropólogos iluminados habrían de "descubrir, describir y de ese modo presentar a la historia"—.[13]

El error de Holmberg no es exclusivo de un joven ambicioso pero mal aconsejado de los años cuarenta: permea el pensamiento político hasta el presente. Los indígenas de México, nos dirían sin duda Holmberg y sus seguidores, siempre han vivido así, en la miseria, devastados por el hambre y por enfermedades curables; lo que necesitan es más ayuda del Estado, apoyos del gobierno, mayor intervención. Es una plataforma ideológica conveniente: de un golpe borra la historia de colonialismo, genocidio, esclavitud e invasiones de tierras que causaron esa miseria y la siguen causando hasta el día de hoy; también condiciona el mejoramiento de la suerte de los pueblos indígenas a la misma institución que ha orquestado su privación desde que reemplazó a la Corona: el Estado. De acuerdo con el historiador Enrique Semo, en el México colonial "la mayoría de las comunidades que se conservaron conocieron un proceso de regresión económica: desaparición de los *calpulltin* especializados en el comercio, las artesanías y las actividades intelectuales, y retroceso a la vida agraria más primitiva".[14]

Durante siglos, el racismo ha sido la principal herramienta ideológica para explicar y justificar la opresión. En México, la Corona española creó y mantuvo una separación social y política entre españoles e indígenas por tres siglos: "el poder y los privilegios sociales son determinantes para la identificación racial".[15] La independencia de México liberó a la naciente clase capitalista mestiza del control imperial español, pero de ninguna manera afectó el racismo. El historiador Alan Knight señala que "El apogeo del pensamiento racista europeo (fechado aproximadamente de 1850 a 1920) coincidió con la fase del establecimiento del Estado liberal y del desarrollo económico capitalista basado en las exportaciones".[16] Este desarrollo alcanzó cierto clímax con la dictadura de 30 años de Porfirio Díaz.

> Aún más significativa —continúa Knight— fue la lógica inherente del modelo porfiriano de desarrollo, el cual implicó el despojo de las comunidades campesinas (muchas de ellas indias) y la creación de fuerza de trabajo disponible, urbana o rural. Estas tendencias no eran nuevas; continuaban viejos precedentes coloniales. Pero las presiones y oportunidades eran en ese momento mayores (en parte gracias a la llegada del ferrocarril) y propiciaron las racionalizaciones de los nuevos racistas y darwinistas sociales. Como en los países coloniales, se invocó el "mito de los nativos flojos" (por patrones extranjeros y mexicanos) para explicar la resistencia a la proletarización y justificar las fuertes medidas impuestas.[17]

El racismo de la era porfiriana iba dirigido exclusivamente contra los pueblos indígenas, afirmando que los mestizos eran parte del "progreso", mientras que la inferioridad indígena era un "problema de nutrición y de educación".[18] El régimen porfirista estaba obsesionado con la construcción de un Estado, y los pueblos indígenas eran concebidos como "elemento antinacional que requería una pronta y, si fuera necesario, forzosa asimilación [...] la práctica del régimen porfirista era de opresión india".[19]

Como se verá más adelante, la Revolución mexicana fue en gran medida inspirada y peleada por pueblos indígenas y campesinos. El Estado-nación que las clases privilegiadas construyeron sobre las ruinas de la Revolución, sin embargo, sólo daría nueva forma y revestiría más cuidadosamente las construcciones ideológicas que albergan el racismo y sus prácticas opresoras. El régimen posrevolucionario que culminó con la formación del PRI retomó el proyecto porfirista de construir un Estado, infundiéndole un febril culto nuevo de nacionalismo y estableciendo la ideología oficial del "indigenismo" como parte de sus cimientos. Los nuevos ideólogos nacionalistas santificaron al mestizo como una especie de "raza cósmica" y forjaron una nacionalidad mestiza, abriendo el camino a un destino manifiesto racial en que el mestizaje era el prerrequisito para el desarrollo y el progreso.[20] Alan Knight escribe: "Otra vez, por consiguiente, eran equiparados el mestizaje y la nacionalidad [...] entonces, la consecuencia necesaria del proceso de construcción nacional era 'disolver el elemento indio en el mestizo' [...] El mestizo llegó a ser el símbolo ideológico del nuevo régimen".[21]

En 1965, Pablo González Casanova escribió: "El problema indígena es esencialmente un problema de colonialismo interno. Las comunidades indígenas son nuestras colonias internas".[22] Y esta situación ha cambiado poco en los últimos 40 años. Un estudio reciente de investigadores de la UNAM muestra que la gente indígena en México —que constituye 13% de la población total— y en otros 14 países de América Latina sigue siendo el sector "más marginado, vulnerable y pobre" de la población.[23] La exclusión y la marginación de los pueblos indígenas son una tendencia mundial, y no debería extrañarnos: ser indígena es más o menos sinónimo de ser el de abajo a lo largo de siglos de invasiones imperiales en todo el mundo. Las Naciones Unidas calculan que más de 300 millones de personas, repartidas en unos 5 000 grupos en más de 70 países, son indígenas, y la mayoría vive bajo las continuas invasiones y la dominación de las sociedades imperialistas contemporáneas.[24]

El nombre mismo viene del error de Holmberg. Ninguno de los más de 100 millones de habitantes que se calcula vivían entre Alaska y la Patagonia en 1491 se hacía llamar indígena ni indio.[25] La identidad "india" es en sí misma producto de la conquista.[26] Francisco López Bárcenas, abogado e historiador ñu savi, escribe: "El indio o indígena es un concepto inventado por los invasores con propósitos muy claros [...] buscaban diferenciarse de quienes con todo derecho habitaban estas tierras cuando ellos llegaron a ocuparlas sin tener ninguno [...] Así inventaron al indio, lo subordinaron a sus intereses".[27] Los españoles buscaban además aprisionar la vasta diversidad de culturas, idiomas y pueblos que florecían a lo largo de las Américas en una sola categoría: indígenas.[28]

Si bien muchos pueblos han luchado por sacudirse los insultos que los poderes coloniales usaron para nombrarlos —los lakota no son sioux; los me'phaa no son tlapanecos—, la categoría de *indígena*, con toda su torpeza, pegó. Por todo México, los pueblos no europeos reconquistan la identidad indígena como un instrumento de lucha contra la continua negación de su autonomía, soberanía cultural, idiomas e historia.[29] De hecho, una dimensión de la identidad indígena que une a culturas extremadamente diversas es la postura explícitamente anticolonial de los pueblos indios. En una "reunión internacional de pueblos indígenas en 1996"[30] se aceptó definir a

> las comunidades, pueblos y naciones indígenas como aquellos que, teniendo una continuidad histórica con la preinvasión y con la sociedad colonial que se desarrolló en sus territorios, se consideran distintos de otros sectores de la sociedad ahora predominante en dichos territorios o partes de ellos. En este contexto, se argumentó que los pueblos indígenas representan a los sectores no dominantes de las sociedades y están obligados a preservar, para desarrollar y transmitir a las futuras generaciones, sus territorios ancestrales y su identidad étnica como la base de su existencia en tanto pueblos, en concordancia con sus propios patrones culturales, instituciones sociales y sistemas legales.[31]

Dos enunciados: uno abarca del pasado al presente y el otro del presente al futuro. La dimensión del pasado al presente captura dos hechos prominentes: la continuidad histórica tanto de la invasión como de la dominación. La dimensión del presente al futuro captura la determinación de los indígenas de sobrevivir en cuanto pueblos, de mantener y construir una cultura, conocimiento y gobierno autónomos, todo en sus territorios ancestrales. Esta descripción (más que "definición") es anticolonialista, antinacionalista y anticapitalista. ¿Por qué anticolonialista? Los pueblos están decididos a "desarrollar y transmitir a las futuras generaciones sus territorios ancestrales", es decir, se niegan a aceptar las invasiones de tierras pasadas y presentes, el *sine qua non* del colonialismo (ya sea extranjero o interno al Estado). ¿Por qué antinacionalista? Los pueblos rehúsan someter sus propias "instituciones sociales y sistemas legales" a los sistemas estatales impuestos desde fuera —los mismos sistemas que heredaron el dominio colonial y lo llevaron hasta el presente, por encima de la disolución de las monarquías europeas—. ¿Por qué anticapitalista? Los pueblos mantendrán la continuidad histórica de su territorio y prácticas culturales; es decir, en las regiones autónomas, la comunidad y el territorio imperan sobre los derechos de propiedad privada y acumulación del capital. Esto no significa, por ejemplo, que los zapatistas no vayan a vender café y maíz para comprar medicinas y laptops; significa que defenderán sus tierras, cultura y autonomía, y decidirán ellos mismos cómo y qué tanto dar y tomar de las sociedades capitalistas.

Muchos de los pueblos indígenas de México han compactado estas posturas radicales en una expresión aún más corta: *autonomía*. Las luchas de los indígenas por su autonomía han durado siglos, y han tenido como resultado sobre todo una violencia militar sobrecogedora como única respuesta del Estado. En Oaxaca, donde tales luchas habían sido particularmente feroces, la autonomía de facto de los pueblos indígenas llevó al gobierno de Oaxaca a reconocer la autonomía en la constitución del estado, aceptando las instituciones sociales y prácticas legales indígenas, e incluso las elecciones por asamblea de autoridades locales. Después de 1994, el EZLN abrió sus negociaciones con el gobierno federal a todos los pueblos indígenas de México, llevando a la creación de un acuerdo de derechos indígenas que establecería el reconocimiento federal de la autonomía indígena no sólo para los zapatistas en Chiapas, sino para todos los pueblos indígenas del territorio mexicano.

Los críticos de la autonomía indígena, incluyendo a miembros de la izquierda progresista, argumentan que tal autonomía es imposible, que nadie puede extraerse del capitalismo, la globalización y el mundo de Estados. De inmediato asumen que autonomía significa una reversión a alguna especie de utopía precolonial, un escapismo consistente en "volver a la tierra" o "perderse del sistema" soñado y aplaudido más por la clase media desencantada que por los pueblos indígenas. Pero aquí de nuevo aparece el error de Holmberg; esos críticos conciben a los indígenas como pueblos sin historia, sometiéndolos a la constricción de los extremos: "O eres capitalista o quedas excluido de todo lo creado en el reinado de la producción capitalista; o vives en un mundo con automóviles, computadoras, antibióticos y electricidad, o no, y —mejor acostúmbrate— la extracción a estas alturas es simplemente imposible", dice su lógica. Precisamente lo que falta aquí es la crítica a las formas contemporáneas de colonialismo e imperialismo y su continuidad histórica. La autonomía indígena no postula un mundo sin antibióticos, cirugía e imprentas. Argumenta en favor de la existencia de territorios específicos sin conquista imperialista, sin intervención militar ni capitalista; de territorios donde los habitantes puedan elegir según sus conocimientos y políticas cómo y cuándo integrarse con otros territorios, qué antibióticos necesitan, cuáles libros quieren. Autonomía no significa aislamiento; significa sustentabilidad sin imposiciones externas: soberanía social, política y cultural.

Según estadísticas del gobierno mexicano, hay aproximadamente 12.7 millones de habitantes indígenas en México, que constituyen aproximadamente 13% de la población nacional. Actualmente se hablan 62 lenguas indígenas distintas —sin contar los dialectos regionales, que a menudo cambian drásticamente— en 29 de los 31 estados y el Distrito Federal de México (Aguascalientes y Colima son los únicos dos estados donde no se habla ninguna lengua indígena).[32] De los 317 municipios con una población casi total de habitantes indígenas, 196 tienen un nivel "muy alto" de marginación y 119 un nivel "alto"; sólo dos municipios predominantemente indígenas califican como "medio", y ninguno es "bajo" ni "muy bajo".[33] Tras una investigación de ocho meses sobre la pobreza en México, la revista *Contralínea* escribió: "Decir pobreza extrema es sinónimo de comunidades indígenas: falta agua potable, drenaje y alcantarillado; carecen de viviendas con piso firme y luz eléctrica; no hay servicios básicos de salud y educación".[34]

> Digámoslo con toda claridad —escribe López Bárcenas en su ensayo sobre la autonomía indígena en América Latina—. Los pueblos indígenas de América Latina luchan por su autonomía porque en el siglo XXI siguen siendo colonias. Las guerras de independencia del siglo XIX acabaron con la colonización extranjera —española o portuguesa—, pero quienes accedieron al poder siguieron viendo a los pueblos indígenas como colonias. Colonias que las clases hegemónicas escondieron tras la mascarada de los derechos individuales y la igualdad jurídica […] Todo eso mientras los pueblos indígenas de América Latina sufrían y sufren el poder de un colonialismo interno.[35]

De raíz, la autonomía indígena es simultáneamente el rechazo a la invasión y la afirmación de una cultura y un territorio indígenas soberanos, por lo que los movimientos indígenas son luchas tanto de resistencia como de emancipación.[36]

Los Estados ya independientes de América Latina usaron la idea de los derechos individuales para violar sistemáticamente los derechos de los pueblos indígenas en tanto pueblos, sobre todo sus prácticas de propiedad colectiva de la tierra y formas de gobierno basadas en asambleas.[37] Más allá de los obvios conflictos creados por las expropiaciones de tierras por parte del Estado y las declaraciones individuales de propiedad privada de la tierra, prácticas en apariencia tan mundanas como trazar las fronteras estatales y municipales violaban los territorios indígenas y sometían a los pueblos indígenas a las prácticas del gobierno estatal, casi siempre en manos de gente no indígena.[38] La autonomía, que lucha contra la invasión de tierras y las divisiones legales administrativas de los territorios indígenas, es la política de afirmar y defender los derechos de los pueblos indígenas en cuanto pueblos —no los derechos de comunidades u organizaciones específicas, sino de los pueblos—. Aunque tales derechos colectivos están formalmente establecidos en la Convención 169 de la Organización Internacional del Trabajo —que México ha firmado y ratificado—, son incompatibles con la afirmación del Estado de los derechos supremos del individuo y la propiedad. De allí que los movimientos por la autonomía indígena exijan la refundación del Estado mismo: la autonomía indígena y el colonialismo interno no pueden coexistir.[39]

Tuvieron que taparse la cara para ser vistos.

Ésta fue la explicación de por qué miles de rebeldes indígenas siguieron usando pasamontañas negros o paliacates rojos mucho después de que terminara la lucha armada y empezaran las pláticas con el gobierno en 1994. Y lo mismo es cierto hoy. En un país con más de 12 millones de habitantes indígenas, la mayoría permanece invisible para el mundo más allá de sus pueblos. Pocos mexicanos o no mexicanos pueden nombrar más de un puñado de las 62 lenguas indígenas distintas que se hablan en su país. Pero casi todos han oído de los zapatistas.

Del 30 de diciembre de 2006 al 2 de enero de 2007, más de 1 000 personas de 47 países viajaron a Oventik —un pueblo zapatista en las montañas, como a una hora al norte de San Cristóbal de las Casas— a una reunión entre zapatistas y activistas, artistas y curiosos de todo el mundo. Los zapatistas organizaron un panel estilo conferencia para discutir la autonomía indígena y otros aspectos, como salud, educación, la participación y las experiencias de las mujeres en las comunidades autónomas, medios, arte, cultura y tierra. Representantes de los cinco cuerpos regionales de gobierno, conocidos como Juntas de Buen Gobierno, tomaron turnos para hablar de sus experiencias en la organización de la vida comunitaria sin ayuda ni permiso de los gobiernos federal, estatal ni municipal. Miles de hombres, mujeres y niños zapatistas enmascarados también acudieron al evento, atrayendo los ojos y las cámaras de los visitantes nacionales e internacionales y demostrando que su metáfora de la máscara como manto de invisibilidad se mantiene. El evento en Oventik fue la primera de tres reuniones internacionales llevadas a cabo en territorio zapatista durante 2007.

El EZLN sorprendió a la nación y al mundo el 1º de enero de 1994, cuando se levantó en armas tomando importantes ciudades del estado de Chiapas, el más sureño del país con un fuerte componente indígena. El grito de guerra de los rebeldes, "¡Ya basta!", resonó entre millones de mexicanos pobres.

Lo intentaron todo. Declararon la guerra. Tomaron siete ciudades por todo Chiapas. Hicieron un llamado exigiendo "trabajo, tierra, techo, alimentación, salud, educación, independencia, libertad, democracia, justicia y paz".[40] Lucharon contra el ejército mexicano durante 12 días. Acordaron un alto al fuego. Liberaron a sus prisioneros de guerra. Se sentaron a dialogar con sus enemigos. Resistieron las incursiones militares que violaban el alto al fuego. Escaparon a una invasión militar sorpresa organizada para capturar a sus líderes militares. Ante la traición del gobierno del alto al fuego, la invasión del ejército a territorio zapatista y el desplazamiento de miles de personas, respondieron con palabras que atravesaron el poderío de los tanques y helicópteros e incitaron a más de 100 000 personas a salir a las calles en la Ciudad de México, a miles más a protestar en todo el mundo, y con su voluntad y sus palabras vencieron a un ejército y obligaron al presidente de México a retractarse de la invasión.

Después de varios intentos fallidos, los zapatistas y la administración de Zedillo firmaron los Acuerdos de San Andrés en febrero de 1996, prometiendo mayores niveles de autonomía y autodeterminación a los pueblos indígenas de México. El EZLN abrió sus negociaciones a todos los pueblos indígenas de México, declarando: "Para todos, todo; para nosotros, nada". Ellos y los que llegaron a pararse a su lado negociaron con el gobierno federal un acuerdo sobre derechos y autonomía indígenas, los Acuerdos de San Andrés, que al final se quedaron muy cortos respecto de lo que ellos mismos habían diseñado. Firmaron el acuerdo. Y luego vieron cómo el presidente se negó a ponerlo en práctica.

Convocaron a la creación de una organización civil que abriera espacios para un movimiento de participación panizquierdista. Sostuvieron reuniones internacionales. Llevaron a cabo consultas a nivel nacional. Sobrevivieron a los ataques y masacres militares y paramilitares. Escribieron montones de comunicados, historias y análisis. Una y otra vez respondieron a la violencia con llamados a la razón, a los balazos con palabras, a las traiciones con la disposición al diálogo. No se desarmaron, pero no usaron sus armas para atacar. Conforme la violencia del gobierno se volvió más insidiosa y devastadora (el 22 de diciembre de 1997, tropas paramilitares armadas con fusiles de asalto de alto poder atacaron a refugiados reunidos en una iglesia en la comunidad de Acteal, asesinando a 45 hombres, mujeres y niños, y, con machetes, a cuatro bebés en el vientre de sus madres), los zapatistas se mantuvieron firmes, exigiendo justicia, negándose a rendirse. Esperaron y se organizaron.

Finalmente, en marzo de 2001 empacaron sus mochilas, dejaron sus armas en la selva y, seguidos por unas 3 000 personas de todo el mundo, salieron en caravana por 13 estados y 33 comunidades; recorrieron 3 000 kilómetros antes de llegar —por primera vez— a la Ciudad de México. Reunieron a millones de personas en sus discursos y eventos culturales, abarrotaron el zócalo de la Ciudad de México y hablaron en el Congreso; todo para hacer un llamado al recién electo presidente Vicente Fox y a los legisladores de la nación para que hicieran ley los Acuerdos de San Andrés de 1996. Sin embargo, los tres partidos políticos en el Congreso, PRI, PAN y PRD, les dieron la espalda y aprobaron una versión destripada y paternalista de los acuerdos.[41] Los zapatistas de nuevo respondieron a la traición con entereza: denunciaron la ley desmembrada y viajaron de vuelta a Chiapas, rompiendo toda comunicación con el gobierno.

En los años siguientes se dieron a la tarea de implementar los Acuerdos de San Andrés por cuenta propia, sentando los cimientos de una completa autonomía en sus formas de gobierno y en el establecimiento de instituciones que brinden servicios sociales como salud y educación. En 2003, el EZLN ayudó a establecer Juntas de Buen Gobierno, compuestas por hombres y mujeres electos en asamblea abierta, para organizar los asuntos regionales y del pueblo. Las juntas reemplazarían la estructura de liderazgo militar del EZLN en el gobierno regional cotidiano, siguiendo la primera regla zapatista de gobierno: "Mandar obedeciendo".

Intentaron de todo, y a cada paso la respuesta del gobierno fue violencia y traición. Y luego dijeron: volvamos a intentarlo.

La madrugada del 1º de enero de 2006, el subcomandante Marcos salió del pueblo zapatista de La Garrucha, montado en una motocicleta negra, en lo que estaba planeado como un viaje de seis meses por los 31 estados y el Distrito Federal. Marcos emprendió este viaje —que haría sobre todo en coches de voluntarios— como el "Delegado Cero" del EZLN. Su misión: escuchar a las comunidades indígenas, obreros, movimientos sociales, organizaciones no gubernamentales, estudiantes, gays, lesbianas, trans, colectivos anarquistas y a cualquiera y a todos los que constituyen los de abajo de la izquierda mexicana. La meta última de la Otra Campaña: unir a toda esta gente en un movimiento nacional anticapitalista.

En junio de 2005, sin ninguna explicación pública, el EZLN había enviado una alerta roja, convocando a una sesión de emergencia con los comandantes guerrilleros. Después de un mes de discusiones, el EZLN emitió la Sexta Declaración de la Selva Lacandona. La Sexta, algo así como una Declaración Zapatista de Independencia del capitalismo, expone el análisis que hacen los zapatistas de los males sociales en México y en el extranjero, y lo que planean hacer al respecto.

El análisis de la Sexta es sencillo: el capitalismo trata a la gente y a la naturaleza como simples mercancías, objetos sin derechos, para usarse y desecharse según el capricho de los mercados de valores y los especuladores. La democracia en un sistema capitalista es puro adorno, reiteración de falsas promesas, y programas de ayuda del gobierno que sofocan la autonomía, fomentan la dependencia y acaban por conquistar los movimientos sociales que luchan por una transformación social. Los principales partidos políticos son guardianes del sistema capitalista, candidatos y hombres de negocios están unidos por participaciones accionarias y franca corrupción, formando una sola clase política capitalista. No hay forma de derrocar el capitalismo desde el interior del sistema electoral; debe construirse algo enteramente distinto, y debe construirse sin la influencia corruptora de la clase política capitalista.

De ahí, la primera fase de la Otra Campaña, un recorrido de seis meses por todo el país para escuchar. El EZLN no quiere decir a sus compañeros desamparados de la izquierda cómo organizarse ni qué hacer, sino primero preguntarles qué han estado haciendo y cuál es la mejor manera de unir esfuerzos. De muchas maneras, la Otra Campaña recrea a nivel nacional lo que el pequeño grupo original de insurgentes zapatistas hizo al llegar a las primeras comunidades de la selva en Chiapas: organizar escuchando. Hoy los zapatistas predican con el ejemplo y se han dado a la tarea de pasar los próximos años construyendo un movimiento a nivel nacional.

La gira visitó comunidades rurales, ciudades perdidas y plazas céntricas. Marcos a menudo habló en público para animar a la gente a unirse y participar en la Otra Campaña, pero la columna vertebral de la gira fueron las juntas de horas donde el subcomandante —junto con el contingente variopinto de representantes de organizaciones y corresponsales de medios independientes que lo siguieron— se sentaba a escuchar las historias de represión y exclusión, de resistencia y proyectos de gobierno autónomo. Estas sesiones eran largas y arduas, varias veces al día, los siete días de la semana. La mayoría de las juntas tenía lugar en cuartos de concreto encerrados en oficinas sindicales y en salas públicas o al aire libre, a veces con y a veces sin un techo de palma o una lona para bloquear la fuerza del sol y la lluvia de México. Cuando la agenda estaba apretada, los organizadores de las juntas fijaban un tiempo límite para cada participante, pero por lo general no había límite. Y si bien nadie tuvo que pasar ningún filtro de contenido, dos temas eran explícitamente inaceptables: hablar a favor del capitalismo o de los partidos políticos.

A primera vista, el esfuerzo de los zapatistas parecía bastante curioso. Justo cuando la izquierda institucional estaba ganando elecciones por toda América Latina, los zapatistas salieron a repudiar la política electoral en México. En vez de poner su energía y autoridad moral en un candidato en 2006, apostaron todo a un esfuerzo nacional de organización, llamando a los que estaban y están excluidos del sistema político a rechazar las promesas exhaustas de los candidatos presidenciales, junto con su fe ciega en los beneficios del capitalismo, y construir algo completamente diferente, desde abajo. Uno de los lemas de la Otra Campaña en 2006 era: "Votes o no votes, organízate".

Con la Otra Campaña, los zapatistas se apartaron firmemente de la cultura política y económica dominante en México. Su mensaje era claro: el tiempo de dialogar entre el EZLN y el gobierno mexicano había terminado hacía mucho. Y otro mensaje central, igual de claro: los zapatistas no pueden impulsar la lucha nacional de liberación ellos solos.[42]

La reunión en Oventik en el invierno de 2006-2007 fue la primera entre visitantes nacionales e internacionales y las Juntas de Buen Gobierno autónomas; constituyó una oportunidad para oír de primera mano de los zapatistas, normalmente evasivos, lo que la autonomía significa para ellos.

—La autoridad debe servir pero no servirse; proponer, no imponer —dijo Roel, de la Junta de Buen Gobierno de La Realidad en el taller sobre autonomía que se llevó a cabo en un auditorio de madera y lámina corrugada con piso de tierra cubierto de agujas de pino.

Los miembros de la junta se eligen en asamblea abierta y sirven tres años sin sueldo, aunque la gente del pueblo les da comida y viáticos y los apoya en el cuidado de los niños. En los cuatro años de operación de las Juntas de Buen Gobierno, los zapatistas han abierto escuelas en todos los pueblos y centros regionales, clínicas de salud, cooperativas de artesanías de mujeres y de café orgánico.

—Como mexicanos, vivimos dentro del Estado mexicano, pero con derecho a nuestra autonomía —dijo Elías, de La Garrucha—. Nuestro modo de ser, nuestra práctica de trabajar en colectivo, nuestra lengua y nuestras ideas, todos son diferentes.

—La autonomía no es lo que dice el diccionario —dijo Beto, de la Junta de Buen Gobierno de Morelia—. La autonomía no es lo que dice la constitución del mal gobierno; no es lo que decimos aquí... sino lo que se hace y se construye en la práctica.

Para quienes visitan la región por primera vez y no dominan ninguna de las seis lenguas indígenas que hablan sus habitantes, uno de los aspectos más impresionantes de los pueblos zapatistas es el arte mural que adorna las paredes por todo el pueblo.

—Los murales son otra manera de expresar, de contar nuestra historia —dijo Karina, quien también forma parte de la Junta de Buen Gobierno de La Realidad. Luego dio un ejemplo de cómo funciona la autonomía en la práctica—: Al principio tuvimos problemas con hermanos y hermanas de otros lugares que venían y pintaban cosas que no entendíamos. Pero lo hablamos, y ahora todo el pueblo decide qué pintar. Elegimos una comisión de murales que trabaja con los pintores para que podamos explicarle lo que significan las pinturas a toda la demás gente que nos visita.

Y la principal imagen en todos los murales sigue siendo la de la cara enmascarada, a la que sólo se le ven los ojos. La cara que se cubre para poder ser vista.

La tercera reunión en territorio zapatista se llevó a cabo en el Caracol de La Garrucha del 29 al 31 de diciembre de 2007 (los caracoles son las comunidades que albergan varias Juntas de Buen Gobierno autónomas). Ésta fue la primera reunión zapatista femenina: sólo participaron mujeres en los paneles; sólo mujeres —de todo México y del mundo— podían entrar al auditorio donde se llevó a cabo el acto. Los hombres zapatistas cocinaron, llevaron la leña y limpiaron baños y letrinas. Los hombres de otras partes del mundo escucharon las discusiones del panel parados y sentados alrededor del auditorio, afuera.

La primera mujer que habló fue Anela —una de las primeras mujeres en unirse al EZLN, llevándoles tortillas a los guerrilleros en las montañas—, quien explicó cómo vivían las mujeres indígenas en Chiapas antes del levantamiento de 1994.

A continuación cito un fragmento del discurso de Anela y de otras mujeres que participaron en la reunión:

Antes, el patrón nos tenía como animales [...] pero ahora ya no; ahora somos libres [...] El patrón violaba a las muchachas; los papás le tenían que llevar a sus hijas a cambio de tierra para trabajar. No teníamos nada.

La comandanta Rosalinda:

Nosotras, las mujeres, este día nos sentimos muy contentas y tranquilas, y con un corazón fuerte, por ver las muchas [mujeres], de diferentes estaturas, colores —como el maíz, que hay color amarillo, negro, blanco—, pero todos somos una sola humanidad [...] Antes [...] si participábamos en las reuniones, los hombres se burlaban de las mujeres y decían que no sabíamos hablar. No teníamos derecho de salir a la calle, estábamos encerradas en nuestras casas, las mujeres sólo trabajaban en la cocina y en cuidar a los hijos y a los animales [...] Pero los hombres descansan temprano, cuando llegaban de la milpa ya tienen tiempo libre para ir a divertirse en la calle. En cambio las mujeres no descansan, siempre tienen trabajo, no tienen tiempo para descansar, mucho menos para salir a pasear [...] Antes sólo los hombres se divertían pero a sus mujeres no las dejaban salir a ningún lado [...] La mujer tenía problema desde su patrón porque era explotada y violada por el mismo patrón [...] Muchas veces cuando un muchacho pedía casarse con una muchacha, ella tenía que ser primero amante del patrón y el papá no podía decir nada porque era su patrón. Después de un tiempo, el patrón ya la dejaba irse con el muchacho, por eso muchos de los hijos que tenían las mujeres eran del patrón. Las mujeres antes tenían hijos, de 13 a 14 o 16 hijos, la mamá quedaba débil [...] Temprano se van a trabajar pero no es su propio trabajo, todo es del patrón.

La capitana Elenita:

El 1º de enero de 1994, no tuvimos miedo de enfrentar al enemigo porque ya sabíamos que si no, íbamos a morir de enfermedades curables o de hambre [...] Más vale morir peleando que morir de hambre y de enfermedades.

La compañera Rosaura, sobre las materias que enseñan en las escuelas autónomas zapatistas:

Historia: cómo sufría la gente en la hacienda del patrón. Matemáticas: cómo contaban nuestros abuelos y cómo mintieron los palacios de gobierno. Ciencias ambientales: cómo cuidar la tierra.

La comandanta Dalia:

Compañeras de la Otra Campaña, no es el principal problema con los hombres, no es el principal problema: es con los malos gobernantes. Por eso, compañeras, es importante que se organicen [...] para poder derrotar al mal gobierno y al sistema capitalista, porque existe en todos los países del mundo.

Como a las 3:00 p.m. del 2 de enero de 2008, alguien disparó nueve tiros al aire. Los culpables se retiraron dejando atrás una camisa de botones con los puños amarrados a dos árboles solitarios en la milpa. La camisa estaba rajada a machetazos y habían cortado una gruesa cruz en uno de los troncos, a la altura del pecho. Un casquillo estaba incrustado en el centro de la cruz.

—Esto es un ejemplo de lo que nos quieren hacer —dijo José Morales, un tzeltal de 22 años—. Agarrarnos y colgarnos de los árboles.

Morales pertenece a la comunidad zapatista de Bolón Ajaw, una de las docenas de comunidades del estado de Chiapas que enfrentan ataques, invasiones de tierras y amenazas de muerte casi a diario.

Después de oír los disparos, Pedro Álvarez bajó corriendo por el camino de un kilómetro y medio desde el campo donde estaba cortando madera hasta el centro de Bolón Ajaw, un grupo de casas hechas de tablas viejas con techos de lámina corrugada, piso de tierra, sin electricidad ni agua corriente. Luego Álvarez llevó a las autoridades y a cinco observadores de regreso a la milpa, donde encontraron la camisa colgada y la cruz recién cortada en el árbol.

De acuerdo con el Centro de Análisis Político e Investigaciones Sociales y Económicas (CAPISE), con sede en San Cristóbal de las Casas, desde principios de 2007 ha habido agresiones contra decenas de comunidades, afectando a 800 familias y amenazando más de 12 000 hectáreas de territorio controlado por los zapatistas.

—Claramente esto es una estrategia de contrainsurgencia sistemática —dijo Ernesto Ledesma, director del CAPISE—. No habíamos visto una ofensiva tan intensa desde hacía mínimo 10 años.

En la segunda mitad de 2007, Ledesma y un puñado de trabajadores y voluntarios del CAPISE publicaron un promedio de tres reportes al mes documentando los nuevos "embates del gobierno" contra las comunidades indígenas zapatistas.

—El Estado mexicano ha reactivado los grupos paramilitares —afirmó Ledesma—. Están haciendo lo que hicieron los españoles en la conquista y lo que los rancheros y mafias locales hicieron después de la Revolución: están despojando a los pueblos indígenas otra vez de sus tierras, de su territorio.

En 1994, cuando el EZLN se levantó en armas en Chiapas, los insurgentes indígenas sacaron por la fuerza a los rancheros de las tierras y se convirtieron en dueños colectivos de los mismos campos que llevaban cientos de años trabajando como esclavos. Desde entonces, el EZLN ha restablecido a miles de personas sin tierra en antiguas haciendas, un proceso al que los zapatistas llaman "recuperar la tierra". Letreros en las carreteras de Chiapas anuncian a los viajeros: "Está entrando en territorio autónomo en rebeldía".

A lo largo de su sexenio (2000-2006), el presidente Vicente Fox retomó los intentos de administraciones pasadas por dividir las comunidades zapatistas con sobornos y programas de ayuda del gobierno. Fox, como sus predecesores, también trató de crear y entrenar grupos paramilitares antizapatistas que se hicieran pasar por organizaciones rurales de derechos indígenas, como la Organización para la Defensa de los Derechos Indígenas y Campesinos (OPDDIC). Hoy, con muchas comunidades divididas entre habitantes pro y anti zapatistas, organizaciones como la OPDDIC están usando los programas de apoyo del gobierno para obtener concesiones de tierras en territorio zapatista. Si el gobierno le diera las concesiones, la OPDDIC tendría un pretexto "legal" para despojar a las familias zapatistas de sus tierras.

Los zapatistas, por su parte, se niegan a entrar en los programas de ayuda del gobierno y a dejar la tierra.

—Derramamos nuestra sangre por la tierra, no por una limosna del gobierno —dijo un miembro del municipio zapatista autónomo de San Manuel, que también está bajo amenaza.

Morales, de Bolón Ajaw, asegura que las agresiones empezaron en 2006, cuando la OPDDIC comenzó a reclutar gente entre los simpatizantes del gobierno de la región.

—No están haciendo todo esto ellos solos —dijo—; viene del gobierno. Siempre que hay un problema, los helicópteros y la policía llegan luego luego, como si ya supieran lo que iba a pasar.

En los últimos cuatro meses de 2007, según reportes del CAPISE y la prensa local, en Bolón Ajaw la OPDDIC emboscó a habitantes zapatistas repetidamente con armas y machetes, golpeando gravemente a cuatro personas.

En respuesta a los ataques, a fines de noviembre de 2007 el CAPISE organizó brigadas de observadores que acamparan en Bolón Ajaw y otras comunidades para documentar las agresiones y amenazas contra los zapatistas.

—En todos los casos que documentamos —dijo Eugenia Gutiérrez, miembro de la caravana que visitó cuatro de las cinco regiones zapatistas autónomas—, la estrategia sigue un patrón que combina la invasión de tierras, amenazas de muerte, acoso y violencia física, y la destrucción de propiedad y recursos naturales con un despojo por ley, donde las organizaciones invasoras actúan en conjunto con las instituciones agrarias y judiciales de los gobiernos estatal y federal.

—Es una nueva embestida del Estado mexicano, con la participación de todos los niveles de gobierno —explicó Ledesma, del CAPISE—. Van sobre la tierra. Van sobre el territorio y todos los recursos naturales que contiene. Pero ahora existe todo un movimiento de pueblos indígenas que se oponen a su proyecto, y que además están desarrollando otro proyecto alternativo, autónomo, por su cuenta.

Cuando el atribulado presidente Felipe Calderón —aún perseguido por el conteo de votos surrealista de julio de 2006— ni siquiera mencionaba el persistente conflicto de Chiapas, su administración puso en marcha una nueva fase de contrainsurgencia en las comunidades rebeldes zapatistas, diseñada para despojar a los zapatistas de sus tierras y así desarraigar y destruir sus municipios autónomos. La serie de reportes del CAPISE documenta cambios en el despliegue militar, la actividad paramilitar y los proyectos de carreteras que se combinan para formar una estrategia de contrainsurgencia encaminada a desplazar a las comunidades zapatistas.

Entre 2005 y 2006, el ejército mexicano retiró 16 bases militares de regiones indígenas chiapanecas, dejando un total de 79 bases en el estado, incluyendo 56 bases militares permanentes en territorio zapatista. El retiro de militares parecería indicar una reducción de la militarización del territorio zapatista y otras regiones indígenas, dijo Ledesma, pero en realidad está sucediendo lo contrario. Ahora el ejército está reforzando las bases militares que quedan con fuerzas especiales, incluyendo tropas aéreas y unidades especiales de élite de la Ciudad de México sin jurisdicción para operar en Chiapas.

Estas bases rodean por completo todos los caracoles zapatistas, así como otras comunidades zapatistas donde los grupos paramilitares amenazan con despojar a sus habitantes de sus tierras. Con la cooperación del ejército mexicano, los paramilitares —que se hacen pasar por grupos de derechos indígenas, como la OPDDIC— invaden y amenazan las comunidades.

—Las fuerzas armadas mexicanas actúan como garantes de los diversos grupos que quieren desplazar a las comunidades zapatistas —dijo Ledesma.

El pueblo 24 de Diciembre es un ejemplo del proceso que se está empleando para operar este desplazamiento por todo el territorio rebelde. La comunidad se fundó en 1994 sobre 525 hectáreas de tierra reconquistada por el EZLN y distribuida a familias indígenas sin tierras que habían apoyado a los zapatistas. En febrero de 1995, el entonces presidente Ernesto Zedillo (ahora profesor en Yale) violó el alto al fuego y mandó al ejército mexicano a territorio zapatista a capturar a las mujeres y hombres que conformaban la dirigencia del EZLN. Las familias de 24 de Diciembre huyeron de la persecución del ejército y vivieron 12 años como refugiados en otras comunidades zapatistas antes de regresar a su pueblo el 24 de diciembre de 2006. En su ausencia, nadie habitó ni cultivó la tierra.

El 17 de julio de 2007, más de 50 miembros de la priista Unión de Ejidos de la Selva —que vende café a la cadena mexicana de cafeterías La Selva— marcharon por la comunidad blandiendo machetes y amenazando a sus habitantes. Los miembros del PRI construyeron un campamento a orillas del pueblo, obstruyendo el camino que la gente usa para caminar a sus milpas. Luego edificaron casitas de un solo cuarto con madera robada a la comunidad, justo en medio del camino. Ahora van todos los días a la base militar, ubicada a unos cientos de metros de 24 de Diciembre, para recibir provisiones y entregar reportes de la comunidad zapatista. Juegan futbol con los soldados.

Al igual que la OPDDIC y otros grupos paramilitares afiliados al PRI, la Unión de Ejidos se ha valido de legalismos falsos para reclamar tierras zapatistas. Crean nuevos ejidos que incluyen territorios zapatistas autorizados por el gobierno del estado, y luego usan los títulos de propiedad recién expedidos para declarar a los zapatistas invasores. La mayor parte de la tierra zapatista fue robada a los indígenas por caciques como el general Absalón Castellanos. Como se dijo antes, Castellanos, ex general del ejército y gobernador de Chiapas, fue tomado prisionero por el EZLN en 1994 y liberado con la condición de que entregara la tierra a los rebeldes indígenas, muchos de los cuales habían vivido y trabajado como esclavos con Castellanos antes del levantamiento zapatista. El gobierno federal le pagó a Castellanos por los terrenos decomisados, pero por su parte él hizo cesiones de tierras al gobierno del estado. Estas cesiones son las que ahora se usan para autorizar nuevos ejidos ofrecidos a grupos priistas que nunca han vivido ni trabajado allí.

—Nos dijeron que dejáramos de trabajar la tierra, que nos fuéramos voluntariamente para evitar el derramamiento de sangre —me dijo un habitante de 24 de Diciembre en una entrevista de julio de 2007.

Los zapatistas se pusieron en alerta, rotando a los grupos de apoyo de las diferentes comunidades próximas a La Realidad para montar guardias en 24 de Diciembre. Organizaciones en la Ciudad de México que participaban en la Otra Campaña boicotearon las cafeterías de La Selva, denunciando públicamente las hostilidades de la Unión de Ejidos contra 24 de Diciembre. El 1º de abril de 2008, el grupo priista finalmente renunció a sus demandas y retiró sus retenes.

Ledesma señaló que las acciones de contrainsurgencia en Chiapas tienen el completo apoyo del gobierno mediante instituciones administrativas y militares: la Secretaría de Agricultura, la Secretaría de la Defensa Nacional, los cuerpos policiales a nivel municipal, estatal y federal, la Secretaría de Comunicaciones y Transportes y el Congreso, todos participan superponiendo actividades de contrainsurgencia en territorio zapatista.

Como ejemplo, Ledesma mostró que, discretamente, el Congreso mexicano está construyendo una "supercarretera" que atraviesa el territorio rebelde para conectar las bases militares y la reserva de la biosfera de Montes Azules con otras carreteras nacionales. La autopista atraviesa las montañas, aparentemente para minimizar las curvas para los camiones grandes, y en algunos casos pasa directamente en medio de las comunidades.

—Las Juntas de Buen Gobierno constituyen la amenaza de una alternativa —dijo Ledesma—. Ahora hasta los indígenas priistas de la región van a [la Junta de Buen Gobierno zapatista de] La Garrucha a resolver sus conflictos de tierras y otros asuntos en sus propias lenguas, según sus costumbres, con una respuesta honesta a sus conflictos. El ejército mexicano, con sus fuerzas especiales de élite, está tratando de fracturar todo el proyecto de autonomía y las funciones de las Juntas de Buen Gobierno.

Y las agresiones continúan. El miércoles 4 de junio de 2008, un convoy militar de unos 200 soldados y policías federales y municipales intentó entrar a pueblos zapatistas con el pretexto de estar buscando plantíos de marihuana, un absurdo patente en comunidades que han mantenido una "ley seca" autoimpuesta que prohíbe todas las drogas y cualquier clase de alcohol desde hace más de una década.

El convoy se detuvo primero a la entrada del caracol de La Garrucha. Cuatro soldados se apearon y otros fotografiaban y filmaban a los zapatistas desde sus vehículos. La comunidad empezó a reunir gente, gritándoles a los soldados que se fueran. Los soldados volvieron rápidamente a sus vehículos y siguieron su camino. El convoy se unió a un segundo convoy más adelante; todos descendieron de sus vehículos y fueron caminando hasta la comunidad de apoyo zapatista de Galeana. Un policía de Ocosingo, Feliciano Román Ruiz, guió a los soldados por las veredas hasta la comunidad.

En Galeana, hombres, mujeres y niños se organizaron para impedir la entrada de los soldados a la comunidad. Según el comunicado zapatista que denunciaba los hechos, los zapatistas les gritaron a los soldados que regresaran por donde habían venido. Los soldados dijeron que habían venido a destruir los plantíos de marihuana que sabían que estaban por ahí. Los zapatistas negaron la existencia de tales cultivos y empezaron a juntar resorteras, machetes, piedras y palos para defender su tierra.

Los soldados se dieron la vuelta, pero advirtieron que regresarían en dos semanas y que entrarían a la comunidad a como diera lugar. Pero no se fueron; caminaron hasta el cercano San Alejandro, donde unos 60 soldados ya habían tomado sus posiciones alrededor de la comunidad, armas automáticas en ristre. La gente de San Alejandro, una comunidad de apoyo zapatista, también confrontó a los soldados e impidió su paso. Al poco tiempo, los soldados se retiraron. No regresaron dos semanas después, como habían amenazado.

>Pueblo de México y al mundo —escribió la Junta de Buen Gobierno de La Garrucha en su denuncia de estos hechos, emitida el 4 de junio—, queremos decirles que no será tan tarde habrá enfrentamiento y eso si es provocado por [el presidente Felipe] Calderón y [el gober-

nador de Chiapas] Juan Sabines y Carlos Leonel Solórzano, presidente municipal de Ocosingo. Mandando a sus perros de represores de cualquier corporación.

En las semanas anteriores, las agresiones se habían intensificado. El 19 de mayo de 2008, soldados y agentes federales, que llegaron en helicópteros y en un convoy militar, entraron a la comunidad de San Jerónimo Tulilja, en el caracol de La Garrucha, allanando casas y maltratando gente sin ninguna explicación. Tres días después, un grupo numeroso de priistas armados invadió el caracol zapatista de Morelia, cortó los cables de luz y estuvo atacando gente en sus casas toda la noche. Los pistoleros hirieron a más de 20 zapatistas, seis de los cuales fueron llevados al hospital con heridas graves.

Pero las agresiones suceden casi a diario: secuestran a simpatizantes zapatistas y los llevan a la cárcel bajo cargos fabricados, contaminan los pozos de agua, invaden las tierras, cortan las milpas, dejan amenazas de muerte contra la comunidad.

—Digamos que es como si estuviéramos viendo los preparativos de lo que va a ser Acteal —dijo el subcomandante Marcos en una entrevista de 2008 publicada en México, haciendo referencia a la masacre paramilitar de 45 hombres, mujeres y niños indígenas reunidos en una iglesia en la comunidad de Acteal el 22 de diciembre de 1997—. Pero ahora no se busca que sea un choque de agresores contra indefensos sino que sea realmente un enfrentamiento.[43]

La autonomía zapatista no es sólo una amenaza a la legitimidad percibida del Estado; es la estructura misma de la resistencia que mantiene y protege los territorios zapatistas, tierras recuperadas en el levantamiento de 1994 y cuidadas y cultivadas desde entonces.

No somos narcotraficantes —escribieron los miembros de la Junta de Buen Gobierno de La Garrucha—, somos lo que ya saben hermanos y hermanas de México y del mundo. Está claro que vienen por nosotros los y las zapatistas, y vienen los tres niveles de malos gobiernos encima de nosotros, y nosotros estamos dispuestos de resistir y si es necesario cumplir nuestro lema, que es: vivir por la patria o morir por la libertad.

Éstas son breves y dramáticas lecciones de autonomía. Con resorteras y machetes, los zapatistas están dispuestos a negar la entrada a sus comunidades a soldados y policía federal. La mayor parte del trabajo diario de la autonomía pasa inadvertida y sin ser reportada: la administración colectiva de la tierra, escuelas y clínicas de salud autónomas, solución de disputas en la comunidad. Pero la autonomía también quiere decir rechazar la legitimidad del Estado, y este rechazo se manifiesta no sólo en comunicados elocuentes sino también en plantarse frente a los soldados sin más arma que una herramienta de cultivo.

Si en los primeros meses de 2008 hubieras ido manejando por las carreteras secundarias del occidente de Oaxaca con el radio sintonizado en el 94.9 de FM, Radio Copala, "La voz que rompe el silencio", habrías oído un violín lento y penetrante trazando un melancólico acorde menor para luego dar paso a una voz lánguida de mujer, que lentamente cantaba: "Yo soy rebelde porque el mundo me hizo así. Porque nadie me ha tratado con amor. Porque nadie me ha querido nunca a mí". Luego, en medio de semejante tristeza exacerbada, la voz fuerte de una mujer joven interrumpe, quizá un poco aprisa: "Algunas personas piensan que somos muy jóvenes para saber..." Y de inmediato tercia otra joven voz femenina: "Deberían saber que somos muy jóvenes para morir".

Estas voces pertenecían a Teresa Bautista Merino, de 24 años, y Felícitas Martínez Sánchez, de 21, dos de seis jóvenes productores y locutores de Radio Copala, la primera estación de radio en transmitir tanto en español como en lengua triqui, un proyecto del recientemente declarado municipio autónomo de San Juan Copala, Oaxaca.

Esa rúbrica de la estación se grabó en enero de 2008 y se transmitía a diario. Para abril, Teresa y Felícitas habían muerto.

El 7 de abril de 2008, Teresa y Felícitas viajaban en el asiento trasero del coche de su primo Faustino Vásquez; se dirigían a un taller de radio comunitaria en la ciudad de Oaxaca en el que iban a participar. Llevaban sentado en medio al hijo de dos años de Faustino, Agustín. En el asiento del copiloto iban la esposa de Faustino y su hijo de cuatro años, Cristina y Jaciel.

—Íbamos por una bajada, con el precipicio a la derecha —dijo Faustino—. Antes de empezar a bajar noté un libramiento desde la carretera y dije: "Miren esa pickup blanca nueva estacionada allí".

Segundos después, cuando tomaban la curva bajando el cerro, Faustino volteó otra vez a la derecha.

—Había siete hombres arriba en el cerro, y nos empezaron a disparar —dijo.

Las balas de inmediato atravesaron el parabrisas, le dieron a Faustino en la muñeca y el hombro izquierdos y lo rozaron en la pierna y el brazo derechos y en la nuca. Dos balas le rozaron la nuca a Jaciel; perdió el sentido. Una bala destrozó el brazo izquierdo de Cristina.

—Se apagó el motor —dijo Faustino—. Traté de encenderlo otra vez pero no arrancaba. Agarré las llaves y corrí. Cuando salí corriendo Teresa y Felícitas seguían vivas. Les grité: "¡Córranle! ¡Nos están disparando!"

Los hombres le dispararon a Faustino mientras huía, pero no lo persiguieron.

La policía estatal luego recolectó unos 20 casquillos de fusiles de asalto AK-47 a la orilla de la carretera: los sicarios bajaron del muro de contención y acribillaron la parte trasera del coche. Teresa y Felícitas murieron casi instantáneamente. Cristina, Agustín y Jaciel sobrevivieron.

Por siglos, la pequeña región indígena triqui —unos 800 kilómetros cuadrados situados en el centro de la mixteca oaxaqueña—, o ñu savi, al oeste del estado, se ha conocido por su violencia endémica. Los triquis resistieron en gran medida las incursiones colonialistas españolas y fueron el primer pueblo indígena en levantarse en armas contra el nuevo estado mexicano independiente en 1823, cuando un general local, Antonio de León, trató de ceder sus tierras a ganaderos de cabras.[44] Los triquis pelearon tres años y defendieron sus tierras. En 1825, el gobierno creó un municipio autónomo que abarcaba toda la región. En 1843, los triquis se levantaron contra León por segunda ocasión, cuando trató de quitarles sus tierras para pagar las supuestas deudas pendientes de la comunidad con la Iglesia católica por "servicios" tales como bodas, bautizos y ritos funerarios. De nuevo, los triquis salieron victoriosos. Como resultado de su defensa armada, el día de hoy la comunidad triqui es un oasis en medio de la erosionada región mixteca donde siglos de tala y pastoreo de cabras han diezmado la tierra.

Después de que los triquis defendieron su tierra exitosamente en dos guerras distintas, el gobierno mexicano decidió cambiar la confrontación armada directa por una estrategia de "divide y vencerás", dijo Francisco López Bárcenas, abogado e historiador ñu savi, autor de más de 15 libros sobre la región, incluyendo *San Juan Copala: dominación política y resistencia popular,* de próxima aparición.

Desde finales del siglo XIX hasta el presente, las divisiones internas en la región triqui, fomentadas por el gobierno del estado, han llevado a ciclos interminables de asesinatos políticos y masacres, y en dos ocasiones el gobierno federal ha enviado al ejército a la región.

—¿Por qué se matan entre sí? —preguntó López Bárcenas—. Diódoro Carrasco, cuando era gobernador, dijo que era un problema cultural. Ulises Ruiz [el actual gobernador] dice que la violencia es parte de sus usos y costumbres indígenas. No. Es un problema de descomposición social que viene de la mano de la dominación política y económica del estado, y tiene historia.

Esa historia, según López Bárcenas, siempre ha enfrentado a los colaboradores del gobierno del estado contra las comunidades triquis que luchan por mantener su autonomía. Una de las batallas, a principios del siglo XX, empezó por el control de las tierras cafetaleras. Especuladores no indígenas llevaron el café a la región en los años veinte. Los nuevos caficultores empezaron a asesinar a los triquis que se negaban a cambiar su producción tradicional de milpas por el cultivo de café. Los compradores de café no indígenas fomentaron las divisiones pagando parte de las cosechas del grano con armas de fuego y alcohol. La violencia en la región se intensificó y el gobierno federal mandó al ejército en 1940. Las guerras cafetaleras fracturaron segmentos de la economía triqui tradicional, pero su organización política —basada en gran medida en el consejo de ancianos y en pueblos estructurados en función de las familias— se mantuvo fuerte hasta que, el 7 de diciembre de 1948, el gobierno del estado de Oaxaca dividió la región en cinco municipios en un intento de quebrar su cohesión política.

—Ése fue un duro golpe para someter políticamente a los triquis —dijo López Bárcenas.

Pero en los setenta, el consejo de ancianos triqui trató de poner fin a la violencia cediendo sus poderes comunitarios a una coalición de hombres jóvenes comprometidos a unir la región pacíficamente. Esa paz duró menos de dos años; uno de los recién nombrados miembros de la autoridad comunitaria se conectó con el PRI y mató a sus rivales. En 1978 el ejército regresó a la región, construyendo bases y apoyando al bando priista.

La violencia aumentó con la creación de varias organizaciones políticas en los años ochenta. La organización más poderosa, el Movimiento de Unificación y Lucha Triqui (MULT), pasó de ser una agrupación para la defensa de la tierra que confrontaba directamente al Estado a ser un grupo cuasiparamilitar controlado por un hombre no triqui, Heriberto Pasos, con viejos vínculos con el gobierno del estado de Oaxaca.

—Heriberto Pasos maneja el MULT con un discurso izquierdista, pero en realidad actúan en función de los poderes del Estado —dijo

Pedro Matías, un periodista oaxaqueño que lleva más de 10 años cubriendo la zona—. El MULT tomó control de la región y los asesinatos empezaron otra vez en ese contexto.

En 2006, más de la mitad de la región triqui se separó del MULT y creó el MULTI —la "I" final es de "Independiente"—. Cuando en junio de 2006 estalló un levantamiento de desobediencia civil en Oaxaca, el MULTI se unió a la organización de los manifestantes, la Asamblea Popular de los Pueblos de Oaxaca (APPO), mientras que el MULT se puso del lado del gobierno.

—El MULT participó directamente en los escuadrones de la muerte en Oaxaca en 2006 —aseguró López Bárcenas.

En efecto, las primeras personas a las que mataron durante el conflicto de 2006 fueron tres triquis del MULTI; los emboscaron cuando iban camino a una reunión de la APPO en la ciudad de Oaxaca y los acribillaron con AK-47. Un miembro del MULT, Faustino Alvarado Martínez, llevó a cabo el primer asesinato directo de un manifestante en la ciudad de Oaxaca, matando a José Jiménez Colmenares en una marcha. Los miembros de la APPO detuvieron a Alvarado Martínez, pero el gobernador Ulises Ruiz lo liberó después, a pesar del testimonio de docenas de personas que presenciaron el asesinato.[45]

Inspirado por la APPO, el MULTI decidió disolver su organización y el 21 de enero de 2007 creó el municipio autónomo de San Juan Copala en la región triqui, uniendo a 20 comunidades triquis y cortando toda relación con el gobierno del estado de Oaxaca.

—Durante el conflicto de la APPO pensamos en crear una nueva organización, un nuevo frente popular para denunciar los problemas en la región —dijo Jorge Albino Ortiz, coordinador de Radio Copala—. Le preguntamos al consejo de ancianos y dijeron que no, que una nueva organización nomás iba a dividir más a la gente. Dijeron que sería mejor hacer nuestra propia autoridad.

Inspirados también por los municipios autónomos zapatistas, por las propuestas de autonomía indígena desarrolladas en los Acuerdos de San Andrés y por la Otra Campaña, los triquis de San Juan Copala suspendieron toda relación con el gobierno del estado, corriendo a la policía estatal y rompiendo todo lazo presupuestal.

—Los proyectos del gobierno siempre eran proyectos que venían de arriba hacia abajo, diseñados y autorizados por funcionarios municipales sin consultar a las comunidades, y los fondos para los proyectos nunca llegaban a las comunidades; parecía que se perdían en el camino —dijo Macario García Medino, secretario municipal y director de la escuela primaria bilingüe de San Juan Copala—. Ahora trabajamos distinto, la gente es la que decide sus proyectos.

El gobierno del estado catalogó a Copala como "municipio rebelde". Pero García Medino aclaró que no se levantaron en armas sino que simplemente cortaron relaciones con el estado. Muchas de las comunidades de migrantes triquis en California y Nueva York están enviando dinero al nuevo municipio autónomo para financiar proyectos locales, incluyendo la construcción de un camino de seis kilómetros hasta una comunidad que sigue incomunicada de la red de caminos local.

La falta de comunicación es uno de los principales problemas que enfrenta la región. En San Juan Copala y los pueblos vecinos no hay líneas de teléfono ni servicio de celular. Copala cuenta con un teléfono satelital en la oficina municipal. La idea de la estación de radio surgió de la necesidad de discutir el proyecto de autonomía en pueblos que viven desconectados de los caminos y las comunicaciones modernas como teléfono e internet, dice Albino Ortiz. Él participó en la radio ocupada por la APPO (La Ley) en el conflicto de 2006.

—Observamos cómo la radio llamaba a la gente a participar en las diversas acciones del movimiento, y queríamos hacer algo así en nuestra región —dijo.

La radio, con una señal que llega a unos 11 kilómetros, estaba al aire todo el día, enfocada en temas de autonomía y derechos indígenas. Una de sus principales tareas era fomentar la participación de las mujeres en el nuevo municipio autónomo, razón por la cual, dijo Albino Ortiz, decidieron tener a tres hombres y tres mujeres trabajando en la estación.

—Cuando empezamos, estábamos muy emocionados de tener una estación de radio en Copala —dijo Yanira Vásquez, quien trabajaba con Teresa y Felícitas—. Las mujeres no participan mucho y apenas estábamos empezando a promover la participación de las mujeres en las asambleas y las juntas, y a incluir nuestras perspectivas y entrevistas sobre cómo vemos lo que está pasando en la región.

—Le pusimos a la estación "La voz que rompe el silencio" porque iba a dar información a la gente —agregó Albino Ortiz.

El 7 de abril de 2008, la noticia de los asesinatos le dio la vuelta al mundo en cuestión de horas gracias a internet. Docenas de organizaciones de derechos humanos nacionales e internacionales, grupos de defensa de periodistas, y aun las Naciones Unidas y la Comisión Interamericana de Derechos Humanos, condenaron los crímenes y exigieron que el gobierno mexicano llevara a cabo una investigación rigurosa y castigara a los culpables. Pero tres semanas después de los asesinatos, ningún funcionario del gobierno había ido a tomar las declaraciones de los testigos que sobrevivieron. Faustino vio claramente a los hombres que los atacaron y puede dar sus nombres.

—Todos son matones de Heriberto Pasos —dijo.

Pero el gobierno, en vez de investigar, ha seguido el camino de garantizar siempre la impunidad, negando la naturaleza política del crimen y atacando la legitimidad de las víctimas. El procurador general de justicia de Oaxaca, Evencio Martínez, dijo a la prensa el 18 de abril de 2008: "Lo que queda claro en la averiguación es que el atentado no era contra ellas, sino contra la persona que venía conduciendo", Faustino Vásquez Martínez.

Quizá porque los investigadores del estado no entrevistaron ellos mismos a Faustino Vásquez, ignoraban el hecho de que éste logró escapar fácilmente sin ser perseguido, mientras que Teresa y Felícitas fueron el blanco de los sicarios que descendieron del muro de contención al lado del camino y que les dispararon desde atrás del coche.

El 21 de abril de 2008, Juan de Dios Castro Lozano, un subdirector de la Procuraduría General de la República, aseguró a un grupo de investigadores de derechos humanos mexicanos e internacionales que las dos jóvenes en realidad no eran periodistas —ninguna tenía la carrera de periodismo—, sino amas de casa que únicamente programaban música cuando alguien llamaba para pedir una canción. Los comentarios de Castro Lozano provocaron una crítica inmediata, entre otros del comité de selección del Premio Nacional de Periodismo, que les fue otorgado de manera póstuma a Teresa y Felícitas.

Castro Lozano cedió ante la presión de los medios y dijo que sus comentarios se habían malinterpretado; anunció que el gobierno federal se haría cargo del caso, por el calibre de ametralladora usado en los asesinatos. Pero de todas formas el gobierno federal sigue la teoría planteada por el gobierno del estado.

—Todo esto tiene la marca de los problemas ancestrales de la región triqui —declaró el procurador del estado en conferencia de prensa el 18 de abril de 2008, expresando el punto de vista generalizado de que la violencia en la región triqui es producto de su inherente desgobierno.

—La intención siempre ha sido quitarles sus tierras a los triquis —explicó María Dolores París, profesora de sociología rural en la UNAM, quien ha trabajado con los triquis en Oaxaca y los migrantes triquis en California—. No hay un verdadero gobierno en la región. Al contrario, el gobierno del estado entra a la región a fomentar la violencia y luego se lava las manos con teorías de que la violencia proviene de la naturaleza misma de los triquis.

De acuerdo con París, la versión del estado en cuanto a que Vásquez, y no las dos mujeres, era el verdadero blanco de los asesinos es "absurda", aunque explica que anteriormente las mujeres no eran atacadas en los episodios de violencia regional.

—Estoy segura de que a estas jóvenes las mataron por su trabajo en la estación de radio —dijo.

Pero despojar la violencia de su historia y su contexto forma parte de la técnica para garantizar el ciclo de violencia, el ciclo que destruyó las voces de Teresa y Felícitas.

Faustino Vásquez y su familia ahora han sido arrojados al corazón de esa violencia.

—Tengo miedo —confesó Faustino—. Ahora tengo que andar con cuidado, ya no puedo vivir la vida como alguien que nomás va adonde quiere. Si me ven por ahí, de seguro me ejecutan.

Le pregunto si tiene alguna esperanza de que se haga justicia.

—Con la ayuda de las organizaciones de derechos humanos —respondió—, con la ayuda de periodistas, radio, televisión, con todos presionando a los gobiernos estatal y federal, a lo mejor se hará justicia.

7

La guerrilla

> La represión, el gobierno del estado de Veracruz, eso fue lo que me llevó al movimiento armado.
>
> GLORIA ARENAS AGIS

En algún momento antes del amanecer del 22 de octubre de 1999, Gloria Arenas Agis despertó con el ruido de unos balazos.[1] Corrió a la ventana, pero de inmediato se tiró al piso para evitar que le dispararan. En cuestión de segundos se encontró rodeada por hombres con ropa militar negra sin insignias, las caras tapadas con pasamontañas, y todos con rifles de asalto. Le esposaron las manos a la espalda y le vendaron los ojos.

—¿Dónde están las computadoras y los documentos del partido? —le preguntó alguien. Ella señaló hacia su computadora.

—Así que tú eres la que estamos buscando —dijo uno—. ¿Dónde están las armas?

—Aquí no hay armas —respondió ella.

—Pues deberías de haber tenido —replicó el hombre.

—¿Cómo te llamas?

Gloria dio un nombre inventado.

—¿Quieres que le preguntemos a tu hija o a tu mamá?

El hombre dio la orden de que reunieran todos los documentos, fotografías, computadoras y discos. Le quitaron la venda, la agarraron del pelo y la llevaron a una camioneta, obligándola a mirar al piso.

—Ahora vas a ver a tu marido —dijo uno, refiriéndose a Jacobo Silva Nogales, alias el comandante Antonio.

Y sí, allí estaba, tirado en el piso de la camioneta, rodeado de hombres que lo estaban pisando. Ella reconoció su chamarra pero no podía distinguir su cara. Mientras se esforzaba por ver en la oscuridad, los hombres levantaron la cabeza de su marido jalándolo del pelo. Tenía los ojos cubiertos con una tela gruesa.

—Aquí está tu mujer, Antonio —le dijo uno.

Él trató de decirle algo, haciendo un gran esfuerzo por pronunciar unas palabras. Ella no le entendió. Lo habían golpeado y torturado y no podía hablar.

Cerraron la puerta de la camioneta y se llevaron a Gloria a otro vehículo. Adentro, nuevamente le vendaron los ojos y le preguntaron su nombre; ella volvió a darles el nombre falso que había dado en su casa. Sintió el primer golpe en el estómago e instintivamente trató de alzar las piernas para protegerse, pero hombres a ambos lados la sujetaron y la golpiza continuó. Después de un rato la llevaron a un avión. Durante el vuelo, un hombre se sentó junto a ella y habló extensamente sobre los conflictos internos entre dos movimientos guerrilleros, haciendo un obvio despliegue de toda la información que habían recabado acerca de ella y su organización.

Del avión la llevaron a un cuarto muy grande, seguramente un hangar, puesto que estaba cerca de donde había aterrizado el avión. La subieron por una escalera de caracol metálica y la dejaron en un cuarto. Después de un rato, el hombre que había hablado con ella en el avión reapareció.

—Señora, usted nos va a decir todo lo que queremos saber, porque si no la voy a tener que mandar con los otros cuates y ellos no la van a respetar. Sea como sea, la vamos a hacer hablar.

Ella no dijo nada.

—La dejo un ratito para que lo piense.

La dejó en el cuarto rodeada de hombres vigilándola.

Un rato después la llevaron a otro cuarto y la sentaron en una banca. Le quitaron las esposas y la venda de los ojos y le tomaron fotos y video: ella sentada en la banca, acercamientos a su cara, manos y muñecas. Nadie habló. Luego le volvieron a vendar los ojos, pero esta vez con mucho cuidado, poniéndole bolitas de algodón alrededor de los ojos. Luego le envolvieron las muñecas con algodón y le volvieron a poner las esposas.

—Como verá, ya no hacemos las cosas como antes —le dijo un hombre mientras le ponía el algodón—, ahora no dejamos cicatrices; nos hemos modernizado.

Le dijeron que habían ubicado el departamento donde vivían su hija y su madre, y que pronto las traerían a hacerle compañía.

La llevaron a otro cuarto. La desnudaron y le dieron toques eléctricos por todo el cuerpo. Le preguntaron los nombres de los líderes de su organización y de la gente bajo su mando. Ella dio los nombres usados para firmar los comunicados —Santiago, Cuauhtémoc, Emiliano, Hermenegildo— y negó tener gente bajo su mando. La interrogaron una y otra vez. Amenazaron con traer a su hija y torturarla a ella también. Le preguntaron sobre su familia y su infancia, cómo conoció a su marido, quién la reclutó para que entrara a la organización. Ella no dijo nada. Ese día llevaron a cabo tres sesiones de tortura con toques eléctricos. Luego la dejaron en un cuarto para que oyera la tortura de su marido en una habitación cercana. A su marido lo colgaron de las muñecas, con los brazos atrás (10 años después no puede hacer lagartijas); le golpearon la cara y el cuerpo y le dieron toques.

—Después de la tortura los oí decir: "Bueno, pues ahora a esperar a ver qué dice el alto mando". Por supuesto que hablaban del presidente. Él decidió presentarnos ante la prensa y no desaparecernos.

El 24 de octubre de 1999, Gloria Arenas Agis, alias coronela Aurora del Ejército Revolucionario del Pueblo Insurgente (ERPI); Jacobo Silva Nogales, alias comandante Antonio del ERPI, y Fernando Gatica Chino —quien junto con su esposa Felícitas Padilla mantenía una casa de seguridad donde a veces se reunían miembros del ERPI— fueron presentados ante los medios (Felícitas se desmayó justo antes de la conferencia de prensa), detrás de un vidrio a prueba de ruido. Todos llevaban cachuchas blancas para ocultar en la sombra las huellas de la tortura; Jacobo tenía la cara tan hinchada y amoratada que su familia no lo pudo reconocer bien cuando vio las primeras imágenes de él en televisión.[2] Gloria levantó la mano derecha para hacer la señal de la victoria, pero fue velozmente reprimida por los guardias parados detrás de ella, aunque los fotógrafos ya habían capturado el gesto.

Casi 10 años después siguen en la cárcel, acusados de rebelión.

El Centro de Rehabilitación Social (Cereso) de Chiconautla, en Ecatepec, Estado de México, está ubicado justo debajo de un tiradero de basura en la cima de un cerro extenso donde colonias improvisadas bajan en cascada hasta el valle lleno de tráfico y esmog. Las torres de vigilancia se elevan sobre los altos muros de concreto y alambre de púas, junto al estacionamiento. Justo afuera, todos los sábados y domingos se reúnen vendedores ambulantes que ofrecen comida casera, tarjetas de teléfono y refrescos a los familiares y amigos que visitan a los presos. Hablé con una señora que se pasa las noches de viernes y sábado picando carne y verduras hasta la madrugada, y se levanta pocas horas después, a las tres de la mañana, para ponerse a cocinar enormes cazuelas de pollo en mole verde, guisado de puerco, ensalada de nopal y arroz rojo con zanahoria y ajo.

A las nueve de la mañana, los familiares y amigos de los presos se forman afuera de la entrada de visitantes en el extremo izquierdo del edificio. En la fila uno puede observar gente colocando billetes de 100 pesos debajo de su identificación. A los prisioneros se les permite una visita registrada cada tercer sábado o domingo, pero por 100 pesos cualquiera puede entrar el fin de semana que quiera. Al entrar, el primer guardia ojea los pases de los visitantes registrados y toma los billetes de los demás, todo a plena vista, con un esfuerzo de veras minúsculo por disimular la ilegalidad.

Los guardias ponen a los visitantes una serie de sellos en el antebrazo derecho y luego la fila serpentea hacia la izquierda para la inspección de comida. Toda la gente formada mete las manos en sus bolsillos y monederos para preparar una moneda. Los guardias a cargo de la inspección de alimentos se fingen un poco alarmados por la cantidad de comida o el tipo de recipiente y dicen, secos:

—Eso no puede entrar.

El visitante hace un gesto cansado e inútil de protesta:

—Pero si es lo mismo que traigo cada semana.

—Pues esta semana no —responde el guardia.

Luego un puño cerrado con una moneda de 5 o 10 pesos cruza el mostrador, deposita su contenido en la mano del guardia, que mecánicamente —demostrando la destreza de los hábitos arraigados— mete la moneda a uno de sus bolsillos. No cruzan más palabras; el guardia empuja el paquete de comida hacia el visitante y llama a la siguiente persona de la fila. En mi primera visita vi otra fila de registro antes del mostrador de inspección de comida y le pregunté a una mujer si también me tenía que registrar allí antes de seguir.

—No —me dijo—; eso es para la gente con pases permanentes. Nomás te van a sacar más dinero.

De la inspección de comida uno pasa a la inspección de objetos. Algunos presos, como Gloria Arenas, tienen permiso de recibir periódicos, revistas y libros. Aquí de nuevo se preparan y entregan monedas. Luego sigue la revisión corporal. De nuevo, hay que tener lista una moneda o dos. Siempre hay un pretexto:

—No puede entrar con el pelo largo.

Una moneda cambia de manos. El que sigue.

—No puede entrar con ese cuaderno.

La moneda. El que sigue.

—No se permiten plumas.

La moneda. El que sigue. Cuando no encuentra ningún pretexto, el guardia pide, tímido:

—¿No se coopera para el refresco?

En mi tercera visita, cuando entré al área de revisión corporal, al guardia se le cayó la moneda de 10 pesos que le había dado una persona antes de mí. Rápidamente me agaché a recogerla y se la pasé, diciéndole:

—Buenos días, ¿cómo estamos?

Visiblemente apenado, el guardia respondió, afable:

—Vivos, que ya es ganancia.

Rápido y caricaturesco, hizo como si me revisara, pero no vio qué traía en los bolsillos ni me pidió que me quitara la chamarra; me pasó lo más pronto que pudo.

—El que sigue.

Luego viene la revisión de identificaciones. Aquí los guardias toman la identificación de los visitantes y revisan los sellos que traen en el antebrazo. Los visitantes primerizos también pueden atorarse aquí. A mí me dijeron que mi pasaporte, mi visa FM3 y mi licencia de manejar eran identificaciones "incorrectas". Ya no traía monedas después de la inspección de comida, la inspección de objetos y la revisión corporal. Entonces me pidieron un billete de 20 pesos como identificación "correcta" y me dejaron pasar. Pero me volvieron a detener a los tres pasos.

—¿Qué trae en la bolsa? —me preguntó un guardia señalando una bolsa de plástico en mi mano derecha.

—Periódicos y revistas —respondí, abriendo la bolsa y acercándosela al guardia.

—No puede entrar con eso —me dijo. Y por alguna razón, pensé ingenuamente que estaba cometiendo un error técnico.

—La interna que vengo a ver tiene permiso para recibir esto —le dije.

—A verlo.

—Pero recogen los permisos a la entrada —respondí.

—Entonces no puede entrar con eso.

—Perdón, no entiendo; la interna tiene permiso y a la entrada...

—Pues hoy no —dijo, mirando por el pasillo hacia la fila que venía atrás de mí.

Ah, entonces entendí. Pero ya no traía monedas. Metí la mano en el bolsillo y saqué un billete de 50 pesos. Me abrió la puerta y dijo:

—El que sigue.

Ya dentro del área de visitas, la atmósfera entre las internas es completamente diferente, alegre y hasta cooperativa. Las mujeres que no tienen visita ayudan a calentar agua para café y a preparar la comida para las que sí. Nadie se pelea por un lugar en las dos filas de mesas de picnic fijas. Los niños visitantes corren y juegan por todos lados; las parejas susurran sentadas en los rincones.

Gloria emana una emoción instantáneamente contagiosa los días de visita. Le encanta conversar. Su energía contrasta con el sombrío y gris entorno de concreto de la prisión. Después de unos cuantos minutos de conversación uno se olvida del concreto, de los carceleros y de la corrupción, absorto en la atención tan jubilosa que Gloria pone tanto al hablar como al escuchar. Su energía contrasta igualmente con la imagen en los medios masivos de una guerrillera dogmática: Gloria es muy aterrizada, se expresa con una agilidad de pensamiento descomunal, aunque siempre de manera sencilla y directa, sin citar jamás a Marx ni a Lenin ni a Mao, ni siquiera al Che (aunque los ha leído a todos), sino que más bien haciendo constantes referencias a su experiencia en las ciudades perdidas de México, en su campo desolado, en sus comunidades indígenas marginadas. Pero lo que la distingue y le recuerda a uno que ella es, en efecto, lo que podría legítima y respetuosamente llamarse una rebelde, es la profundidad de su convicción —que no excluye la defensa ni el levantamiento armados pero que tampoco descarta la organización social pacífica— de la urgencia de una lucha social y del derecho inalienable de la gente de luchar por la justicia.

Recuerda imágenes de su casa, de su madre planchando. Tenía como tres años, y se recuerda con un vestido de flores. La casa era sencilla, humilde, de piedra y cemento con paredes gruesas y techo de teja, dijo. Era una casa vieja en Orizaba, Veracruz, y ya no existe.

—Recuerdo esa casa con cariño —dijo—. Una casa vieja, barata, que nunca se había reparado ni reconstruido, con el cemento deteriorado; caía tierra del techo de teja. Orizaba es una de las ciudades con más lluvia del país, así que es común que los techos se pudran con el tiempo.

Con tres hijas, la familia primero dormía en varios cuartos. Pero en 1973, cuando un temblor derrumbó la mitad de la casa, tuvieron que dormir todos en el mismo cuarto. Ponían cubetas por todo el piso, pues la lluvia se metía por las grietas sin reparar del techo.

—Para una niña, era divertido. Gritábamos: "¡Está lloviendo, hay que poner las cubetas!"

Calle Real, Oriente 7, número 637, a dos cuadras de la iglesia de San José. En esa época, los autobuses que llegaban a la ciudad entraban por la calle Real. Era una vía muy transitada. Ya no.

—Orizaba *era* una ciudad industrial, antes, con fábricas textiles de la época de Porfirio Díaz. También había una embotelladora importante de la Cervecería Moctezuma. Todo eso se acabó; las fábricas textiles cerraron todas, la cervecería la compró Grupo México. La economía se vino abajo.

"Mi padre fue obrero toda su vida. A los 16 entró a trabajar en la embotelladora, en el soplado de vidrio."

Y trabajó en la misma fábrica hasta que se jubiló. Le tocó vivir en Orizaba en la época de la presidencia de Lázaro Cárdenas, cuando había balaceras en la calle entre sindicatos rivales.

—Uno de los sindicatos compró una ametralladora Thompson y la instalaron en la puerta de su sede.

Gloria nació en 1959 y vivió en el estado de Veracruz hasta 1984.

—Siento que la región donde crecí me influyó mucho, los valles y las montañas que los rodean, la región indígena nahua, la Zongolica, la vegetación increíble, la fruta. El deporte de la ciudad era ir a caminar a las montañas, pero muchos iban de excursión sólo por hacer ejercicio y subían y bajaban las montañas sin mirar a la gente.

Su padre era uno de los excursionistas más destacados de la región, y a veces trabajaba también como guía de turistas. Nacido en 1912 en una hacienda, vivió sus primeros años durante la Revolución mexicana de 1910-1920. Sus primeros recuerdos eran de cuando montaba a caballo, llevado por alguien; de los revolucionarios que iban a pedir comida a su casa; de estar tendido en el suelo junto a su madre mientras las balas atravesaban las paredes que los rodeaban.

El abuelo materno de Gloria se vio obligado a abandonar Hidalgo, su estado natal. Tuvo problemas con Porfirio Díaz; su padre había sido asesinado y él era periodista, crítico del régimen. Fue encarcelado. John Kenneth Turner lo visitó en la cárcel y escribió un párrafo sobre él en su famoso libro sobre el México prerrevolucionario, *México bárbaro*. Se fue de Puebla a Orizaba; vendía jabón que hacía en casa, rentaba establos a la gente que bajaba de las montañas con sus animales.

La madre de Gloria era ama de casa, muy católica y dedicada a su familia; su padre era ateo. Se conocieron escalando un volcán.

Gloria y sus dos hermanas fueron a escuelas públicas para niñas, crecieron ingenuas y traviesas, nunca se les veía haciendo la tarea pero sacaban puros dieces. Lo que más le gustaba a Gloria era la historia, los relatos de los mitos y conflictos griegos, la batalla de las Termópilas.

Pero de niña no entendía bien la diversidad social de México ni de su estado natal.

—Lo que sí notaba era la pobreza —dijo—. Cuando vas a caminar a las montañas, dejas atrás la ciudad. Yo era niña. Una vez se nos hizo de noche y nos perdimos. Tenía nueve años. No habíamos llegado a la cima, y mi papá dijo: "Pues ni modo, vamos a tener que acampar aquí". Nada más traíamos una lona de plástico para cubrirnos.

Estábamos al lado de una milpa y una señora se nos acercó y nos invitó a dormir a su casa. Nos invitaron a cenar con ellos. Y luego me di cuenta de que cuando esta gente iba a la ciudad sucedía lo contrario: dormían afuera, en la banqueta, nadie los invitaba a dormir a su casa ni a comer con ellos, ni siquiera a tomar un café y un pan; de eso sí me daba cuenta. En aquellos años la gente tocaba la puerta para pedir un taco. Mis padres les daban algo de comer, no por motivos políticos, sino por el aspecto humano; nosotros también éramos pobres.

Recuerda las filas afuera de la casa de empeño de la ciudad: la fila para empeñar cosas siempre era larga; la fila para redimirlas, muy corta.

—De niña me gustaban muchas cosas —dijo—, pero siempre pensé en los movimientos sociales.

La primera vez que leyó sobre Miguel Hidalgo y la Independencia pensó: "¿Por qué no vivimos en esa época?"

—Me tomó muchos años darme cuenta de que vivimos en una época parecida. Quizá ésta siempre fue mi vocación; por eso estoy aquí —dijo, alzando la vista hacia la ventana por donde se veían los altos muros con alambre de púas que rodean el Cereso de Ecatepec.

Gloria terminó el bachillerato técnico en Orizaba y luego se mudó al puerto de Veracruz con sus dos hermanas para seguir estudiando. Las tres vivían juntas en una pensión. Ella trabajaba en una pequeña papelería desde las nueve de la mañana hasta la media noche. Luego se fue a la pequeña ciudad de Úrsulo Galván a estudiar ciencias agrícolas. Nada de política ni estudios sociales. Le faltaba un semestre cuando se fue.

Uno de sus maestros había participado en las protestas estudiantiles masivas en la Ciudad de México en 1968. En Veracruz había coordinado un comité para los presos políticos. Tenía que enviarle un mensaje a la madre de un preso en Orizaba, y le preguntó a Gloria si podía hacerlo. Ella cumplió el encargo, con una de sus hermanas. La madre del preso les habló a las hermanas de las condiciones sociales en su región. Las invitó a visitar a su hijo en la cárcel. Fueron, y Gloria vio a cuatro mujeres de su edad encerradas por protestar.

—... y pensé: ellas no pueden estar presas. Y allí me di cuenta, entendí de golpe que eran presas políticas.

Su hermana en Jalapa la invitó a marchas para exigir la libertad de los presos políticos y el fin de las desapariciones y torturas. Allí empezó a participar de lleno en el activismo, en una campaña local para liberar a unos cuantos jóvenes presos políticos. En 1980, los presos fueron liberados y sintieron que habían ganado.

—Enterarme de los presos políticos jóvenes me impactó políticamente —dijo.

Pero su activismo de juventud "no tenía nada que ver con la lucha armada".

Para entonces era madre soltera con una bebé que cuidar, y entró a trabajar en la tienda Conasupo —la cadena de supermercados del gobierno— de la sierra de Zongolica.[3] El municipio de Tehuipango, conocido como la región de Zongolica, es la zona más marginada y pobre de Veracruz.

En Tehuipango la gente se apropió de la tienda para combatir al cacique local, que regularmente cobraba de más por los productos básicos que vendía en su negocio. Al cacique no le gustó la competencia y mandó matar a uno de los empleados de la tienda, quien fue baleado en el camión de la Conasupo.

—Caminábamos de noche, ocho horas, para evitar las emboscadas —contó Gloria.

En la región, las compañías madereras talaban intensamente; parecía como si quisieran acabar con todo el bosque, y la gente se preocupaba por cómo iban a sobrevivir sus hijos si ya no quedaban árboles. Un cura de la localidad le prestó a Gloria películas sobre luchas de pueblos en Centroamérica, Cuba y Colombia; ella las exhibía por las noches en las asambleas comunitarias.

—Esta gente estaba doblegada, postrada —dijo—. Me preguntaba: ¿cuándo se van a levantar? Después de ver las películas, decidieron bloquear el camino para que no pasaran los camiones con madera.

Un chofer sacó una pistola, pero eran muchos más que él y ya le empezaban a llover pedradas; guardó su arma. Llevaron el camión con el cura. La Unión de Todos los Pueblos Pobres (TINAM, por sus siglas en náhuatl) surgió de esa acción.

—Ya no los paraba nadie —dijo—. Llevaban muchos años contenidos, 500 años, y ahora exigían carreteras, fertilizantes, mercados para sus productos.

Organizaron comités en distintos pueblos y la organización se extendió a varios municipios. El gobernador los puso en su "lista roja". Alguien filtró un estudio del secretario de Gobierno del estado de Veracruz, Ignacio Morales, en el que manifestaba su temor de que las regiones de Zongolica y Huayacocotla pudieran radicalizarse aún más. Morales proponía dos alternativas: reprimir o solucionar los problemas para calmar los ánimos. Al principio sí trataron de resolver el conflicto construyendo una carretera, pero la gente quería más.

—Me identificaron como una de las líderes de la organización —explicó Gloria—. Me agarraron en la puerta de mi casa y me subieron a un coche, la policía de Orizaba. Pero creían que era mi hermana. Estuve desaparecida cinco días. Sabes que estás desaparecida, pero no sabes por cuánto tiempo ni qué va a pasar, y eso ya es tortura. Hicieron un poco de teatro, que iban a sacar una orden de aprehensión por asalto y que me iban a refundir en la cárcel, pero que si iba a hablar con el consejero del gobernador, me dejaban ir.

Ella aceptó, pero primero convocó una reunión con los miembros de TINAM; acordaron enviar una delegación a hablar con el gobernador, Agustín Acosta Lagunes, quien les dijo:

—Está muy bien lo que están haciendo, pero ¿por qué no se unen al partido?

¿Al partido?

—Al PRI —les dijo.

Se negaron.

El gobernador les prestó un camión para regresar a Zongolica. En la carretera oyeron un ruido raro; pararon, y vieron que la llanta delantera derecha sólo estaba sostenida por un birlo. Quitaron un birlo de las otras llantas para sujetar la llanta delantera.

En los meses siguientes fueron vigilados y seguidos constantemente.

—Ya no podía ir a mi casa, porque había policías esperándome en la puerta —recordó Gloria—. La situación era insoportable. La vida del perseguido es más difícil que la vida del preso. El preso dice: "Pues ya estoy aquí...", pero el perseguido tiene miedo, no quiere ser detenido o detenida y entonces vive aterrorizado. Yo fácilmente podía haber muerto, y piénsalo, todo por trabajar en una pinche tiendita del gobierno que peleaba contra los caciques locales.

La policía atacó y golpeó a su hermana en una marcha. El gobierno propaló el rumor de que los activistas de TINAM ni siquiera eran mexicanos sino nicaragüenses y pidió al padre de Gloria las actas de nacimiento de sus hijas.

—No podía seguir viviendo así, de modo que me fui con mi hija, huyendo del gobierno del estado. Dejé de ver a mi familia. Cuando te quemas, tienes que romper todo contacto. Me cambié de nombre; compré actas de nacimiento nuevas para mi hija y para mí.

Su hija (ahora de 25 años, recibió asilo político en Canadá) tenía cuatro años. Para Gloria, entrar a la clandestinidad se convirtió en una especie de juego con su hija. Le decía:

—¿Te acuerdas cuando pasó *eso*? —refiriéndose a su desaparición de cinco días—. Pues para que *eso* no vuelva a pasar, nos vamos a cambiar de nombre.

Gloria se convirtió en Isabel Salgado Vicario.

—Si no me hubieran reprimido en Orizaba, nunca me hubiera ido. La represión, el gobierno del estado de Veracruz, eso fue lo que me llevó al movimiento armado; a veces la gente más valiente es la que se queda en los movimientos sociales.

—La primera vez, llegué a Acapulco sin conocer a nadie ni saber nada del lugar —dijo Gloria—. Había pasado un poco de tiempo en la Ciudad de México, pero la verdad no quería vivir allí. Yo soy de provincia y quería regresar a provincia, ¿pero adónde?, me preguntaba. Quería ir a algún lado donde no me conocieran, donde pudiera vivir sin ser vista, sin llamar la atención. En esa época, Acapulco era famoso en todo el país como un paraíso turístico, pero yo también sabía que Guerrero es un estado con una profunda historia de luchas sociales. Pero al principio, mi lucha allá no fue política, sino por sobrevivir. Yo no estaba para unirme a ningún movimiento; pensaba que si iba a una marcha me iban a agarrar. En la reunión con el gobernador de Veracruz, había estado presente un policía de Guerrero. [Tiempo después] busqué hacer contacto con los movimientos armados; tomó años.

Su autobús bajó hacia Acapulco, atravesando las paupérrimas colonias de la periferia antes de llegar a las luces y el esplendor de los hoteles de playa Papagayo. En la central camionera de Acapulco fue derechito a comprar un periódico para buscar cuartos en renta. Consiguió uno para ella y su hija y de inmediato se puso a buscar trabajo, una búsqueda constante que dominaría sus primeros años allí. Trabajó en hoteles, en una reparadora de máquinas de escribir, de costurera, de albañil, vendiendo ponche de frutas casero en la playa, y finalmente vendiendo pan y luego pollo en las colonias marginales.

En algún momento consiguió trabajo con la Pepsi, vendiendo refrescos en las colonias pequeñas y precarias de la periferia de la ciudad.

—Me gustaba ese trabajo porque viajábamos por todo el municipio de Acapulco —dijo—. Íbamos atrás en el camión de Pepsi, agarrados con las dos manos por las calles llenas de baches, y luego llegábamos a un pueblo, agarrábamos cubetas llenas de Pepsi y 7-Up, y caminábamos por las calles convenciendo a la gente de comprar refrescos. Enfrentar la realidad de Acapulco de esta manera me impresionó mucho. Tienes la idea del Acapulco de los turistas y los grandes hoteles, y luego llegas a casas con paredes de lodo y techos de lámina o de plástico, o de plano sin paredes, sólo el techo de lámina sostenido por cuatro palos enterrados y un colchón viejo en la tierra. En Acapulco vi casas igual de humildes que las que de la sierra de Zongolica en Veracruz.

"A veces yo tenía una perspectiva más bien ingenua. Veía un anuncio solicitando meseras, por ejemplo, meseras para hoteles o yates. Yo me imaginaba una mesera que les lleva comida y bebidas a los clientes... El gerente de un yate me dijo que antes de la entrevista me tenía que quitar la ropa para ver si cumplía los requisitos. Por supuesto, me fui. Me topé con tanto acoso y agresión sexual. Era una cosa tan común. El líder del sindicato de un hotel, por ejemplo —y esto era un trabajo que se consideraba 'bueno', en un hotel grande, estable y bien pagado—, me dijo: 'Primero te tienes que reportar con el líder sindical'. Y claro que 'reportarse' significaba acostarse con él.

"Acabé buscando los trabajos que mencioné, como vender pollo. Me levantaba a las cinco de la mañana y compraba unos 12 o 13 pollos. Cortaba la mitad en partes y dejaba la mitad enteros. Mi primera inversión fue un cuchillo, una tabla y un bote para llevarlos. Y luego me iba a los barrios a vender. Era bastante buena para pregonar los productos y precios, y la gente salía a ver qué traía y me compraban. Muchas mujeres tenían trabajos así. Todas tenían hijos que cuidar y no querían someterse al acoso sexual de los jefes. Vendiendo pollo, para mediodía ya había terminado. Ese trabajo me dejaba mucho tiempo libre. Siempre buscaba trabajos que me permitieran pasar el mayor tiempo posible con mi hija. Cuando me iba a trabajar, la llevaba a la guardería o la dejaba encargada con los vecinos, pero me chocaba dejarla así, sola. Apenas ganaba suficiente para pagar la renta y comprar de comer, no alcanzaba ni para comprar ropa nueva. Yo siempre trabajé; hasta cuando entré a la organización, nunca dejé de trabajar."

En Guerrero asistió a algunas protestas y marchas, pero no se hizo miembro de ninguna organización social y sólo acudía a ciertos eventos por solidaridad. Una vez hubo una marcha de Acapulco a Chilpancingo. Se llevó a su hija y alcanzaron el contingente en una pequeña ciudad antes de llegar a Chilpancingo, para acompañar a los manifestantes el último tramo. Se llevó muy bien con las otras mujeres en la marcha. En Chilpancingo, al final de la manifestación, un líder sindical de allí se acercó a hacerle plática. Ella lo reconoció; había visto su foto y leído sobre él en el periódico. Todos tendrían que pasar la noche en Chilpancingo, y el líder sindical pronto dejó claro que su interés era sexual.

—¡Igualito que los patrones de Acapulco! Empezó con un discurso manipulador sobre la lucha. Yo agarré a mi hija y me fui a quedar a una casa con muchas otras mujeres de la marcha. Nunca tuve la idea de las mujeres como víctimas, ni sentí autocompasión de, ay, pobre de mí, por el acoso. Pero sí, me he enfrentado con una sociedad que trata a las mujeres como objetos. Pero precisamente por eso, pude conocer y establecer confianza con otras mujeres.

Al ver la intensa marginación y represión en Acapulco, Gloria empezó a cuestionarse su vida de aislamiento.

—Me pregunté: "¿Gloria, te vas a rendir, te vas a esconder, o vas a hacer algo?" ¿Pero qué debía hacer? ¿Qué podía hacer? No podía dar marcha atrás; hiciera lo que hiciera, tendría que ser con un grupo armado. Me habían platicado de Lucio Cabañas, y pensé: tengo que encontrar a alguien.

Tomó "algunos años" establecer los primeros contactos con la organización.

—Hacer el primer contacto que habría de llevarme a un contacto directo real me costó mucho trabajo. Yo estaba buscando un contacto, pero claro que no hay ninguna agencia con un letrero que diga "¡Aquí es!" a la que una pueda ir. Viajaba por mi trabajo, caminando por los barrios y los pequeños pueblos aledaños, y forjé amistades con la gente. Hasta que finalmente hice contacto con el PROCUP-PDLP [la organización guerrillera formada en algún momento a principios de los años ochenta por los sobrevivientes del Partido de los Pobres, con sede en Guerrero, y de la Unión del Pueblo, de la Ciudad de México].

"Jacobo no fue mi primer contacto. A él lo conocí tiempo después, cuando ya estaba dentro de la organización. La organización me mandó con Jacobo como el hombre responsable del estado de Guerrero. Me mandaron a verlo con una contraseña. Yo no sabía qué aspecto tenía, ni él sabía cómo era yo. Un hombre me iba preguntar: '¿Dónde puedo comprar monedas antiguas?', y yo tenía que responder algo totalmente absurdo. Si alguien te pregunta dónde comprar monedas antiguas, lo normal, claro, es que le respondas con direcciones, diciéndole a esa persona adónde ir. Así que yo tenía que responder una contraseña que era totalmente absurda. Entonces Jacobo llegó al lugar de reunión y me preguntó: '¿Dónde puedo comprar monedas antiguas?' Y yo me le quedé viendo y estaba tan aliviada, tan feliz de al fin estar haciendo un contacto más profundo, de al fin estarme involucrando más, que no le podía contestar. Nada más lo miraba, y él se iba poniendo incómodo, hasta que pensé: '¡Chin, la estoy cagando!' Y dije la contraseña."

—Yo entré a la parte urbana de la organización. Y durante mucho tiempo mi trabajo era en la retaguardia. Desde el principio, ése fue mi trabajo. Eso es algo que se le puede criticar al movimiento, que como mujer, sobre todo con hijos... te ponen a participar primero en la retaguardia. Por ejemplo, cuidas una casa donde otros compañeros van a llegar a quedarse, pero creas la apariencia de que en esa casa vive una familia normal. Ésta es una forma común de incorporar la participación de la mujer, y si la organización te pide que lo hagas, lo haces. Hay organizaciones en que a las mujeres embarazadas las obligan a retirarse, pero nunca vi eso en nuestra organización.

"Si tú, como mujer, lograbas pasar de la fase de retaguardia, ya no había ningún otro obstáculo ni impedimento para que participaras en la organización, tanto en las responsabilidades políticas como militares. Empecé a participar en actividades urbanas y también rurales y fui asignada a Guerrero. La organización seguía la misma idea de Lucio de formar un núcleo guerrillero que promoviera la lucha armada en el campo. Lo que es verdaderamente asombroso es que han tenido éxito. Hay pueblos y ciudades donde la gente ha sufrido la peor represión, asesinatos, desapariciones, tortura, y de todas formas se involucran. Yo creía que les iba a dar miedo participar, pero no. Después de las masacres y la destrucción del movimiento de Lucio, la gente escapó, huyó, tomó tiempo para reorganizarse, y luego, poco a poco, volvió a la misma zona.

"Hay un mito de que la guerrilla siempre planea cada movimiento hasta el último detalle y todo sale perfecto. Cuando estaba en la retaguardia tuve que llevar armas de la Ciudad de México a Atoyac [Guerrero]. Tenía que pasar retenes militares. Iba con mi hija, con las pistolas escondidas en mi persona. Logré pasar todos los retenes. Llegué a Atoyac y me metí a un baño a quitarme todas las pistolas y balas y meterlas en un morral. Esperé tres horas y el contacto nunca llegó. Estaba nerviosa y asustada y enojada. No tenía ni idea de qué hacer. No conocía a nadie a quien entregarle las armas, y para regresar a Acapulco tenía que volver a pasar por todos los retenes militares, lo cual era extremadamente arriesgado. En un arranque de desesperación, agarré el morral y me subí al camión. En el camión me quedé dormida; tenía los nervios tan deshechos que me quedé bien dormida en mi asiento, hasta atrás del camión. Una tiene la idea del guerrillero chingón, pero no... Desperté cuando alguien me acarició suavemente la muñeca: era un soldado. Cuando abrí los ojos y vi al soldado ahí parado, con mi hija sentada junto a mí y el morral en el piso en medio de las dos, pensé: 'Ya valió'. Me preguntó: '¿Esa bolsa es suya, señora?' Le dije: 'Sí'. ¡Y no la revisó! Revisó todos los bultos que había por ahí, ¡pero no revisó el nuestro! Me prometí que nunca jamás iba a volver a hacer algo tan descuidado.

"La prensa y el gobierno le dieron un giro sensacionalista a la guerrilla. Un periódico reportó que alguien vio un avión volando bajo y tirando cajas a tierra, y escribió: 'Seguro que contienen armas para la guerrilla'. Nosotros decíamos: '¡Ya quisiéramos!' Pero el apoyo viene de la población local. Sin el apoyo de la población, no puedes hacer absolutamente nada, nada; cualquier movimiento guerrillero, en cualquier país, está perdido sin el apoyo de la población local, y el Estado lo sabe bien.

"Pasamos mucho tiempo en silencio, trabajando desde las bases de apoyo, organizando, construyendo la organización. La gente no es estúpida; no es como dice el Estado, que la guerrilla los engaña y los manipula para que se unan. La gente tiene sus razones, y ellos son los que impulsan la organización hacia delante.

"Pasamos mucho tiempo trabajando muy despacio. En 1988, el PRI se dividió y hubo fraude. La gente estaba de veras enojada; en Guerrero mucha gente había participado en la campaña de Cárdenas. Al principio, en realidad los únicos que salieron a las calles a protestar por el fraude fueron las personas mayores, con marchas en Chilpancingo, Acapulco e Iguala. Las marchas eran de puros viejitos, y los granaderos los reprimieron a macanazos, les rompieron los brazos. Si miras las fotos de noticias de la época vas a ver a un montón de viejitos con los dos brazos caídos a los lados: los tienen rotos. La policía entró a romperles los brazos a macanazos. Eso enfureció a los jóvenes, que entonces se unieron a las marchas y las protestas.

"Esto fue algo que hizo el Estado que obligó a la gente a considerar otras opciones. La gente había decidido participar en las elecciones, pero el Estado cometió fraude y reprimió las protestas. La gente se dio cuenta de que las elecciones no eran el camino y empezó a unirse a la guerrilla.

"En 1990, en Guerrero hubo elecciones municipales. La gente otra vez tenía muchas expectativas, y el PRI otra vez hizo fraude. Los manifestantes ocuparon varios municipios, y se dieron varios enfrentamientos cuando la policía llegó a desalojarlos y la gente se defendió con piedras y palos. Pero otra vez, el Estado impuso la represión. Durante el periodo entre 1988 y 1991, el Estado volvió a desaparecer y asesinar manifestantes en Guerrero, lo que llevó a mucha gente a cuestionar la viabilidad de las elecciones; esto causó que el movimiento armado, que había ido creciendo muy despacio, ahora empezara a crecer muy rápido. Esto pone en evidencia el mito de que los movimientos armados tienen la culpa de la represión: el Estado reprime a la gente que está tratando de participar abiertamente en la política y obliga a esa gente a entrar a los movimientos armados.

"En ese momento el PRD estaba bien posicionado como víctima, y mucha gente se unió al partido. Pero como siempre, el partido vela por los intereses del partido y no presta atención a las necesidades locales de la gente hasta que es época de elecciones. El PRD no ayudó a la gente a resolver sus necesidades locales muy específicas: conseguir fertilizante, lidiar con la caída de los precios del café. Cuando la gente se empezó a dar cuenta de que el PRD no le hacía caso, empezó a formar organizaciones sociales independientes que lucharan por sus demandas locales. Aquí, la gente estaba participando por las tres vías: movimientos sociales, movimientos armados y política electoral."

El 14 de enero de 1994 —dos semanas después del levantamiento zapatista en Chiapas—, Benigno Guzmán formó la Organización Campesina de la Sierra Sur (OCSS) en la región montañosa costera al norte de Acapulco, la Costa Grande.

—Nuestro motivo para crear esta organización fue la necesidad más básica —me dijo Guzmán—. Cada día los productos del campo valían menos y todo lo que venía de la ciudad costaba más. No teníamos acceso a ningún servicio médico. Aquí en Guerrero, la gente del campo se muere de infecciones sencillas, diarrea, arcadas secas, fiebre, de cosas que en otros países ya no son peligrosas.

La OCSS fue creada como "una organización exclusivamente para campesinos, formada por campesinos, porque nosotros sabíamos lo que necesitábamos", dijo Guzmán.

La organización empezó a organizar marchas y protestas públicas para expresar sus demandas de apoyo gubernamental para los pequeños agricultores y servicios de salud en las comunidades rurales. En esa época el gobernador de Guerrero era Rubén Figueroa Alcocer —hijo de Rubén Figueroa Figueroa, gobernador de Guerrero durante la segunda etapa de la Guerra Sucia, a fines de los años setenta—. Figueroa Alcocer acusó a los miembros de la organización campesina de ser guerrilleros vinculados con el EZLN.

La policía estatal arrestó a varios miembros de la organización, y varios más fueron asesinados y desaparecidos. En vez de intimidar y aplacar a la organización campesina, Guzmán y otros planearon marchas y protestas más grandes, ahora exigiendo que el gobernador liberara a sus presos políticos y que presentara vivos a los desaparecidos.

El 26 de junio de 1995, la OCSS emitió un comunicado de prensa anunciando marchas y protestas tanto en Atoyac como en Zihuatanejo. Dos días después, cuando unos 50 miembros de la organización iban camino a una marcha en Atoyac, varios cientos de policías estatales emboscaron las camionetas de los campesinos al salir de una curva cercana al pequeño poblado de Aguas Blancas. La policía detuvo las dos camionetas de redilas, ordenó a todos los de la primera que bajaran y se tiraran boca abajo en el camino, y luego abrió fuego sobre los pasajeros de la segunda, disparando durante más de 10 minutos, matando a 17 campesinos e hiriendo de gravedad a otros 23. Francisca Flores Rizo, empleada municipal del cercano Coyuca de Benítez, señaló a los miembros heridos de la OCSS a la policía estatal; la policía les disparó en la nuca.[4]

La misma policía grabó el ataque y luego dio a conocer una versión alterada del video en un intento por presentar la masacre como un enfrentamiento con guerrilleros. El engaño no duró mucho. Alguien filtró una versión sin editar al reportero de televisión nacional Ricardo Rocha, quien transmitió el video completo en su noticiero vespertino. La masacre de Aguas Blancas fue noticia internacional.

Tras meses de incompetencia por parte de los funcionarios del estado de Guerrero a cargo de investigar la masacre, el presidente Ernesto Zedillo solicitó que la Suprema Corte se hiciera cargo y realizara su propia investigación. El informe final de la Suprema Corte demostraba que los asesinatos en efecto se habían planeado y ejecutado por los más altos niveles del gobierno estatal, implicando directamente al gobernador Rubén Figueroa y al secretario de gobierno José Rubén Robles Catalán. "Es bien sabido que para poder mantener una mentira, es necesario seguir mintiendo —dice el informe—. Es importante resaltar lo absurdo de las declaraciones de los funcionarios estatales, en su inconmensurable ansiedad por encubrir, engañar y proteger[se]."[5]

Sin embargo, ni la Suprema Corte ni el presidente emprendieron ninguna acción legal contra Figueroa y Robles Catalán. Los dos quedaron libres.

Un año después, el mismo día, los sobrevivientes de la masacre y los familiares de los fallecidos llevaron a cabo una ceremonia en Aguas Blancas para exigir justicia. Durante el acto, unos 100 hombres y mujeres con ropa militar, las caras cubiertas con máscaras de tela hechas a mano, todos con boinas verdes estilo cubano y armados con fusiles de asalto AK-47 y AR-15, llegaron sin previo aviso. Subieron al podio y leyeron el "Manifiesto de Aguas Blancas". La gente reunida para conmemorar la masacre se paró a aplaudir mientras gritaba: "¡Justicia, justicia, justicia!"[6]

Los recién llegados dijeron que eran del Ejército Popular Revolucionario (EPR). He aquí un fragmento de su discurso:

Hoy 28 de junio, a un año de la masacre de Aguas Blancas, perpetrada por los cuerpos represivos de la oligarquía y el gobierno antipopular en contra de 17 campesinos indefensos de la sierra de Guerrero, la situación no ha cambiado. La represión, la persecución, el encarcelamiento, los asesinatos, las masacres, las torturas y las desapariciones continúan como política de gobierno, situación similar a la que en 1967 y 1968 llevó a los comandantes Lucio Cabañas Barrientos y Genaro Vázquez Rojas a tomar las armas en contra de la explotación y de la opresión; esta experiencia, la injusta situación actual y el espíritu revolucionario que los animó inspiran nuevamente la lucha del pueblo mexicano [...]

¡En México no existe un Estado de derecho! Nuestra constitución política en los hechos es letra muerta, cotidianamente se violan las garantías individuales, el pueblo está al margen de las decisiones económicas y políticas, el Ejecutivo federal concentra el poder mayormente, subordinando a los otros poderes de la Unión y no respeta la soberanía de los estados [...]

Frente a la violencia institucionalizada, la lucha armada es un recurso legítimo y necesario del pueblo para restituir su voluntad soberana y restablecer el Estado de derecho.[7]

—Cuando el EPR aparece públicamente, empieza una nueva etapa —explicó Gloria Arenas—. El ejército incrementó la militarización de la región, que nunca se había desmilitarizado, y la gente empezó a exigir que actuáramos. Decían: "Tenemos nuestro movimiento armado, queremos usarlo". Otra vez el ejército había empezado a detener, violar y desaparecer gente en las comunidades. Esto fue en 1996 y 1997.

"Cuando llevamos a cabo la operación en Aguas Blancas, fue mucha gente. Sabíamos que había una base militar muy cerca, de la cual, de hecho, mandaron los primeros helicópteros y camiones del ejército. Las columnas se empezaron a dispersar; el ejército estaba empezando a salir de la base cuando pegó el huracán *Boris*. El huracán imposibilitó que el ejército nos persiguiera, pero también dificultó mucho el avance en las montañas. Un árbol cayó a un centímetro de la cara de un compañero."

El 28 de agosto de 1996, el EPR atacó a soldados y policías en cinco estados de México; nueve soldados y policías, dos rebeldes y dos civiles murieron en los ataques.[8] El gobierno respondió con una intensa militarización y represión en las zonas rurales sospechosas de apoyar o simpatizar con la guerrilla.[9] Pequeños ataques y enfrentamientos continuaron a lo largo de 1996 y 1997.

—En Guerrero hubo muchas escaramuzas que no fueron planeadas sino resultado de encuentros sorpresa, para ambos bandos, en las montañas. El ejército había empezado a mandar columnas a las montañas como si fueran guerrilleros. Una noche, una columna guerrillera salió a un camino donde los soldados estaban acampando y tuvieron que rodearlos de puntitas para evitar un enfrentamiento.

Gloria relató el caso de dos guerrilleros armados que caminaban en las montañas cuando se toparon con una columna del ejército. Ambos bandos dispararon; los soldados tomaron sus posiciones y los guerrilleros intentaron retroceder mientras disparaban. En cierto momento, un soldado, un poco más bravo que los demás, se lanzó corriendo directo hacia los guerrilleros y se les acercó mucho, sólo para quedarse paralizado, con el fusil listo y los dos guerrilleros apuntándole. Sin decir una palabra, lentamente, empezaron a retroceder todos. Los guerrilleros escaparon.

Asimismo, Gloria contó de un tiroteo en las montañas donde les dispararon a quemarropa a dos miembros del EPR. Algunos guerrilleros escaparon, pero varios más se escondieron en la maleza; el ejército acampó allí y los guerrilleros ocultos a sus pies no se pudieron mover un centímetro en dos días.

Igual que en la Guerra Sucia de los años setenta, el ejército atacó pueblos y aldeas, sacó a la gente de sus casas, amontonó a todos en la cancha de basquetbol o de futbol, violó a las mujeres y se llevó a los hombres a la base militar para torturarlos. Muchos desaparecieron; algunos regresaron.

—El ejército buscaba infiltrar la organización, lograr que gente de las ciudades y los pueblos colaborara con ellos. Sabían que tenían que crear una red desde dentro, porque la gente de fuera sería detectada de inmediato y evitada. Su método era agarrar gente de las comunidades, llevársela a las bases o campamentos militares, torturarla y ofrecer liberarla si aceptaban pasarle información al ejército.

Los soldados incluso recomendaban a los prisioneros qué mentira decirle a su familia sobre su desaparición y heridas de tortura: que se habían ido a Acapulco, se habían emborrachado con unos cuates y luego les habían pegado unos cabrones.

—Eso le pasó a mucha gente —dijo Gloria—, y algunos regresaban de inmediato a sus comunidades y nos contaban lo que les había pasado; eso nos ponía sobre alerta. Otros regresaban a sus comunidades y no decían nada. Y sabíamos que algunos habían aceptado ser informantes.

El 6 de junio de 1998, una columna de unos 20 guerrilleros convocó una asamblea con campesinos indígenas de la región ñu savi de la Costa Chica de Guerrero.[10] Habitantes de las comunidades de toda la región asistieron a la plática en la pequeña escuela de dos salones del pueblo de El Charco. El propósito de esa plática era informar a la gente sobre un importante cambio en la organización guerrillera y sobre la necesidad de seguir con la lucha en las bases de apoyo. Los que asistieron a la asamblea no eran guerrilleros sino simples campesinos de subsistencia que se ganan la vida en los aislados pueblos de las montañas de la Costa Chica. Su decisión de sentarse a escuchar a hombres y mujeres enmascarados con AK-47 no debe parecernos extraña. En su clásico estudio de 1965 sobre la guerra de guerrillas, *La guerra de la pulga,* Robert Taber escribe:

Difícilmente se puede esperar que el campesino sienta simpatía por un gobierno, cualquiera que éste sea, del cual no recibe otro trato que ataques con napalm y cohetes. Por otro lado, tienen ellos toda la razón para sentirse solidarios con los guerrilleros, generalmente reclutados en sus propias aldeas, con quienes comparten peligros y penas.[11]

Y si bien en los años noventa el gobierno mexicano no usó napalm ni cohetes para atacar la Costa Chica, sí usó muchas balas, que tuvieron un efecto similar, aunque en una escala menos devastadora, sobre la población. Así, el 6 de junio de 1998 unas cuantas docenas de campesinos se encontraban en un pequeño pueblo perdido en las montañas, escuchando a los guerrilleros.

Después de la plática, a todos los que habían andado entre ocho y 12 horas por caminos de montaña para llegar a El Charco les ofrecieron uno de los salones de la escuela para pasar la noche. Los guerrilleros durmieron en el otro salón, justo detrás del primero, en el que pernoctaron campesinos, un activista de la región y dos estudiantes universitarios de la Ciudad de México que estaban alfabetizando en las comunidades vecinas.

Alguien del pueblo, o alguien que de casualidad pasaba por ahí de camino a otra comunidad, advirtió la presencia de los guerrilleros enmascarados y armados y emprendió el camino hasta Ayutla de los Libres, una caminata de ocho a 10 horas, para informar al ejército.

La madrugada del 7 de junio de 1998, cientos de soldados entraron sigilosamente a El Charco y tomaron posiciones rodeando la escuela.

La escuela está ubicada en una especie de hueco entre los pliegues de la montaña; una cancha de basquetbol llega hasta la entrada. Casas pequeñas hechas de madera y lodo salpican las montañas a ambos lados. La densa vegetación forma una especie de muro justo detrás de la escuela.

En la oscuridad sonaron los primeros gritos de los soldados:

—¡Salgan, que se los va a llevar la chingada! ¡Salgan, perros! ¡Dejen las armas![12]

Nadie salió de la escuela; tenían miedo.

Un rato después, los soldados abrieron fuego, disparando por las ventanas al interior de la escuela. En el salón del frente, lleno de civiles, la gente empezó a gritar de dolor; otros cayeron muertos al piso. El tiroteo duró unos 10 minutos. Hubo una pausa en la que los soldados volvieron a gritarles que salieran de la escuela; luego abrieron fuego otros 10 minutos.

En el salón del fondo, los guerrilleros de inmediato les gritaron a los soldados que hicieran alto al fuego, que en la escuela había civiles desarmados; pero sus voces eran impotentes ante el ruido de los disparos. Juntaron sus armas y mochilas y decidieron tratar de escapar en pares hacia las montañas detrás de la escuela. Razonaron que si lograban escapar, quizá el ejército les perdonaría la vida a los civiles; pero si los agarraban a todos juntos, seguramente los torturarían y quizá desaparecerían a los inocentes.

Los guerrilleros emprendieron la huida: salieron de dos en dos por la parte de atrás de la escuela, disparando hacia la oscuridad que los rodeaba.

Para entonces los soldados ya habían subido al techo, y les dispararon a los guerrilleros por la espalda cuando escapaban. El capitán de la columna guerrillera, conocido como el capitán José, fue el primero en caer. Uno de los jóvenes alfabetizadores voluntarios, Ricardo Zavala Tapia, también trató de huir y murió acribillado. Otros 16 guerrilleros escaparon y dos de ellos, que se quedaron atrás cubriendo la retirada, no lograron atravesar la barrera de fuego.

Cuando aparecieron los primeros rayos del sol, había cinco civiles muertos dentro de la escuela, y el capitán José y Ricardo Zavala estaban muertos en el suelo, afuera. Los dos guerrilleros que quedaban decidieron rendirse. Los sobrevivientes, habitantes de la región y la otra estudiante universitaria, Erika Zamora, de 21 años, salieron de la escuela. Los soldados les gritaron que se tendieran boca abajo con las manos en la nuca, en la cancha de basquetbol. Uno de los primeros civiles en salir de la escuela al amanecer murió a balazos. Cuando todos los demás estaban reunidos en la cancha de basquetbol, los soldados descendieron. Les dispararon a quemarropa en la nuca a los dos guerrilleros y a un civil herido, tendidos boca abajo en el asfalto.

Los sobrevivientes fueron llevados en helicóptero a una base militar donde fueron torturados. Efrén Cortés, un activista de 28 años invitado a la reunión para discutir asuntos agrícolas de la región, dijo:

—Me desnudaron y me vendaron, y me pusieron toques eléctricos en los genitales y en las rodillas... Me amenazaban con castrarme y con violarme. Me pusieron en la cara una bolsa de plástico que olía a insecticida para que me asfixiara y me golpeaban en todo el cuerpo y con las palmas de las manos en los oídos.[13]

A Erika Zamora la desnudaron, la tiraron al piso y le dieron toques eléctricos hasta que perdió el conocimiento. Los soldados obligaron tanto a Efrén como a Erika a firmar testimonios, escritos por los mismos soldados, en los cuales se les identificaba como miembros del EPR.

Los soldados aún no sabían que los guerrilleros presentes en El Charco no eran miembros del EPR. En la mochila del capitán José, el ejército encontró una serie de documentos que describían una importante división en el interior del EPR y la creación de una organización guerrillera hasta entonces desconocida: el ERPI.

—Te voy a contar cómo surgió el ERPI —anunció Gloria—. Esto es algo de lo que no se ha hablado mucho, y no sé por qué, porque los documentos cayeron [en manos del ejército] en El Charco; a lo mejor porque esta historia no le conviene al Estado, pero por nosotros no ha quedado. Te lo quiero contar porque de veras es muy interesante.

"Piensa en un movimiento armado a diferencia de grupos armados. Los segundos mantienen la idea de una vanguardia, que se van a levantar en armas y van a tomar el poder; para mí, eso no va a funcionar. Rechazo ese método por completo. Y efectivamente, ésta es la raíz de nuestra división.

"Los compas del PDLP [Partido de los Pobres] que sobrevivieron [a la Guerra Sucia de los años setenta] se fueron a la Ciudad de México y se volvieron una guerrilla más urbana. El PDLP y la Unión del Pueblo se unieron y formaron el PROCUP–PDLP, y el EPR surgió de allí. El EPR no era una unión de muchos grupos distintos, eso es mentira. Más bien, gente que había salido de muchos grupos se había unido al PROCUP–PDLP. La línea política del EPR sigue siendo la de vanguardia. Empiezan formando pequeños grupos en distintos estados.

"Nosotros, como organización en Guerrero, experimentamos algo parecido a lo que el subcomandante Marcos dice sobre el EZLN. Uno llega de vanguardia a elevar la conciencia de la gente, y la gente se va a unir *a ti,* tú eres la vanguardia; tú vas a guiar a la gente y a tomar el poder. Esto choca con las comunidades indígenas y sus tradiciones de democracia comunal, y también choca con los movimientos sociales que han enfrentado asesinatos y desapariciones y que *siguen* peleando sin doblegarse ante el miedo. Teníamos que cambiar nuestra idea de que los movimientos sociales son formas inferiores de lucha, que los movimientos armados son formas superiores de lucha, y teníamos que cambiar nuestra idea de que los movimientos armados iban a aparecer en escena para guiar a los movimientos sociales.

"En Guerrero, entre 1990 y 1991 el Estado asesinó o desapareció a más de 100 personas. Y toda esa gente eran campesinos e indígenas, todos pobres, ningún líder famoso. Esas personas dieron todo, hasta sus vidas, por la lucha. Es gente muy politizada; no necesitan que otros vengan a politizarlos. Esto nos hizo cambiar nuestras prácticas. Y la organización empezó a crecer.

"Nos topamos con otro factor dentro del EPR. Los líderes decidieron expandir la dirigencia para incluir gente de las distintas regiones, para discutir y tomar decisiones juntos. Sin nombres, información concreta ni rostros, pero sí una experiencia de trabajo compartida. El comité recién ampliado se reunió, y empezamos a aprender de las experiencias de los demás en otras regiones. También tuvimos que analizar nuestra propia experiencia para podérsela explicar a otros. En Guerrero empezamos a hacer este análisis y luego nos fuimos dando cuenta de que nuestras prácticas eran bastante distintas a las de los demás.

"Otro factor que llevó a la división fue la erupción del EZLN en el panorama político nacional. Cuando plantearon sus ideas de 'mandar obedeciendo', y Marcos contó de la experiencia de los primeros insurgentes, en Guerrero pensamos: 'Órale, eso suena muy parecido a lo que nos ha estado pasando a nosotros, no exactamente igual, pero muy parecido'.

"Vivimos un proceso muy similar antes de que el EZLN se levantara en 1994; esto le pasó al grupo en el estado de Guerrero. Entramos a Guerrero y nos topamos de inmediato con el hecho de que en las comunidades no puedes llegar a decirle a la gente qué hacer, sino más bien tienes que obedecer lo que ellos quieren que se haga. Si quieres tratar de construir algo, tienes que pasar por un largo proceso comunitario. Los soldados del EPR entraban a las comunidades con sus botas de combate y sus uniformes y sus mochilas. La gente de las comunidades comentaba: 'Lucio y sus tropas usaban morral y andaban de huaraches'. Así que en vez de imponer dogmas a la gente, empezamos a escuchar, y cambiamos algunas de nuestras prácticas. Eso fue lo primero que nos llevó a dividirnos.

"Lo segundo: en Guerrero la represión siempre ha sido muy intensa, más que en otras regiones. Y justo donde la gente más debería tener miedo, no tiene miedo, y se une a los movimientos sociales. Teníamos la idea de que la lucha armada era un tipo de lucha superior, y entonces el núcleo del grupo armado debía encabezar el movimiento social pacífico. Y al final, el movimiento que fuimos a encabezar se convirtió en el movimiento al que escuchamos y del que aprendimos.

"Así fue que en Guerrero obtuvimos un análisis muy distinto al de las otras regiones. Los líderes del EPR pararon el proyecto de expansión; seguían en la misma guerra marxista leninista a largo plazo. Pero nosotros sabíamos que no podíamos volver a ese camino. Cuando tratamos de compartir nuestras experiencias, la pequeña apertura que había para esa clase de discusiones se cerró de inmediato. No queríamos separarnos, ni siquiera lo habíamos pensado, pero las acciones de la dirigencia para aislarnos y evitar una división hicieron que la separación fuera inevitable.

"Pasamos dos años tratando de que cambiara toda la organización."

Durante 1996 y 1997, cuando el EPR se enfrentaba repetidamente al ejército en Guerrero y las comunidades padecían el aumento de la militarización en la región, la rama guerrerense del EPR se encontraba en un profundo proceso de autocrítica y proponía cambios sustanciales a la dirigencia nacional, cambios que surgían de las experiencias de la guerrilla al interactuar con las comunidades y los movimientos sociales del estado. La dirigencia se negó a debatir las propuestas de Guerrero y sacó a esa rama del breve experimento de una estructura nacional de dirigencia más amplia. Después de un debate interno y consultas, la rama guerrerense decidió separarse del EPR y formar el ERPI. El 8 de enero de 1998 notificaron oficialmente a la dirigencia del EPR su separación por medio de una carta. El EPR emitió una sentencia de muerte contra Jacobo Silva, alias el comandante Antonio, quien para entonces llevaba varios años casado con Gloria.

—Quizá haya algunas organizaciones que pueden separarse de manera pacífica —dijo Gloria—. Sentenciaron a muerte a Jacobo e iniciaron un operativo para ejecutar la sentencia. No te cuento esto por hablar mal de ellos; yo era parte de esa organización y de esa forma de pensar cuadrada. Así que ni siquiera te cuento esto como una condena, sino más bien como un hecho que hay que entender y del que hay que aprender.

Jacobo y Gloria tenían que cuidarse en dos frentes.

—Vivíamos en la clandestinidad dentro de la clandestinidad; teníamos que escondernos del gobierno, lo cual es relativamente fácil, pero luego también de nuestros propios compañeros. En mi caso, yo ni siquiera les había visto las caras, pero ellos sí me habían visto a mí.

La presión fue demasiada. En algún momento a mediados de 1998, Gloria y Jacobo se fueron de Guerrero, primero a Toluca, Estado de México, y luego a San Luis Potosí. Gloria llevaba apenas 20 días en San Luis cuando la Policía Federal Preventiva la detuvo el 22 de octubre de 1999.

La sentencia de muerte nunca ha sido revocada; el gobierno la usó como pretexto para tener a Jacobo en una prisión de máxima seguridad, compartiendo crujía con algunos de los peores capos del narcotráfico.

El juicio estuvo plagado de irregularidades desde el principio. El gobierno federal afirmó que la policía había detenido tanto a Jacobo como a Gloria en Chilpancingo; de hecho, como luego confirmarían los testigos, la policía detuvo a Jacobo en la Ciudad de México y a Gloria en San Luis Potosí. Ambos fueron acusados y condenados por homicidio, rebelión y daño en propiedad, y fueron sentenciados a más de 40 años. Ellos se declararon culpables del cargo de rebelión, pero negaron el de homicidio. La abogada de derechos humanos Pilar Noriega fue la primera en representar a Jacobo y Gloria. Luego le ofrecieron un puesto en la Comisión de Derechos Humanos del Distrito Federal, que aceptó; su amiga cercana, la internacionalmente reconocida abogada de derechos humanos Digna Ochoa, se hizo cargo del caso. Semanas después, Digna fue asesinada en su oficina.[14] Seis años después, Jacobo y Gloria escribieron su propia apelación, basada en un sencillo argumento constitucional: nadie condenado por rebelión puede ser condenado al mismo tiempo por homicidio. La pena por rebelión cuando recibieron su condena era de cinco años. Ganaron la apelación y les retiraron los cargos de homicidio. Y ya tendrían que haber sido liberados, pero desde su sentencia original la pena por rebelión aumentó a 14 años, y esta nueva sentencia se les aplicó ilegalmente. Escribieron y presentaron otra apelación a fines de julio de 2008.

En el último minuto, cuando están por terminar las horas de visita, le hago a Gloria una última pregunta:

—¿Cómo entiendes la rebelión en el México contemporáneo?

—No pienso en la rebelión en términos de una vanguardia o una guerra de años como en El Salvador, Nicaragua o Guatemala —respondió—. La pienso como un proceso con raíces largas y profundas, un camino que ha tratado de avanzar por varios métodos: movimientos electorales, sociales y armados. En el momento actual, el proceso es buscar otro camino más, diferente a todos los caminos que se han tomado antes. No pienso en la rebelión como exclusivamente armada o exclusivamente no armada; podría ser un movimiento social, y ese movimiento podría adoptar diferentes formas de lucha, dependiendo de las circunstancias, pero no definidas por un dogma desconectado de la experiencia.

"Creo que la rebelión tiene mucho que ver con construir, empezando ya y desde las bases de apoyo, lo que queremos que encierre el futuro. Muchos dicen que tenemos que tomar el poder, pero creo que lo que necesitamos es *construir* el poder, desde abajo, y empezar ya."

8
Imperio y rebelión

> Y éste parece ser el núcleo de las prácticas imperialistas en la actualidad. En resumen, la burguesía estadounidense ha redescubierto lo que ya descubrió la burguesía británica durante las últimas tres décadas del siglo XIX, esto es, como decía Arendt, que "el pecado original del simple robo, que siglos atrás había hecho posible la 'acumulación originaria de capital', tenía que repetirse de nuevo para evitar que el motor de la acumulación se acabara parando". Si es así, el "nuevo imperialismo" no es ni más ni menos que una reedición del antiguo, aunque en un lugar y momento diferentes.
>
> DAVID HARVEY, *El nuevo imperialismo*

> El único análisis es que nos están fregando al pueblo y que tenemos que organizarnos para contestarles.
>
> LUCIO CABAÑAS

El robo, cuando se mantiene a lo largo de generaciones, se extiende a territorios inmensos y se equipa con un elaborado aparato justificatorio capaz de convertir el saqueo en justicia, el asesinato en seguridad y las vidas deshechas en libertad, se llama imperio. Y los ladrones, repartidos en compartimentos temporales, espaciales e ideológicos superpuestos, son llamados empresarios e inversionistas;

políticos, jueces, generales y policías; académicos, eruditos y teóricos. Los nombres son importantes; otorgan pequeños espacios de conformidad y de rebelión. Si yo llamo "presidente" a George W. Bush, le otorgo un minúsculo espacio de legitimidad que, combinado con cientos de millones de espacios similares, puede constituir una plataforma significativa para robar y matar. Si lo llamo *ladrón* —tomemos su Tratado de Libre Comercio con Centroamérica como una especie de robo; Guantánamo como otro— o *asesino* —tomemos la invasión y ocupación de Irak, impuesta con el teatro de una simulación legaloide que ya nadie defiende—, entonces lo coloco en un espacio minúsculo de territorio rebelde donde él no manda y que, combinado con cientos de millones de espacios similares, puede constituir una plataforma significativa para desafiar y despojarlo de su poder para robar y matar. Desde luego, George W. Bush es sólo un individuo —un individuo particularmente destructivo en la historia de la humanidad, pero uno solo—, y el poder del nombre *imperio* radica precisamente en que afecta tanto a los individuos como a su pesada edificación de poder. De ahí la importancia de arrancar el velo de legitimidad de que aún gozan expresiones como "libre comercio", "presidente", "senador" y "democracia": en nuestro mundo, estos nombres ocultan la responsabilidad de las acciones, cuando en realidad estamos hablando de *mercados dominados por cárteles, ladrones, asesinos* e *imperialismo*.

Suena duro, quizá, pero no tan duro como las vidas deshechas —la gente asolada por el hambre y destrozada por las balas, sus familias desmembradas, comunidades enteras arrancadas de raíz y arrojadas a un servilismo andante, quebrado, largo, y a una muerte temprana— que las ambiciones imperiales dejan a su paso.

Una de las principales esperanzas que alberga este libro es ampliar el rango del debate público sobre los fundamentos ideológicos de la riqueza y el privilegio relativos que consideramos cotidianos en muchas partes de los Estados Unidos, México y otros países. Este libro es un grito en la calle, que dice que quienes habitamos las distintas posiciones de lujo en el mundo capitalista contemporáneo somos todos cómplices del daño que se hace a gente y lugares aquí y en todo el mundo. Pero este grito de complicidad conjunta tiene un lado positivo. Como dijo una vez mi amigo Jesse, si todos somos cómplices del daño, entonces todos compartimos la responsabilidad de la solución; es decir, estamos unidos, o podemos estarlo, para tomar una postura, en rebeldía.

Y eso lleva a otra de las esperanzas de este libro: inspirar a la gente con historias de resistencia, defensa de la dignidad y rebeldía en México —tierra donde abunda la rebelión, debida en gran medida a su diversidad de culturas indígenas aún no conquistadas—. Sé que mis palabras no hacen justicia a la complejidad y profundidad de los movimientos que no he sino bosquejado y mencionado en estas páginas; mi esperanza es despertar curiosidad, asombro y deseo de saber más sobre estos movimientos y otros que no discutimos aquí, precisamente con la intención de actuar con ese conocimiento, de incorporar las lecciones aprendidas. Las luchas por la justicia social en México, y en los Estados Unidos, no serán efectivas, considero, si no son antiimperialistas.

La dominación imperialista existía, extensamente, antes de las invasiones europeas del siglo XVI, como en el caso de la Triple Alianza y el Imperio inca, pero los europeos los superaron a todos. La magnitud incalculable del saqueo español en las tierras que ahora llamamos las Américas es un punto decisivo en la evolución del imperialismo.[1] El grado de sometimiento, la aniquilación de poblaciones enteras, la forma de inyectar las economías europeas con la riqueza extraída por medio de la esclavitud y la destrucción en las Américas, todo llevado a cabo en vastos territorios y mantenido por siglos, no tiene rival en ningún imperio anterior. El idioma, la religión y el sistema de clases impuestos por los españoles hace 500 años aún perduran hoy.

El enriquecimiento de España animó una competencia europea interna, una carrera por construir un imperio en la que participaron casi todas las naciones del Viejo Continente —Gran Bretaña, Francia, Portugal, Holanda, Bélgica, Rusia—, surcando veloces los mares en busca de nuevos territorios que saquear, de nuevas poblaciones que conquistar y someter a la esclavitud. Pronto, los colonizadores descendientes de los europeos en el llamado Nuevo Mundo decidieron que para construir imperios no hacían falta enormes barcos, que con armas de fuego y caballos alcanzaba, y la ola de movimientos independentistas —aprovechándose de la rabia y el hambre de los millones de desposeídos para que fueran ellos los que pelearan— recorrió la región y se dio a la tarea de construir sus propios imperios regionales. Alrededor de esta época, el Imperio británico tomó la delantera en la carrera imperial basada en sus brutales hazañas por todo África, Medio Oriente, el Caribe e India, construyendo "un imperio en el que nunca se ponía el sol".[2]

El imperialismo no fue una práctica exclusivamente europea, y Europa perdió su control de las Américas ante otra fuerza imperial competidora: los Estados Unidos. La primera mitad del siglo XX vio a los mundos imperiales chocar y sacarse los ojos. Después de la segunda Guerra Mundial, la escena había cambiado. Alemania estaba deshecha, Japón conquistado, el Imperio británico desmoronándose y los Estados Unidos se proyectaban con fuerza hacia el exterior para ocupar su lugar. La estrategia estadounidense consistía en evitar la conquista militar directa siempre que fuera posible, prefiriendo la táctica menos costosa de la coerción militar y económica; la dominación de los Estados Unidos sería justificada como la defensa del mundo contra los nefastos designios imperiales soviéticos.[3] Entra en escena la Guerra Fría. Sin embargo, antes de 1945, los Estados Unidos amasaron territorio y poder mediante una serie de conquistas e invasiones brutales concebidas como el "destino manifiesto", y luego, mediante una serie de invasiones militares y económicas en América Latina, autojustificadas bajo la Doctrina Monroe.[4]

En América Latina, durante la mayor parte de los últimos 500 años, imperio ha significado robo a mano armada: asalto a punta de pistola, pueblos quemados y cuerpos destruidos, y que los desposeídos luego fueran puestos a trabajar como esclavos en las tierras tomadas por los ladrones. Eso fue la Conquista, y ése fue el lado oculto —es decir, el lado sucio, no metropolitano— de casi 500 años de imperialismo: por cada Londres hay muchos Daccas; por cada Museo Británico e Instituto Smithsonian hay comunidades e historias aniquiladas en todo el mundo. Los capitalistas dieron otro nombre a la práctica prolongada del saqueo, y acompañaron ese nombre con el andamiaje teórico para erigir el templo de su deleite en los placeres de la riqueza y el robo. La llamaron capitalismo. Y, para echarle sal a la herida, proclamaron que con él liberarían a la misma gente que habían destruido —igual que los imperialistas anteriores esclavizaban y mataban para salvar el alma de los bárbaros—. Hoy, los nuevos bárbaros son los habitantes de las ciudades perdidas, los que no tienen tierra y los hambrientos, destrozados por siglos de asalto violento.

Pero a todo esto, ¿de qué se trata el capitalismo? ¿No es sólo comprar y vender cosas? ¿Cómo vamos a funcionar si no vendemos y compramos cosas? Una definición sencilla:

> Nos encontramos en un sistema capitalista sólo cuando el sistema da prioridad a la *incesante* acumulación de capital [...] La acumulación incesante es un concepto relativamente simple: significa que las personas y las compañías acumulan capital a fin de acumular más capital, un proceso continuo e incesante.[5]

Esto se ha dicho de muchas maneras; quizá una de las versiones más destiladas y aceptadas entre los agnósticos del capitalismo en los Estados Unidos es: "La ganancia antes que la gente", esto es, la idea de que la ganancia (o la acumulación de capital) se toma como algo sagrado y tiene mayor prioridad, tanto cultural como legalmente, en la sociedad contemporánea, que el bienestar de la gente y del medio ambiente. Pero los agnósticos tienden a pensar que es un problema de grado o escala; que el capitalismo puede suavizarse o "humanizarse", usando al Estado para imponer los límites a la ganancia (acumulación de capital). Y con esto firman la sentencia de muerte de su propia resistencia: el Estado capitalista —compuesto de los beneficiarios privilegiados de la explotación y la conquista— es el principal protector del "crecimiento económico" infinito, la acumulación infinita de capital. Pedir al Estado que limite o redirija la ganancia para ayudar a los de abajo es como mandar a un detective que está en la nómina de la mafia que infiltre la mafia para detenerla —es decir, no va a funcionar—.

Los defensores del capitalismo afirman que el libre mercado refleja el libre albedrío individual, y que el conjunto de las elecciones individuales reflejan a su vez el libre albedrío de un cuerpo social saludable. Quizá éste podría ser el caso, si existieran los libres mercados. No existen. Las normas que guían el comercio internacional e incluso el comercio intranacional, conocidos como mercados, son intensamente reguladas, trazadas, estructuradas y diseñadas por los cabilderos gubernamentales y corporativos, es decir, por la clase política acaudalada que conduce la toma de decisiones políticas. "El mercado absolutamente libre funciona como una ideología, un mito y una influencia restrictiva, pero nunca como una realidad cotidiana. Una de las razones [...] si es que alguna vez fuera a existir, es que volvería imposible la acumulación incesante de capital", escribe el sociólogo y analista de los sistemas-mundo Immanuel Wallerstein.[6] Hay dos hechos fundamentales que la ideología del "libre mercado" deja fuera del panorama que pinta: primero, que gran parte del capital existente en el mundo (riqueza, dinero, tierra, control de recursos naturales como petróleo y agua) ha sido heredado a los hijos de la conquista, del robo original, y segundo, que la inmensa mayoría del capital de los oprimidos (trabajo, capacidad de producir con el propio esfuerzo, el propio cuerpo, la propia mente) está estrictamente controlado —es decir, no es libre— por las leyes del Estado: con el TLC, los negocios, su propiedad y su dinero pueden cruzar las fronteras internacionales de ida y vuelta con relativa facilidad, mientras que los trabajadores que intentan hacerlo son tachados de ilegales, arrebatados de las calles y las fábricas, y acarreados de vuelta a la frontera que cruzaron. En el "libre mercado" del TLC, la libertad es para la riqueza y el personal de los capitalistas —los ladrones—, y no hay ninguna libertad correspondiente para los refugiados del despojo de tierras y la conquista, cuyo único capital es su trabajo diario.[7]

El capitalismo es el inmenso y muy celebrado paquete ideológico usado para disfrazar el robo de libertad, reformular el imperialismo como democracia.

Quizá —podría uno decir— los imperialismos de antaño fueron en efecto poco más que saqueo, ¿pero no es una exageración decir que las políticas económicas como el TLC son lo mismo? No son lo mismo. Son diferentes. Antes, los imperialistas simplemente ocupaban las tierras y degollaban o destripaban a quienes se quejaban. El efecto final, sin embargo, siempre es la desposesión, el robo de tierras y la creación de fuerzas laborales sin tierras (ya sean esclavos, peones o jornaleros migrantes). Las nuevas tácticas requieren más pasos, más personal y más delicadeza. Ahora, los imperialistas promulgan una ley o negocian un tratado que elimina toda ayuda gubernamental a los campesinos, expropia tierras, elimina los aranceles a la importación de granos subsidiados a tal grado que los campesinos no pueden vender sus cosechas y se ven obligados a dejar sus tierras. Nuevamente, el efecto final es la desposesión. El geógrafo y teórico social inglés David Harvey llama a este proceso "acumulación por desposesión" y ofrece una rigurosa explicación de su funcionamiento.[8] Ya sea que la desposesión se logre inicialmente por medio de un ejército o del congreso (respaldado por un ejército o fuerza policial), el impacto siempre es violento; la gente se ve obligada a abandonar su tierra, huyendo de las balas o del hambre; es desposeída.[9] En *El nuevo imperialismo*, Harvey escribe:

Pero las intervenciones militares no son más que la punta del iceberg imperialista. El poder del Estado hegemónico sirve típicamente para asegurar y promover los dispositivos institucionales externos e internacionales que hacen funcionar las asimetrías en las relaciones de intercambio en beneficio de la potencia hegemónica. Así es como se extrae efectivamente el tributo del resto del mundo [...] El vehículo primordial para la acumulación por desposesión ha sido la apertura por la fuerza de los mercados de todo el mundo mediante presiones institucionales ejercidas a través del FMI y la OMC, a la que se suma la capacidad de los Estados Unidos (y en menor medida de la Unión Europea) para negar el acceso a su propio mercado a los países que se nieguen a desmantelar sus barreras protectoras.

México lleva mucho tiempo atrapado en la mira del imperialismo estadounidense. Desde el inmenso robo de territorio en la guerra de 1846-1848, la desposesión masiva provocada por corporaciones estadounidenses a invitación explícita de Porfirio Díaz entre fines del siglo XIX[10] y principios del XX y la invasión del puerto de Veracruz en 1914 para proteger las inversiones y propiedades estadounidenses,[11] hasta la reestructuración forzada de la economía de México a fines de los ochenta y principios de los noventa, disfrazada de rescates económicos y luego un tratado de "libre comercio", los Estados Unidos han golpeado con la mano visible y también con la oculta para ejercer control imperial sobre la gente, la tierra y la economía de México.[12]

Cuando la economía mexicana se vino abajo a principios de los años setenta, los Estados Unidos pasaban por una crisis de sobreacumulación (el extraño problema capitalista de tener demasiado dinero y no encontrar dónde meterlo para que genere todavía más dinero). Los paquetes de ayuda de los Estados Unidos dieron a los capitalistas estadounidenses nuevos lugares para invertir y la capacidad de presionar para forzar una reestructuración económica en México.[13] Y "reestructuración" significó privatización a gran escala.

El presidente Miguel de la Madrid privatizó más de 900 de las 1 600 empresas paraestatales entre 1982 y 1988; para 1994, Carlos Salinas había vendido 300 de las compañías que quedaban, incluyendo el gigante de las telecomunicaciones Telmex, que fue la puerta de entrada para que Carlos Slim se convirtiera en una de las personas más ricas del mundo (es decir, en uno de los ladrones más exitosos del mundo). Las privatizaciones de De la Madrid "trajeron capital [estadounidense] a la economía en una escala que no se veía desde el porfiriato".[14] Pero esto fue sólo el primer acto. Las reformas constitucionales llevadas a cabo por Salinas y la posterior entrada en vigor del TLC constituyen uno de los actos de acumulación por desposesión más devastadores en la historia de México. En palabras del historiador estadounidense John Mason Hart, autor del exhaustivo estudio *Empire and Revolution: The Americans in Mexico since the Civil War [Imperio y revolución: los estadounidenses en México desde la Guerra Civil]*: "Las ventajas del TLC hubieran complacido a J. P. Morgan. Brindaban a las élites financieras estadounidenses una oportunidad histórica de reestructurar sistemáticamente el capital, el trabajo y los recursos en México, equiparable con la introducción del ferrocarril y la industria en el siglo XIX".[15] El TLC también les permitió a unas cuantas élites mexicanas "alcanzar una riqueza de escala mundial y a la vez ejercer un poder aún mayor en México".[16] El economista mexicano Juan Manuel Sandoval escribe que "al apostarle todo al TLC, quedó claro que el gobierno mexicano aceptaba tácitamente las reglas del juego impuestas unilateralmente por Estados Unidos en materia de migración y muchas otras cuestiones".[17]

En la vida diaria de los mexicanos, el imperialismo estadounidense está siempre en el fondo, como buques de guerra en el horizonte. Pero reducir la violencia de Estado en México al papel de un títere manipulado por el gigante vecino sería no entender para nada la naturaleza tanto del Estado como del imperialismo contemporáneo. Una diminuta clase política de élite se ha beneficiado tremendamente de la implementación de los mandatos del imperialismo económico estadounidense en México.[18] El número de multimillonarios crece a la par que el número de desposeídos. El Estado mexicano practica formas de imperialismo interno que coinciden completamente con los dictados de los Estados Unidos. Como comentó el historiador inglés Alan Knight: "El control informal requiere la colaboración de élites que congenien".[19]

¿No es una especie de contradicción hablar de dos imperios coordinados, trabajando juntos? Si los Estados Unidos de veras son un imperio, ¿no significa que todos los otros Estados son de alguna manera enemigos, si no es que lacayos? No, pienso que no. El diseño del imperio ha cambiado desde los días en que el poderío imperial cruzaba los océanos para desembarcar sus infanterías y caballerías en costas lejanas. Ahora, los capitanes del imperio viajan en jets privados y sus soldados se mueven invisibles mediante transferencias electrónicas y comunicaciones satelitales. El imperio se ha descentralizado. Su lugar de poder está dividido entre los capitales financieros (antiguamente coloniales) del mundo, y se puede mover con velocidad y fuerza sin igual. El imperio ya no es sinónimo de Estado-nación; está por encima y el Estado-nación sirve a su voluntad. Y si bien los Estados Unidos son el más fuerte y destructivo de los múltiples centros de poder imperial, el imperio mismo niega las fronteras; afirma ser trascendente y estar más allá de la historia, de cualquier ideología particular o red de prácticas culturales.[20] El imperio y su "lógica de gobierno" se extendieron por todo el planeta.[21] En la ilusión de su fuerza está su debilidad.

El México de hoy es el descendiente de una revolución traicionada, una traición que se ha repetido ya muchas veces, o quizá una traición que se ha sostenido y defendido haciéndose pasar por su opuesto —y una revolución que nunca ha acabado de irse tranquilamente al pasado—. Cuando en las manifestaciones callejeras la gente grita "¡Zapata vive!" ¡La lucha sigue!", está rindiendo homenaje a su historia común y afirmando el verdadero destino de su desafío. La revolución que Zapata y millones libraron a principios del siglo XX aún está por consumarse.

El politólogo mexicano Arnaldo Córdova ubica la formación del poder político en México en el siglo XX, a partir de la traición a la Revolución.[22] El primer elemento de la traición —más allá del asesinato de Zapata y Villa— consistió en las reformas agrarias y obreras aparentemente radicales integradas a la constitución posrevolucionaria; reformas que en realidad buscaban contener rebeliones futuras, crear una imagen del Estado como un *Estado del pueblo,* servir de amenaza contra la élite terrateniente porfiriana y permitir a los líderes del Estado movilizar masas con fines electorales y nacionalistas.[23] "En la práctica —escribe Córdova— las reformas sociales fueron empleadas como instrumentos de poder."[24] Así, la clase política creó un populismo nacionalista no para pelear contra la oligarquía —escribe Córdova—, sino para combatir a los movimientos campesinos independientes y socialmente radicales encabezados por Zapata y Villa: "El populismo mexicano, por ello, tuvo una entraña contrarrevolucionaria".[25]

El segundo elemento de la traición vino con la creación del PRI y su apoteosis: el presidencialismo. Después de ver la decadencia de la dictadura de Díaz y el caos político de los años veinte, especialmente con el asesinato de los presidentes Venustiano Carranza y Álvaro Obregón —escribe Córdova—, la clase política vio la necesidad de fincar su poder en algo más fuerte que el mero control individual del presidente, del caudillo a la antigua.[26] Entonces edificaron una presidencia constitucionalmente fuerte con poderes extraordinarios y una relación profunda y compleja con las masas y con el resto del aparato estatal: "El presidente ha dejado de ser una persona. Es una institución".[27] Córdova llama a esto "el profundo secreto del sistema político mexicano", esto es, que el poder político, haciéndose pasar por revolucionario, está basado en la dominación y la manipulación de las masas. Córdova enumera los cinco elementos de este secreto: primero, el sistema político parece ser una alianza institucional entre varias organizaciones sociales que ostentan el poder real; segundo, la presidencia es investida de poderes excepcionales garantizados en la Constitución; tercero, el presidente funge como el "árbitro supremo" ante el cual las diversas organizaciones sociales someten sus diferencias; cuarto, las masas son adoctrinadas en "el culto, no sólo a la personalidad del presidente, sino al poder presidencial", y quinto, el empleo de las formas tradicionales de relaciones y deudas personales crea dependencia respecto del presidente y cimienta el control sobre el personal político de cualquier administración dada.[28]

En efecto, el presidente se volvió una institución, una amalgama ingeniosa de los poderes de la Colonia española (en su naturaleza absolutista) con el cacicazgo mexicano (en su manipulación de extensas relaciones personales y sociales). La fusión Estado-partido creada en el PRI (y mantenida hasta la fecha, a pesar de las mutaciones impuestas por las muy reales divisiones y peleas internas en los distintos partidos)[29] servía al presidente como una corte sirve al rey. Y toda la construcción del Estado independiente y posrevolucionario en México ha servido para continuar el proceso de conquista dentro de sus propias fronteras nacionales, sometiendo a las clases indígenas, rurales y obreras a un ataque de violencia sostenida mientras promueve la expansión del capitalismo y la acumulación de fortunas en manos de unos cuantos.[30]

En su clásico estudio *La democracia en México,* el sociólogo mexicano Pablo González Casanova escribe: "Herencia del pasado, el marginalismo, la sociedad plural y el colonialismo interno subsisten hoy en México bajo nuevas formas, no obstante tantos años de revolución, reformas, industrialización y desarrollo, y configuran aún las características de la sociedad y la política nacional".[31] Han pasado poco más de 40 años desde que González Casanova escribió estas palabras, 40 años en los que la violencia del colonialismo interno se ha mantenido constante, si no es que se ha incrementado. Un año después de la publicación de *La democracia en México,* el ejército mexicano abrió fuego contra estudiantes que se manifestaban en la plaza de Tlatelolco en la Ciudad de México, matando a cientos. Las masacres y las desapariciones, el abandono económico de las comunidades rurales combinado con el imperialismo económico del TLC, los escuadrones de la muerte y la tortura —prácticas políticas que constituyen las leyes del colonialismo interno—, se han mantenido o se han intensificado en las cuatro décadas transcurridas desde la primera publicación de *La democracia en México*. Lamentablemente, el análisis de González Casanova sigue vigente: si bien ha habido cambios significativos en la sociedad política mexicana, el Estado mantiene una política de colonialismo interno, una política de conquista continua. Como escribe el filósofo Bolívar Echeverría, la Conquista "es una empresa que todavía *no* ha terminado".[32]

Sin duda habrá resistencia entre los observadores extranjeros y los no oprimidos de México ante la idea de que el gobierno mexicano libra una política de colonialismo interno. El escritor tunecino Albert Memmi analizó las diversas facetas de la psique colonial en su histórico libro de 1957, *The Colonizer and the Colonized [Retrato del colonizado, precedido por el retrato del colonizador]*. Uno de los principales atributos psicológicos del colonizador es la negación: ya sea la negación de la ilegitimidad del colonialismo o la negación de la humanidad de los colonizados, o ambas. Memmi escribe que "aceptar la realidad de ser un colonizador implica reconocer que se es una persona ilegítima y privilegiada, es decir, un usurpador".[33] Ésta no es una opción viable. La legitimidad[34] es esencial para el principio de democracia que sustenta el Estado moderno; las acciones gubernamentales se presentan como justas, en sí y por sí mismas, en virtud de que provienen de un régimen democrático, un régimen elegido por la gente y por tanto dotado de plena legitimidad. Por tal motivo —escribe Memmi—, el defensor del colonialismo (sobre todo en las supuestas democracias) "se esmera en falsificar la historia, reescribe las leyes, extinguiría las memorias; cualquier cosa con tal de lograr transformar su usurpación en legitimidad".[35]

De ahí la importancia de la ideología, la herramienta intelectual usada para transformar la usurpación en legitimidad. ¿Cómo funciona semejante proceso de transformación? En su ensayo "Del concepto de ideología", el filósofo mexicano Luis Villoro ofrece una definición política de ideología que combina criterios lógicos y sociológicos para explicar la peculiar y a menudo ambigua tarea de llevar a cabo esta transformación. Villoro escribe:[36]

> Las creencias compartidas por un grupo social son ideológicas si y sólo si:
>
> *1)* no están suficientemente justificadas; es decir, el conjunto de enunciados que las expresan no se funda en razones objetivamente suficientes;
>
> *2)* cumplen la función social de promover el poder político de ese grupo; es decir, la aceptación de los enunciados en que se expresan esas creencias favorece el logro o la conservación del poder de ese grupo.

En México, la Conquista continúa y los colonialistas internos disfrazan su usurpación de diversas ideologías, como las que hemos explorado en estas páginas: Estado de derecho, pobreza, migración y el racismo al que antes me referí como el error de Holmberg, la ideología del pasado indígena. La continuación de la Conquista obliga a una continuación de la rebelión. Como escribe Memmi: "La rebelión es la única salida de una situación colonial, y el colonizado se da cuenta de ello tarde o temprano [...] La situación colonial por su propia inevitabilidad interna provoca la rebelión. Puesto que a una situación colonial no es posible adaptarse, como un collar de hierro, sólo se puede romper".[37]

La conquista vuelve la rebelión necesaria e inevitable, y la rebelión ilumina los aspectos a menudo encubiertos de la conquista contemporánea. Bolívar Echeverría escribe: "Veo que el brote de la rebelión de los indios de Chiapas [del 1º de enero de 1994] pone en evidencia esta situación histórica que es todavía nuestro presente, el hecho de que vivimos todavía el proceso tanto de una Conquista interrumpida como de un mestizaje interrumpido".[38] Precisamente este mestizaje interrumpido —argumenta Echeverría— contiene un potencial radical para oponerse a la conquista y construir una nueva sociedad libre de colonialismo y capitalismo.

Para Echeverría, el mestizaje es "la forma propia de existencia de las culturas", e implica un intercambio recíproco de costumbres usadas para construir una identidad cultural.[39] En cuanto reciprocidad en la construcción de identidades culturales —continúa Echeverría—, el mestizaje implica el reconocimiento de la validez de formas alternativas de hacer las cosas, puesto que la gente de una cultura incorpora costumbres de otras culturas tanto a sus prácticas cotidianas como a su identidad. En cierto sentido, al verse confrontada con otras alternativas, la gente cuestiona su propia identidad, pero luego la reconstruye mediante la inclusión de ciertos aspectos de diferentes prácticas culturales.[40] Este mestizaje —argumenta Echeverría— es la forma propia del desarrollo cultural. Ocurrió tras la primera Conquista y durante todo el siglo XVII, pero fue truncado y suprimido por la Conquista continua —aunque aún no eliminado—.[41] En este sentido, el mestizaje es una política cultural radical de reciprocidad, que no debe confundirse con la ideología del gobierno mexicano de una mezcla racial, que solamente significaba la eliminación del indígena como tal.[42]

La lógica cultural de la conquista busca destruir el potencial radical del mestizaje negando la humanidad de los conquistados y la validez de sus prácticas culturales; la conquista es el desarrollo cultural de la imposición, el *apartheid* y la eliminación de lo diferente, y éste es el legado político que continúa por toda América Latina. Escribe Echeverría:

> Los "Estados burgueses" y las "repúblicas liberales" de toda América Latina retomaron la posición y continúan hasta hoy la línea histórica

> de la Corona española, y *no* la línea del mestizaje. Pese a que casi todos esos Estados dicen afiliarse a la idea del "mestizaje", en verdad su política es la política de los antiguos conquistadores, es decir, la del *apartheid,* que sólo acepta a los otros dentro de las fronteras de sus dominios en la medida en que dejen de ser otros, se autoaniquilen, y pasen a ser "connacionales" [...] los Estados latinoamericanos [...] en tanto que Estados occidentales, modernos, capitalistas, tienen una tarea fundamental, básica y elemental, de la cual no pueden excusarse, que es precisamente la tarea de *concluir* el proceso de la Conquista, es decir, de eliminar de la historia el esbozo civilizatorio que implican los indios, de sustituirlo o de "integrarlo" [...] en una vida política que parte de homogeneizar a la ciudadanía pasándola por el rasero de la propiedad privada. El gran dilema que se cierra ante los Estados latinoamericanos cuando abordan la "cuestión indígena" proviene de que, tal como existen ahora, poseen un *telos* que les es inherente, el *telos* de concluir el proceso de la Conquista.[43]

La conquista continua busca extinguir el proceso de mestizaje que implicaría considerar alternativas al capitalismo; eso significaría reconocer la validez de las formas alternativas de hacer las cosas como se hacían antes de la Conquista y aún se hacen en comunidades indígenas por todo México, a pesar de la conquista continua. Llevada a su plena conclusión —el *telos*, el fin último—, la Conquista no es sino la erradicación de los indígenas y sus alternativas.

¿Qué posibilidades hay, entonces, de resistencia y rebelión, de mestizaje y de poner fin a la conquista? Una respuesta es voltear a ver a los oprimidos, pues, como escribió el educador brasileño Paulo Freire: "¿Quién mejor que los oprimidos se encontrará preparado para entender el significado terrible de una sociedad opresora? ¿Quién sentirá mejor que ellos los efectos de la opresión? ¿Quién más que ellos para ir comprendiendo la necesidad de la liberación?"[44] Entonces en México (y más allá) debemos voltear a ver a los indígenas. Como dijo el subcomandante Marcos en una reunión de la Otra Campaña con los pueblos indígenas zapoteco, mixe y chinanteco en Guelatao, Oaxaca, el 8 de febrero de 2006: "El avance del sistema capitalista significa la destrucción total —total— de los pueblos indígenas. Nosotros somos indígenas y estamos dispuestos a hacer cualquier cosa —cualquier cosa— por seguirlo siendo". Y de nuevo Echeverría:

> Para que los indígenas puedan sobrevivir, y para que su modo de existencia pueda mantenerse, los Estados de América Latina tienen que cambiar [...] La única manera efectiva que hay de que estos seres humanos que son los indios puedan existir como ellos son y como ellos quieren ser, pasa por una *autotransformación radical* de la modernidad política en cuanto tal.[45]

Francisco López Bárcenas concuerda con Bolívar Echeverría cuando escribe que la autonomía indígena —propuesta como una política de emancipación del colonialismo interno— requiere el replanteamiento del Estado. Para López Bárcenas, las políticas de Estado de colonialismo interno se han convertido en

> una situación que ni la igualdad jurídica de los ciudadanos pregonada por el liberalismo decimonónico, ni las políticas indigenistas impulsadas por los diversos Estados latinoamericanos durante todo el siglo XX fueron capaces de resolver porque no iban a la raíz del problema que, según se aprecia ahora, pasa por el reconocimiento de los pueblos indígenas como sujetos colectivos de derechos, pero también por la refundación de los Estados para corregir sus anomalías históricas de considerarse monoculturales en sociedades multiculturales.[46]

La autonomía indígena dentro del Estado —continúa López Bárcenas— precisa que el Estado reconozca a los pueblos indígenas como sujetos de derechos colectivos —no individuales—, y que tales derechos expliquen la demanda de los pueblos indígenas de "autoafirmación, autodefinición, autodelimitación y autodisposición interna y externa".[47] Dicho de otra manera, la autonomía indígena significa que los pueblos indígenas deciden dónde trazar las fronteras y qué hacer con su territorio y con todos los recursos que contiene (el gobierno federal no tendría poderes absolutos de expropiación); cómo organizar sus asuntos sociales internos (tales como qué enseñarles a sus hijos en la escuela y cómo tratar a los enfermos en sus clínicas), y cómo regular sus interacciones con las comunidades e individuos externos, es decir, cuáles proyectos, tecnologías y colaboraciones aceptar y en cuáles participar.

Los críticos dicen que una autonomía así está constituida por el aislacionismo o por sueños banales, ahistóricos, utópicos. Estos críticos pasan por alto el punto esencial de la autonomía: la eliminación de la imposición.

—Todo esto ahora, todo lo que hagamos bien o mal —dijo el teniente coronel Moisés en una reunión sobre autonomía zapatista en Oventik el 21 de julio de 2007—, ya somos nosotros los que lo decidimos, ya no los patrones.

Al final de su estudio filosófico sobre la conquista de las Américas, el filósofo búlgaro Tzvetan Todorov escribe: "Es posible establecer un criterio ético para juzgar la forma de las influencias: lo esencial, diría yo, es saber si son *impuestas* o *propuestas* […] Nadie les preguntó a los indios si querían la rueda, o los telares, o las fraguas, fueron obligados a aceptarlos; ahí reside la violencia, y no depende de la utilidad que puedan o no tener esos objetos".[48]

De hecho, este principio —proponer, no imponer— es uno de los principios fundamentales de gobierno *dentro* del territorio autónomo zapatista. Como vimos antes, muchos de los rebeldes indígenas en Chiapas que están construyendo su autonomía a pesar de las hostilidades del gobierno mexicano articularon este principio en sus reuniones con visitantes externos en 2007. Bien vale la pena volver a citar esos enunciados:

"La gente toma las decisiones. Nosotros nada más proponemos, no imponemos" (Jesús, de la Junta de Buen Gobierno de La Realidad).

"La autoridad debe servir pero no servirse; proponer, no imponer" (Roel, también de La Realidad).

Este principio básico —proponer, no imponer— es inherente al concepto de mestizaje desarrollado por Bolívar Echeverría: implica reconocer la humanidad del otro, la validez de sus alternativas culturales y su autonomía de decisión.

La autonomía indígena rechaza la imposición no sólo de afuera hacia adentro, sino también en sus formas internas de gobierno. Aquí la autonomía indígena da esperanzas a una política de mestizaje radical: la gente está tomando los primeros y muy arriesgados pasos de crear territorios autónomos donde no se tolera la imposición pero se fomenta la propuesta. Esto abre un espacio para la solidaridad; pero no una solidaridad de imposición disfrazada de caridad, sino más bien una en que el de fuera viene a aprender, a cuestionar su propia identidad cultural (que invariablemente contendrá elementos del sistema capitalista opresor en el que la mayoría de los visitantes externos crecieron) al verse confrontado con la alternativa de la autonomía indígena, para luego redefinir esa identidad mediante la autotransformación. Paulo Freire escribe: "La solidaridad, que exige de quien se solidariza que 'asuma' la situación de aquel con quien se solidarizó, es una actitud radical".[49] En el contexto del colonialismo interno y la opresión capitalista en México, esta solidaridad con los indígenas implica tomar partido, elegir en contra del imperio y adoptar la política del mestizaje radical. Significa reconocer la validez de las alternativas indígenas y usarlas para cuestionar la propia identidad cultural; para cuestionar y luego reconstruir.

En 2005, con la Sexta Declaración de la Selva Lacandona, el EZLN dio a conocer el programa político que sería conocido como la Otra Campaña. Los zapatistas anunciaron: "Un nuevo paso adelante en la lucha indígena sólo es posible si el indígena se junta con obreros, campesinos, estudiantes, maestros, empleados [...] o sea, los trabajadores de la ciudad y el campo".⁵⁰ De acuerdo con López Bárcenas y Echeverría, la autonomía indígena, entendida como la existencia continua de los pueblos indígenas, requiere replantear el Estado, y tal replanteamiento debe incluir "a los trabajadores de la ciudad y el campo" y ser explícitamente anticapitalista. La Otra Campaña del EZLN hace un llamado a construir un movimiento anticapitalista fuera de las estructuras partidistas tradicionales que están inseparablemente unidas al Estado precisamente por esta razón: la nueva política debe construirse desde fuera —como dicen, "de abajo y a la izquierda"—. El Estado capitalista y sus políticas de colonialismo interno exigen la destrucción última de los indígenas. En cambio, una verdadera política de mestizaje radical tomará e incluirá múltiples alternativas que han surgido y sobrevivido dentro del mismo Estado capitalista (la imprenta y la tecnología de la radio, por ejemplo, han sido usadas con fuerza por las luchas indígenas en México); de ahí, la visión zapatista de "un mundo donde quepan muchos mundos".

Quizá una de las aportaciones más significativas de la Otra Campaña a la fecha ha sido el enfoque de cambiar la conciencia de clase, apartándola de identidades políticas potencialmente divisorias y acercándola a la clase vinculante de *los de abajo:* los oprimidos, los excluidos. La Otra Campaña hizo un llamado a todos los que han sido excluidos de los beneficios, a todos los que han sido explotados y violados por el capitalismo y la represión política en México, a unirse, a mantener y defender sus identidades políticas o sociales específicas —indígena, mujer, homosexual, transexual, obrero, intelectual, anarquista, estudiante—, formando a la vez una organización unificada de *los de abajo*. La raíz del antagonismo de clase expresado por la Otra Campaña es el antagonismo entre incluidos y excluidos, entre la clase política y los de abajo. Este replanteamiento de la conciencia de clase podría ser extremadamente poderoso y liberador: construye puentes y conecta a la gente con base en su identidad política compartida, al tiempo que hace un llamado a una radical igualdad de inclusión y respeto para las diversas identidades políticas.

El filósofo esloveno Slavoj Zizek escribe que "el antagonismo entre los Excluidos y los Incluidos es el antagonismo a nivel cero, y tiñe todo el terreno de la lucha [...] sólo la referencia a esos Excluidos, a quienes moran en los huecos del espacio del Estado, permite la verdadera universalidad".[51] Más allá del antagonismo entre los incluidos y los excluidos —escribe Zizek—, todos los demás antagonismos de clase "pierden su filo subversivo: la ecología se convierte en un 'problema de desarrollo sustentable'", de tal manera que "el consumo y la acción política se funden por completo".[52] De ahí que el estricto rechazo, por parte de la Otra Campaña, del capitalismo y de los partidos políticos —la clase política, los incluidos—, y su unión igualmente fuerte de identidades políticas distintas como *los de abajo* —los excluidos—, creen la posibilidad de una igualdad política construida desde dentro del mestizaje; igualdad cimentada simultáneamente en el respeto y mantenimiento de las diferencias, y en la experiencia compartida de exclusión y lucha por la liberación. La Otra Campaña articula esta igualdad radical de conciencia de clase como *los de abajo* y sigue en el proceso de construir las alianzas nacionales y las estructuras organizativas necesarias para materializar esa conciencia en rebeldía.

El movimiento de la APPO se benefició de la presencia de la Otra Campaña y las reuniones por todo Oaxaca, y se acercó a materializar la conciencia de clase de *los de abajo*. Durante los meses de la ofensiva de desobediencia civil en 2006, en especial durante el movimiento *defensivo* de organizar barricadas nocturnas por toda la capital oaxaqueña, gente con identidades políticas increíblemente diversas —indígenas, obreros, maestros, anarquistas, mujeres y aun clasemedieros— se unió en la actividad concreta de la rebeldía. No todos los participantes superaron las viejas divisiones de la izquierda (por ejemplo, los anarquistas contra los estalinistas), y estas divisiones volvieron a surgir después de que la policía levantó por la fuerza los últimos campamentos de manifestantes.

El verdadero legado del levantamiento de Oaxaca es la experiencia vivida de semejante igualdad radical durante la lucha compartida. Aquí también la solidaridad de los no excluidos con los excluidos adoptó la "postura radical" de Freire. Una noche, en las barricadas que resguardaban la estación de radio ocupada por la APPO y conocida como La Ley, una pareja bien vestida, clasemediera, se acercó nerviosa y pidió hablar con las personas reunidas allí. Esa noche corrían rumores insistentes de que la policía iba a efectuar otra redada en su "convoy de la muerte", como había hecho a finales de agosto. La pareja clasemediera explicó a los guardias de la barricada cómo llegar a su casa, diciendo que, en caso de redada, la puerta de atrás estaría abierta. El marido agregó: "Preparé montones de piedras en la azotea", para aventarle a la policía. La gente de la barricada respondió agradeciendo con la cabeza y con un: "Gracias, compañeros".

El argumento aquí no es que la autonomía indígena sea la *única* estrategia de rebelión posible, sino más bien que cualquier rebelión antiimperialista en México debe *incluir* las luchas por la autonomía indígena, y, también, que estas luchas constituyen los sitios de rebelión más radicales hoy en México, ofreciendo a las clases excluidas, a los de abajo, un modelo de lucha que puede ayudar a romper y abrir espacio a nuevos sitios de autonomía y rebelión *más allá* de los que el Estado aprueba. Otra vez, la lucha por la autonomía indígena abre la posibilidad de una política de mestizaje radical; al incorporar elementos de las luchas indígenas por la autonomía a sus propias esferas de rebelión, los de abajo no indígenas salen del dominio de la autoridad del Estado —la trampa de la "rebeldía sumisa", para usar la frase del antropólogo estadounidense Matthew Guttman—[53] y participan en la práctica cultural del mestizaje al incorporar y por lo tanto reconocer la validez de las alternativas indígenas. Ahí radica el mensaje insurgente del EZLN a quienes están en solidaridad: "Sea un zapatista dondequiera que esté".

Echeverría escribe: "El desconcierto y la inactividad de la izquierda se deben a su fidelidad al mundo de la política del Estado nacional moderno".[54] Éste es el mundo de la política electoral, los cabilderos, los grupos de asesores, las organizaciones no gubernamentales y hasta las marchas y protestas callejeras que al exigir cosas al Estado siguen perpetuando su misma dominación. La autonomía indígena y una política de mestizaje surgida de la experiencia e influencia de esas luchas exigen abrir nuevos espacios de combate, de participación política más allá del Estado, que disminuyan su dominación. Los municipios zapatistas autónomos, el municipio autónomo de San Juan Copala y, por un breve lapso, las calles, plazas, estaciones de radio y canales de televisión ocupados en Oaxaca, todos han abierto estos espacios independientes de acción política. Aquí hay mucho que aprender. De nuevo, Echeverría escribe: "De lo que se trata en nuestro tiempo es de rescatar esa propuesta espontánea de una actividad política que no se realice en obediencia al dogma de la modernidad capitalista, como ejecución de lo que el capital permite y promueve, sino precisamente en contra del mismo".[55]

Éste no es un llamado simplemente a desatar la indignación; es un llamado a la reflexión y la acción basado en el concepto radical del mestizaje, un profundo cuestionamiento de la propia identidad cultural y prácticas políticas mientras se participa en las prácticas soberanas de la autonomía indígena. La participación directa en la rebelión no requiere (pero tampoco excluye dogmáticamente) disparar armas, lanzar piedras, construir barricadas, llenar cocteles molotov de gasolina ni dinamitar presas. Educar a la comunidad acerca de las demandas del movimiento y las desigualdades sociales de donde surge es igual de rebelde que quemar llantas en la avenida. La rebelión necesita lo mundano con la misma urgencia que lo heroico. El hombre que reparte tamales en las barricadas no es ni más ni menos rebelde que la mujer que toma el canal de televisión y transmite en vivo o que el artista que con aerosol y esténcil plasma en los muros de la catedral arte surgido del movimiento. En Oaxaca, durante los dos meses de barricadas nocturnas por toda la ciudad ocupada por el movimiento (21 de agosto a 28 de octubre de 2006), cientos de familias pasaron horas preparando café, tortas, tamales y atole para los voluntarios que hacían guardia. Recuerdo a la niña de ocho años que iba acompañando a sus papás y que me sirvió café y me dio un pan a las 3:00 a.m. cuando entrevistaba a seis maestros indígenas en una barricada que protegía una estación de radio tomada por el movimiento.

"¿No estás cansado?", preguntó. Y los riesgos de su actividad eran (son) mortales: soldados vestidos de civil mataron a tiros a Alejandro García en una barricada el 14 de octubre de 2006, cuando repartía comida y bebida con su esposa e hijos.

La rebelión empieza mucho antes de que aparezcan las barricadas en las calles. Comienza con la convicción, la unión de determinación y esperanza, de enojo e imaginación, la creencia simultánea de que uno debe y puede vivir para deshacer los sistemas de opresión. Como escribe Paulo Freire: "Se hace indispensable que los oprimidos, en su lucha por la liberación, no conciban la realidad concreta de la opresión como una especie de 'mundo cerrado' [...] del cual no pueden salir, sino como una situación que sólo los limita y que ellos pueden transformar".[56]

Puede ser que entre la gente siempre existan el asesinato, el robo, la deshonestidad y el abuso; pero cuando estas conductas se convierten en los rasgos definitorios de un sistema social, como sucede en México, la gente tiene el derecho inherente a rebelarse. Entender cómo sobrevive el sistema a través de la opresión es un prerrequisito para debilitar las ideologías que ocultan la opresión.

Querían ponerle a su hija Doni Zänä, que significa "Flor de Luna" en ñañú, una lengua indígena hablada por más de 100 000 personas en el estado de Hidalgo, al norte de la Ciudad de México. César Cruz y Marisela Rivas venden flores en la temporada de Día de Muertos, y su hija nació el 1º de noviembre, en la víspera de esa festividad.

—De ahí la intención de ponerle el nombre que en español significa Flor de Luna —le dijo César Cruz a un reportero de *La Jornada*.⁵⁷

César y Marisela fueron a la oficina del registro civil en Tepeji del Río, pero el encargado se negó a aceptar el nombre. Fueron al cercano Tula de Allende y recibieron la misma respuesta. Fueron al registro civil del estado de Hidalgo y de nuevo fueron rechazados. Cada vez, los funcionarios del registro les dijeron que "ese nombre no lo registra el sistema de cómputo".⁵⁸

José Antonio Bulos Salomón, director del Registro del Estado Familiar en Hidalgo, dijo a *La Jornada* que el nombre Doni Zänä era sólo "un capricho que traerá consecuencias negativas" a la niña.⁵⁹

La Ley General de Derechos Lingüísticos de los Pueblos Indígenas de 2003 reconoció el ñañú y todas las otras lenguas indígenas de México como lenguas nacionales oficiales, que "tienen la misma validez" que el español dondequiera que se hablen.⁶⁰ Aunque la ley garantiza el derecho de los padres, los funcionarios del registro afirmaron que "lamentablemente los sistemas [de cómputo] no lo contemplaron".⁶¹

José Antonio Bulos Salomón les recomendó a los padres registrar el nombre como Doni Zana, pero César y Marisela se negaron: escrito sin la *o* subrayada y sin las diéresis en las *as*, el nombre significaría "piedra que muerde" en ñañú. Y la respuesta de los registros municipal y estatal, así como de la Comisión Nacional para el Desarrollo de los Pueblos Indígenas y la Comisión de Derechos Humanos del Estado de Hidalgo, fue ésta: pónganle otro nombre.

Ésta no fue su primera experiencia negativa con el registro civil. Cuando fueron a registrar a su hija Yohoki, de ocho años, el funcionario les dijo que estaban prohibidos los nombres extranjeros o de artistas.

—Yo les respondí que ése es un nombre ñañú, no japonés ni chino —dijo César Cruz—, y significa en nuestra lengua renacer, renovar, rehacer o hacer entre dos. ¿Dónde está el extranjerismo? Su ignorancia los lleva a la intolerancia y al racismo.⁶²

César y Marisela llevaron su lucha a la prensa. La respuesta de los funcionarios del estado se mantenía: escojan otro nombre. El secretario de Gobierno del estado de Hidalgo, Francisco Olvera Ruiz, mandó llamar a César a su oficina y lo regañó, insistiendo en que buscara otro nombre. La delegación de la Secretaría de Relaciones Exteriores en Hidalgo dijo que no podría expedir un pasaporte a nombre de Do̱ni Zänä.

Pero César y Marisela no se dieron por vencidos y se negaron a aceptar que el nombre que le habían escogido a su hija fuera un "capricho".

—Se trata de defender nuestra cultura, nuestra lengua y nuestra raza, a la que parece que las autoridades quieren desaparecer —dijo César a *La Jornada*.

César y Marisela tuvieron que pelear dos años y medio para poder registrar el nombre de su hija, Do̱ni Zänä, en su propia lengua.⁶³

A veces la rebelión puede ser algo tan simple, y a menudo tan inadvertido, como pelear por un nombre. Este libro se centra en historias de rebeldía del sur de México —Chiapas, Oaxaca y Guerrero—, pero la rebeldía, tanto indígena como no indígena, ocurre todos los días por todo el país. El pueblo indígena yaqui combatió a los españoles sin parar, peleó contra el naciente Estado mexicano hasta la Revolución y ha resistido el imperialismo económico del Estado posrevolucionario hasta el presente.⁶⁴ En las montañas y los valles donde colindan los estados de Nayarit, Jalisco, Durango y Zacatecas, al oeste de México, los wixáritari (a menudo llamados huicholes en español y en inglés) han resistido el imperialismo territorial, cultural, lingüístico y religioso desde hace cinco siglos sin descansar un instante.⁶⁵ Mientras escribo estas palabras, los wixáritari han establecido una asamblea permanente en sus tierras para bloquear una carretera federal propuesta, diciendo claramente:

"Nosotros, los wixáritari, no queremos ese progreso; nosotros queremos una relación respetuosa con la madre tierra que está viva".[66]

Mientras cubría la Otra Campaña en la ciudad de Campeche, conocí a Emiliano Centurrón, de 66 años. Nunca había tenido un micrófono en la mano cuando, para contar su historia a un grupo de gente durante la Otra Campaña, se paró entre una multitud de 200 personas y el subcomandante Marcos. Campesino de subsistencia que nunca fue a la escuela, Centurrón fue cofundador de una cooperativa de apicultores en los sesenta y pasó los siguientes 20 años trabajando y reinvirtiendo con otros pequeños productores. Para fines de los setenta, Miel Campeche tenía una planta procesadora con 70 tanques capaces de producir millones de litros de miel al año. En 1977 el gobierno del estado ofreció prestarle a la cooperativa 700 000 dólares para comprar bodegas y camiones de carga. Para 1981, Miel Campeche ya había pagado el capital y poco a poco estaba cubriendo los intereses cuando el gobierno del estado tomó control de la cooperativa por la fuerza, vendió los terrenos y los equipos y cobró las inversiones y pensiones de 1 200 trabajadores-dueños, una suma de unos 15 millones de dólares. Centurrón luego encabezó un esfuerzo de 20 años de lucha por recuperar los ahorros de toda su vida que les habían sido robados. Viajó a la Ciudad de México. Presionó al tesorero estatal para que hiciera una auditoría de los registros financieros de la cooperativa —que él había preservado meticulosamente—, y así demostró que el gobierno había falseado las cifras para adueñarse del negocio y venderlo. Pero el gobierno se negó a llegar a un acuerdo. Centurrón rechazó cheques en blanco y ofertas de puestos en el gobierno local a cambio de dejar el pleito. Rehusó una oferta de indemnización de 300 dólares para cada trabajador-dueño. Nunca se dio por vencido.

—Siempre he preferido vivir de mi propio trabajo y no a costa de los demás —dijo Centurrón—. Los que viven en la mansión del gobernador viven de lo que la gente se gana. Para mí, esos hijos de la chingada no son autoridades gubernamentales.

Tal es el espíritu de rebeldía en el México no conquistado.

México se mantiene rebelde y sin conquistar porque después de siglos de regímenes que evolucionan —cuyo poder siempre ha surgido de la violencia—, las élites dominantes aún no han logrado extirpar el hambre social de una forma de gobierno que surja de la humildad. Los migrantes se niegan a ser simple mano de obra desechable; salen a las calles y descarrilan la legislación estadounidense. Los maestros manifestantes que se oponen a que los niños vayan a la escuela sin zapatos y se niegan a recibir una golpiza en la calle, se unen, se dan la media vuelta y devuelven la golpiza, corriendo a la policía de la ciudad. Los indígenas se niegan a ser contenidos en un discurso colonialista que reescribe su propio pasado, un discurso que racionaliza la violencia, el racismo y el despojo continuos; se levantan tanto en armas como en palabras y subvierten toda la premisa de la legitimidad del Estado. Después de más de 500 años, México aún no ha sido conquistado por completo. Se establecen nuevos territorios autónomos, los rebeldes crean redes y conexiones por todo el país. Evolucionan y se extienden nuevas maneras de relacionarse entre todos, libres de la dominación y el control de clase. La historia está viva, la rebelión está viva, ambas mantenidas mediante la necesidad visceral de imaginar.

México es importante para el mundo —apremiante para los Estados Unidos— por su furiosa labor en la imaginación de una utopía: aquella que surge de la voluntad de sobrevivir, de vencer la violencia opresora a toda costa.[67] En México, las "coordenadas de lo posible"[68] han dejado fuera constantemente a millones de personas, por lo general con base en distinciones de raza, sexo y clase. Los mexicanos han intentado, una y otra vez, empujar contra las coordenadas de lo posible con protestas no violentas: marchas, plantones, huelgas y campañas electorales. Y sin embargo, todas las veces estas tácticas han llevado a una respuesta de violencia absoluta por parte del Estado: las masacres de estudiantes que marchaban en 1968 y 1971; el fraude electoral en 1988; las masacres de campesinos que protestaban en 1995; la masacre de 1997 en Acteal; la golpiza y violación masiva de manifestantes en Atenco en 2006; los operativos coordinados de desaparición, tortura y asesinato extrajudicial de manifestantes en Oaxaca en 2006 y 2007. Después de la mayoría de estos actos de represión estatal, aparecieron en México grupos guerrilleros nuevos o reconfigurados, que atacaban cuarteles militares y, en 2007, gasoductos.[69] Estos actos de insurgencia armada son quizá esfuerzos desesperados por actuar *dentro* del reino de lo posible. Las invenciones utópicas, quijotescas, de la rebeldía son otras: el levantamiento zapatista; el alcance de la Otra Campaña basado en escuchar; la toma de un canal de televisión por parte de mujeres oaxaqueñas y la toma popular, masiva, de *todas las estaciones de radio en la ciudad de Oaxaca* unas horas después del ataque de parapolicías armados contra el canal ocupado; una guerrillera que decide ignorar los dogmas revolucionarios caducos para construir el poder de la gente desde abajo. Tales actos son los que conforman una utopía concreta, urgente, política. Y a esto me refiero con la palabra "rebeldía": tanto a reimaginar con urgencia como a fijar una ruta de acción que atraviese las fronteras reventadas de lo que se pensaba posible.

Uno podría preguntar: ¿por qué imperio y rebelión? ¿No exageras? ¿Por qué no hablar de políticas autoritarias y movimientos sociales? Los movimientos sociales operan en gran medida dentro de las coordenadas de lo posible, mediante marchas, campañas, huelgas, plantones y demás. Los movimientos sociales tienden a florecer en los Estados relativamente tolerantes o, mejor aún, flexibles.[70] Bajo los regímenes autoritarios, guardianes de los designios imperiales, tales movimientos son cooptados, vencidos por medio de la violencia o reprimidos hasta obligarlos a reimaginar lo posible, forzándolos a una rebelión más profunda.[71]

El imperio descentralizado del capital —compuesto de Estados y corporaciones manejados por personas con nombre y dirección— depende de que se mantenga la fantasía de la libertad individual para que a su vez encubra la ilegitimidad de su saqueo. El terreno de la legitimidad es el primero que se disputa en la rebelión. La fantasía de la libertad está compuesta por una red de artefactos ideológicos, y en el caso de México éstos incluyen el "Estado de derecho", la pobreza, "buscar una vida mejor" y el pasado indígena. Muchos de los rebeldes de México han despedazado estos artefactos ideológicos y se han apartado de los escombros; han roto el dominio del control colonial y la inevitabilidad decretada de su propia miseria; abandonaron las coordenadas de lo posible y entraron al territorio disputado de la legitimidad, y allí imaginaron algo diferente, algo más; han iniciado la reinvención de la utopía y defendido sus figuraciones en las calles. La conquista no es inevitable, la injusticia no es el requisito lamentable que algunos tienen que cumplir para que el imperio pueda avanzar en su misión trascendental. Esto es lo que nos dicen la rebelión zapatista, el levantamiento en Oaxaca y la abundancia de rebeldía cotidiana en México: podemos defendernos de los intentos de la violencia oficial por controlarnos, podemos construir otro reino de posibilidades, podemos construir otra cosa, y la construcción empezará con replantearnos todo lo que pensamos posible; eso se extenderá a nuestra imaginación colectiva, y de ahí, entretejido con el aliento de la humildad y la férrea determinación de combatir la injusticia, podemos ganar. Y los desposeídos y rebeldes de México —los de abajo— nos están enseñando qué aspecto puede empezar a tener esta victoria, desde las Juntas de Buen Gobierno zapatistas y su "proponer, no imponer", hasta la ocupación espontánea, colectiva de los medios en Oaxaca, pasando por el consejo visionario de una compañera guerrillera: "Muchos dicen que tenemos que tomar el poder, pero creo que lo que necesitamos es *construir* el poder, desde abajo, y empezar ya".

Notas

PRESENTACIÓN

* Gloria Muñoz Ramírez nació en la Ciudad de México. De 1994 a 1996 trabajó para el diario mexicano *Punto*, para la agencia de noticias alemana DPA, para el periódico estadounidense *La Opinión* y para el diario *La Jornada*. En 1997 dejó trabajo, familia y amigos para irse a vivir a las comunidades zapatistas de Chiapas, donde permaneció siete años. Hoy escribe para *La Jornada* y es miembro del consejo editorial del suplemento de temas indígenas *Ojarasca*. Es autora de *El fuego y la palabra*, una historia del movimiento zapatista.

PRÓLOGO

[1] Los detalles y hechos de este bosquejo de Rubén Jaramillo fueron tomados de Laura Castellanos, *México armado: 1943-1981,* 2007, pp. 23-62; Fritz Glockner, *Memoria roja: historia de la guerrilla en México (1943- 1968),* 2007, pp. 19-81, y Marco Bellingeri, *Del agrarismo armado a la– guerra de los pobres: ensayos de guerrilla rural en el México contemporáneo, 1940-1974,* 2003, pp. 17-68.

[2] Laura Castellanos, *México armado: 1943-1981,* 2007, p. 25.

[3] *Id.*

[4] La descripción del asesinato está tomada de un artículo de Carlos Fuentes publicado en la revista *Siempre!* y citado en Laura Castellanos, *México armado: 1943-1981,* 2007, pp. 25-26.

[5] Fritz Glockner, *Memoria roja: historia de la guerrilla en México (1943- 1968),* 2007, p. 77.

[6] Bolívar Echeverría, *Vuelta de siglo,* 2006, p. 242; las cursivas son del original.

[7] Diego Osorno, "Acabamos con los pinches nacos", *Milenio,* 4 de julio de 2006.

[8] Stephanie Mehta, "The Richest Man in the World" ["El hombre más rico del mundo"], *Fortune,* 20 de agosto de 2007, pp. 23-29.

⁹ Helen Coster, "Slim's Chance" ["La oportunidad de Slim"], *Forbes.com,* 26 de marzo de 2007; disponible en inglés en www.forbes.com/forbes/2007/0326/134_print.html, y Stephanie Mehta, "Carlos Slim: The Richest Man in the World" ["Carlos Slim: el hombre más rico del mundo"], *Fortune,* 20 de agosto de 2007, p. 24.

¹⁰ "Las 39 familias más ricas de México", *El Universal,* 1º de julio de 2008.

¹¹ Erik Olin Wright, "Foundations of a Neo-Marxist Class Analysis" ["Fundamentos para un análisis de clase neomarxista"], en E. O. Wright (ed.), *Approaches to Class Analysis,* 2005.

¹² Sobre las formas de capital simbólico, véase Pierre Bourdieu, *Outline of a Theory of Practice,* 1977, y *Distinction: A Social Critique of the Judgment of Taste,* 1984.

¹³ Erik Olin Wright, "Foundations of a Neo-Marxist Class Analysis" ["Fundamentos para un análisis de clase neomarxista"], en E. O. Wright (ed.), *Approaches to Class Analysis,* 2005.

¹⁴ Edward W. Said, *Cultura e imperialismo,* 2004, p. 43.

¹⁵ Véase el capítulo 2.

¹⁶ Véase Al Giordano, "Mexico's Presidential Swindle" ["El embuste presidencial de México"], *New Left Review,* vol. 41, septiembre-octubre de 2006, pp. 5-27.

¹⁷ Benedict Anderson, *Imagined Communities: Reflections on the Origins and Spread of Nationalism,* 2006, y Roger Bartra, *La jaula de la melancolía: identidad y metamorfosis del mexicano,* 1987.

¹⁸ Slavoj Zizek, *El sublime objeto de la ideología,* 2001, p. 61. "La ideología no es una ilusión tipo sueño que construimos para huir de la insoportable realidad; en su dimensión básica es una construcción de la fantasía que funge de soporte a nuestra 'realidad': una 'ilusión' que estructura nuestras relaciones sociales efectivas, reales, y por ello encubre un núcleo insoportable, real, imposible [...] La función de la ideología no es ofrecernos un punto de fuga de nuestra realidad, sino ofrecernos la realidad social misma como una huida de algún núcleo traumático, real" (*ibid.,* p. 76).

1

LA CONTINUIDAD HISTÓRICA DE LA CONQUISTA Y LA REBELIÓN

¹ Alan Riding, *Vecinos distantes: un retrato de los mexicanos,* 1985, p. 34.

² La Triple Alianza fue formada por los señores aztecas, de Texcoco y de Tlacopan para derrotar al Imperio tepaneca.

³ Ross Hassig, *Mexico and the Spanish Conquest,* 2006, pp. 20-21, y Enrique

Semo y Enrique Nalda, *México, un pueblo en la historia,* vol. 1, *De la aparición del hombre al dominio colonial,* 1989, p. 72.

[4] Ross Hassig, *Mexico and the Spanish Conquest,* 2006, pp. 23-24, y Enrique Semo y Enrique Nalda, *México, un pueblo en la historia,* vol. 1, *De la aparición del hombre al dominio colonial,* 1989, pp. 97-107.

[5] Ross Hassig, *Mexico and the Spanish Conquest,* 2006, p. 25, y Alan Knight, *Mexico: From the Beginning to the Spanish Conquest,* 2002, p. 141.

[6] Enrique Semo y Enrique Nalda, *México, un pueblo en la historia,* vol. 1, *De la aparición del hombre al dominio colonial,* 1989, p. 109

[7] Alan Knight, *Mexico: From the Beginning to the Spanish Conquest,* 2002, pp. 141-142, y Ross Hassig, *Mexico and the Spanish Conquest,* 2006, pp. 25-26.

[8] Alan Knight, *Mexico: From the Beginning to the Spanish Conquest,* 2002, pp. 143-145; Ross Hassig, *Mexico and the Spanish Conquest,* 2006, pp. 26-27, y Enrique Semo y Enrique Nalda, *México, un pueblo en la historia,* vol. 1, *De la aparición del hombre al dominio colonial,* 1989, pp. 118-120.

[9] Enrique Semo y Enrique Nalda, *México, un pueblo en la historia,* vol. 1, *De la aparición del hombre al dominio colonial,* 1989, pp. 122-123, y Alan Knight, *Mexico: From the Beginning to the Spanish Conquest,* 2002, p. 177.

[10] Ross Hassig, *Mexico and the Spanish Conquest,* 2006, pp. 27 y 34-35.

[11] *Ibid.,* p. 38.

[12] Alan Knight, *Mexico: From the Beginning to the Spanish Conquest,* 2002, pp. 148-151.

[13] *Ibid.,* pp. 152-155.

[14] Los ingleses, los españoles y los franceses ejecutaron más o menos el doble de personas, cada uno, que los aztecas. Charles C. Mann, *1491: una nueva historia de las Américas antes de Colón,* 2006, pp. 133-134.

[15] Alan Knight, *Mexico: From the Beginning to the Spanish Conquest,* 2002, pp. 152-161.

[16] *Ibid.,* p. 154. Knight escribe: "Socorridos por el sacrificio, los dioses aztecas servían de aliados; combatían contra las fuerzas destructoras inexorables —con lo que los aztecas anticipaban la entropía de los astrofísicos, según un análisis imaginativo— que incesantemente amenazaban al hombre y al universo".

[17] Enrique Semo y Enrique Nalda, *México, un pueblo en la historia,* vol. 1, *De la aparición del hombre al dominio colonial,* 1989, pp. 127-128.

[18] *Ibid.,* p. 122, y Alan Knight, *Mexico: From the Beginning to the Spanish Conquest,* 2002, p. 174.

[19] *Ibid.,* pp. 190-191.

[20] *Id.*

[21] Tzvetan Todorov, *La conquista de América: el problema del otro,* 1998, p. 21.

[22] *Ibid.,* p. 150.

²³ James D. Cockcroft, *La esperanza de México,* 2000, pp. 19 y 21.

²⁴ *Ibid.,* p. 20.

²⁵ Tzvetan Todorov, *La conquista de América: el problema del otro,* 1998, pp. 34-50 y 129-130. Todorov escribe: "Cortés cae en éxtasis frente a las producciones aztecas, pero no reconoce a sus autores como individualidades humanas que se pueden colocar en el mismo plano que él" (*ibid., p.* 139). Es bien sabido que Moctezuma confundió a los españoles con dioses, con lo cual tampoco reconoció su humanidad, aunque esto era muy diferente del trato que los españoles daban a los indígenas, a quienes consideraban animales o algo peor. Además, la confusión de los indígenas en cuanto a la naturaleza de los españoles no duró mucho (mientras que el racismo contra los indígenas continúa). En palabras de un cronista maya de la conquista: "Aquellos que no puedan comprender, morirán; aquellos que comprendan, vivirán" (*ibid.,* p. 85).

²⁶ "Cuando Cortés debe expresar su opinión sobre la esclavitud de los indios (cosa que hace en un memorial dirigido a Carlos V), sólo considera el problema desde un punto de vista: el de la rentabilidad de la empresa; nunca se menciona lo que los indios, por su parte, podrían desear (al no ser sujetos, no tienen voluntad)" (*ibid.,* p. 142).

²⁷ *Ibid.,* p. 137.

²⁸ *Ibid.,* p. 139.

²⁹ Friedrich Katz (ed.), *Revuelta, rebelión, y revolución: la lucha rural en México del siglo XVI al siglo XX,* 2004; James D. Cockcroft, *La esperanza de México,* 2000, pp. 35-40; Brian R. Hamnett, *A Concise History of Mexico,* 2006, pp. 104-106, y Leticia Reina, *Las rebeliones campesinas en México (1819-1906),* 1996.

³⁰ Brian R. Hamnett, *A Concise History of Mexico,* 2006, pp. 83-84.

³¹ James D. Cockcroft, *La esperanza de México,* 2000, pp. 39-40.

³² Anna Macías, *Against All Odds: The Feminist Movement in Mexico to 1940,* 1982, pp. 4-5.

³³ Jean Franco, *Plotting Women: Gender and Representation in Mexico,* 1989.

³⁴ James D. Cockcroft, *La esperanza de México,* 2000, pp. 12 y 34.

³⁵ El siguiente resumen de la historia económica de México es una paráfrasis de Enrique Semo, *Historia mexicana: economía y lucha de clases,* 1978, pp. 28-69. Véase también Enrique Semo, *Historia del capitalismo en México,* 1973; Pablo González Casanova, *La democracia en México* [1965], 1967, y James D. Cockcroft, *La esperanza de México,* 2000, capítulos 1-4.

³⁶ "Produciendo principalmente textiles de algodón y lana […] los obrajes concentraban trabajadores en condiciones inhumanas […] La tendencia en la mayoría de los lugares era hacia la concentración de la producción bajo un solo techo (manufactura) y hacia un control centralizado por los propietarios del obraje o por la burguesía mercantil, que a menudo eran uno solo […] El dueño típico de un

obraje era un residente español (o sus descendientes) que tenía otros intereses económicos, como comerciante (mercader) por lo común" (James D. Cockcroft, *La esperanza de México,* 2000, pp. 44-45).

[37] Enrique Semo, *Historia mexicana: economía y lucha de clases,* 1978, p. 29.

[38] *Ibid.,* p. 51.

[39] James D. Cockcroft, *La esperanza de México,* 2000, p. 55.

[40] Enrique Semo, *Historia mexicana: economía y lucha de clases,* 1978, pp. 161-199.

[41] Véanse los capítulos 1 y 4 para un análisis más detallado del imperialismo de los Estados Unidos en México.

[42] Friedrich Katz, *La servidumbre agraria en México en la época porfiriana,* 1980, p. 49.

[43] Severo Iglesias, *Juárez: sociedad civil y nación,* 2006.

[44] "A Juárez le tocó crear la primera imagen fuerte de la presidencia en cuanto institución de poder que verdaderamente estaba por encima de la refriega, y su estrategia fue presentarse a sí mismo como la compleja personificación de la unión entre ley y nación" (Claudio Lomnitz, *Deep Mexico, Silent Mexico: An Anthropology of Nationalism,* 2001, p. 95).

[45] Alan Riding, *Vecinos distantes: un retrato de los mexicanos,* 1985, p. 39.

[46] "Durante el predominio del PRI siempre había habido violencia en la base —el campo y las barriadas urbanas—, pero no en la cima. Aunque había incumplido muchas otras de sus promesas, el partido en el poder había preservado la 'paz social'" (Julia Preston y Samuel Dillon, *El despertar de México: episodios de una búsqueda de la democracia,* 2007, p. 141). El concepto de estabilidad se argumenta en relación con el Estado, y precisamente allí donde implica la represión de la resistencia, aprueba y legitima la violencia de un solo golpe. En la cita anterior los escritores, ambos ex corresponsales del *New York Times* en México, caen en la confusión de equiparar "paz social" con la norma de "violencia en la base". ¿Buscamos un ejemplo más claro del prejuicio de clase en los medios estadounidenses? La estabilidad política, que hoy en realidad es un eufemismo para hablar de los mercados de cárteles irrestrictos y del monopolio político, juega el papel de la conversión forzada que en los primeros días de la Colonia desempeñaban los cristianos al anunciar las acciones benévolas necesarias para salvar el alma del salvaje: masacre, violación, robo de tierras y trabajos forzados. Ahora, los funcionarios gubernamentales proclaman la conversión forzada a la ideología del "Estado de derecho", que no es sino otra liberación involuntaria basada en masacre, violación, robo de tierras y trabajos forzados.

[47] Porfirio Díaz construyó el imponente monumento a Cuauhtémoc —emblema de la resistencia indígena al colonialismo español— en la Ciudad de México mientras promovía el robo de tierras indígenas, despojando a millones y forzándolos al peonaje de deuda. No es ninguna contradicción: el pasado también es

territorio colonizado. Con sus estatuas de guerreros aztecas, los "modernos" dicen: "Su pasado es nuestro pasado; compartimos esto como compartimos nuestra identidad nacional. No nos pueden vencer, ni deshacerse de nosotros, porque somos ustedes, todo está como debe ser, nuestro pasado común es nuestro presente común, nuestro futuro común: estamos trabados para siempre en la posición de conquistador y conquistado". Mediante esta colonización del pasado, los "modernos" abren y controlan el territorio de la identidad nacional compartida. La ideología del nacionalismo en México es una herramienta del colonialismo.

[48] Beatriz Urías Horcasitas, *Historias secretas del racismo en México (1920-1950)*, 2007, p. 15.

[49] Eric Wolf, *Las luchas campesinas del siglo XX,* 1999, p. 31.

[50] Alan Knight, "Racismo, revolución e indigenismo: México, 1910-1940", pp. 78-80.

[51] Como escribe el historiador John Womack: "Durante más de 30 años no había habido actividad política importante en México en que Díaz no hubiese estado metido" (John Womack, *Zapata and the Mexican Revolution,* 1968, p. 11). El lema de Díaz era "poca política y mucha administración". Cien años después, esa ideología se afianzaría en instituciones como el Banco Mundial, determinadas a imponer su colonialismo económico disfrazado de combate a la pobreza. Véase Arturo Escobar, *Encountering Development: The Making and Unmaking of the Third World,* 1995, y James Ferguson, *The Anti-Politics Machine: "Development", Depoliticization, and Bureaucratic Power in Lesotho,* 1994.

[52] James D. Cockcroft, *La esperanza de México,* 2000, p. 86; Brian R. Hamnett, *A Concise History of Mexico*, 2006, p. 177, y John Womack, *Zapata and the Mexican Revolution,* 1968, p. 15. Un relato corto y apasionante del impacto que tuvo la construcción del ferrocarril sobre el oeste estadounidense puede encontrarse en Marc Reisner, *A Dangerous Place: California's Unsettling Fate,* 2003.

[53] Dan La Botz, *Democracy in Mexico: Peasant Rebellion and Political Reform,* 1995, p. 45, y Brian R. Hamnett, *A Concise History of Mexico*, 2006, p. 182.

[54] Friedrich Katz, *La servidumbre agraria en México en la época porfiriana,* 1980, pp. 9 y 13, y Adolfo Gilly, *La revolución interrumpida: México, 1910-1920: una guerra campesina por la tierra y el poder,* 1995, p. 9.

[55] *Id.* Un patrón similar de robar tierras indígenas, escribir leyes extravagantes y colonialistas, impulsar el desarrollo capitalista y obligar a una absurda concentración de tierras ocurrió en California en esa época. Véase Robert Fellmeth, *Politics of Land,* 1972, y Donald J. Pisani, *Water, Land, and Law in the West: The Limits of Public Policy, 1850-1920,* 1996.

[56] John Womack, *Zapata and the Mexican Revolution,* 1968, p. 18.

[57] *Id.*

[58] *Ibid.,* p. 49.

NOTAS

⁵⁹ *Regeneración*, 3 de septiembre y 8 de octubre de 1910, citado en James D. Cockcroft, *La esperanza de México*, 2000, p. 96. Véase también *ibid.*, pp. 91-92.

⁶⁰ *Ibid.*, pp. 4-6 y 62-66.

⁶¹ Roger Bartra escribe: "la Revolución fue un estallido de mitos, el más importante de los cuales es precisamente el de la propia Revolución. Los mitos revolucionarios no fueron, como en otras naciones, levantados sobre biografías de héroes y tiranos, sino más bien sobre la idea de una fusión entre la masa y el Estado, entre el pueblo *mexicano* y el gobierno *revolucionario* [...] La cultura nacional se identifica con el poder político, de tal manera que quien quiera romper las reglas del autoritarismo será inmediatamente denunciado de querer renunciar —o peor: traicionar— a la cultura nacional" (Roger Bartra, *La jaula de la melancolía: Identidad y metamorfosis del mexicano*, 1987, p. 227; las cursivas son del original).

⁶² John Womack, *Zapata and the Mexican Revolution*, 1968, p. 55, y Dan La Botz, *Democracy in Mexico: Peasant Rebellion and Political Reform*, 1995, p. 46.

⁶³ John Womack, *Zapata and the Mexican Revolution*, 1968, pp. 10-11 y 54-55.

⁶⁴ Brian R. Hamnett, *A Concise History of Mexico*, 2006, pp. 199-200.

⁶⁵ Dan La Botz, *Democracy in Mexico: Peasant Rebellion and Political Reform*, 1995, p. 47.

⁶⁶ John Womack, *Zapata and the Mexican Revolution*, 1968, pp. 67-89.

⁶⁷ *Ibid.*, p. 96 y, más generalmente, capítulos 3 y 4. Sobre Madero y su camarilla, Womack escribe: "Pocas revoluciones se han planeado, efectuado y ganado por hombres tan uniformemente obsesionados por la continuidad del orden legal como los autorrepresentantes del maderismo de 1910-1911. Al parecer, nada les preocupaba tanto como preservar las formas y rutinas regulares. El régimen de Díaz, lo mismo que su carácter, los había fascinado" (*ibid.*, p. 90).

⁶⁸ Plan de Ayala, citado en *ibid.*, p. 402.

⁶⁹ John Mason Hart, *Revolutionary Mexico: The Coming and Process of the Mexican Revolution*, 1997, pp. 364-365.

⁷⁰ Brian R. Hamnett, *A Concise History of Mexico*, 2006, pp. 203-207.

⁷¹ John Tutino, *From Insurrection to Revolution in Mexico: Social Bases of Agrarian Violence, 1750-1940*, 1989, pp. 338-339.

⁷² John Mason Hart, *Revolutionary Mexico: The Coming and Process of the Mexican Revolution*, 1997, pp. 366-367.

⁷³ *Ibid.*, p. 367.

⁷⁴ *Ibid.*, p. 368.

⁷⁵ John Tutino, *From Insurrection to Revolution in Mexico: Social Bases of Agrarian Violence, 1750-1940*, 1989, pp. 338-340. Muchos años después, el artículo 27 fue destripado por Carlos Salinas para cumplir con los requisitos de los negociadores estadounidenses del Tratado de Libre Comercio de América del Norte.

⁷⁶ James D. Cockcroft, *La esperanza de México*, 2000, p. 106.

[77] John Womack, *Zapata and the Mexican Revolution*, 1968, pp. 322-330.

[78] James D. Cockcroft, *La esperanza de México*, 2000, pp. 106-107.

[79] Adolfo Gilly, *La revolución interrumpida: México, 1910-1920: una guerra campesina por la tierra y el poder*, 1995, y Adolfo Gilly et al., *Interpretaciones de la Revolución Mexicana*, 1988, pp. 50-51.

[80] James D. Cockcroft, *La esperanza de México*, 2000, pp. 114-120; Brian R. Hamnett, *A Concise History of Mexico*, 2006, pp. 218-226, y John Tutino, *From Insurrection to Revolution in Mexico: Social Bases of Agrarian Violence, 1750-1940*, 1989, pp. 343-346.

[81] James D. Cockcroft, *La esperanza de México*, 2000, pp. 118-119.

[82] Arnaldo Córdova, *La política de masas y el futuro de la izquierda en México*, 1979, pp. 10-13. Dos estudios de fondo sobre Cárdenas y su legado son Arnaldo Córdova, *La política de masas del cardenismo*, 1974, y Adolfo Gilly, *El cardenismo, una utopía mexicana*, 1994.

[83] James D. Cockcroft, *La esperanza de México*, 2000, pp. 122-125.

[84] *Ibid.*, pp. 128-133, y Brian R. Hamnett, *A Concise History of Mexico*, 2006, p. 232.

[85] Dan La Botz, *Democracy in Mexico: Peasant Rebellion and Political Reform*, 1995, pp. 58-59.

[86] Véase Alan Knight, "Historical Continuities in Social Movements" ["Continuidades históricas en movimientos sociales"], en Joe Foweraker y Ann L. Craig (eds.), *Popular Movements and Political Change in Mexico*, 1990, pp. 78-102.

[87] Luis González de Alba, *Los días y los años*, 1971, y Elena Poniatowska, *La noche de Tlatelolco*, 1997.

[88] Apenas tres años después de la masacre, el 10 de junio de 1971, policías, soldados y matones entrenados por el gobierno atacaron y de nuevo masacraron a estudiantes que participaban en una manifestación pacífica en la Ciudad de México. Véase el reciente documental de Canal 6 de Julio que pone al descubierto la participación del gobierno en la masacre, *Halcones*, 2007.

[89] Uno de los mejores relatos del movimiento guerrillero de Cabañas es la estupenda novela histórica de Carlos Montemayor, *Guerra en el paraíso*, publicada en 1991. Véase también el reciente documental de Gerardo Tort, *La guerrilla y la esperanza: Lucio Cabañas*, 2007.

[90] Últimamente se ha publicado en México una serie de libros que exploran la Guerra Sucia y los movimientos armados. Véanse, por ejemplo, Laura Castellanos, *México armado: 1943-1981*, 2007; Fritz Glockner, *Memoria roja: historia de la guerrilla en México (1943-1968)*, 2007; Marco Bellingeri, *Del agrarismo armado a la guerra de los pobres: ensayos de guerrilla rural en el México contemporáneo, 1940-1974*, 2003, y Verónica Oikión Solano y Marta Eugenia García Ugarte (eds.), *Movimientos armados en México, siglo XX*, 2006.

NOTAS

⁹¹ Vivienne Bennett, "The Evolution of Urban Popular Movements in Mexico Between 1968 and 1988" ["La evolución de los movimientos populares urbanos en México entre 1968 y 1988"], en Arturo Escobar y Sonia E. Álvarez, *The Making of Social Movements in Latin America: Identity, Strategy, and Democracy*, 1992.

⁹² Dan La Botz, *Mask of Democracy: Labor Suppression in Mexico Today*, 1992, y María Elena Cook, *Organizing Dissent: Unions, the State, and the Democratic Teachers Movement in Mexico*, 1996.

⁹³ Marta Lamas, *Feminismo: transmisiones y retransmisiones*, 2006, pp. 13-22.

⁹⁴ Julia Preston y Samuel Dillon, *El despertar de México: episodios de una búsqueda de la democracia*, 2007, pp. 97-98.

⁹⁵ *Ibid.*, p. 103.

⁹⁶ *Ibid.*, pp. 106-107.

⁹⁷ Carlos Monsiváis, *"No sin nosotros". Los días del terremoto, 1985-2005*, 2005.

⁹⁸ Dan La Botz, *Democracy in Mexico: Peasant Rebellion and Political Reform*, 1995, pp. 83-94.

⁹⁹ Un apasionante relato del fraude electoral de 1988 aparece en Julia Preston y Samuel Dillon, *El despertar de México: episodios de una búsqueda de la democracia*, 2007, pp. 149-180.

¹⁰⁰ Dan La Botz, *Democracy in Mexico: Peasant Rebellion and Political Reform*, 1995, p. 16.

2

EL ESTADO DE DERECHO

¹ Fotografía de Carlos Tomás Cabrera publicada en la página 9 de *Proceso*, núm. 1595, 27 de mayo de 2007.

² El sábado 26 de mayo de 2007, un grupo de hombres que viajaban a bordo de una Grand Cherokee dejó una hielera a la puerta del diario *Tabasco Hoy*. En la hielera, los guardias de seguridad del periódico hallaron la cabeza de Terencio Sastré Hidalgo, un campesino que había llamado a las autoridades. "Dejan en *Tabasco Hoy* cabeza de delegado ejidal; directivos del diario exigen seguridad", *La Jornada*, 27 de mayo de 2007, p. 7.

³ Las fotografías de las cabezas cercenadas en Acapulco se difundieron ampliamente. El diario acapulqueño *El Sur* publicó dos imágenes de Gonzalo Pérez en las páginas 1 y 3 el 21 de abril de 2006.

⁴ Ricardo Ravelo, *Herencia maldita: el reto de Calderón y el nuevo mapa del narcotráfico*, 2007, p. 22.

⁵ Roberto López, "De un vistazo", *Milenio*, 2 de julio de 2007, p. 39.

[6] Vicente Hernández, "Reconoce PFP 2 794 ejecuciones", *Milenio,* 12 de enero de 2008, p. 25.

[7] María Cecilia Toro, "The Political Repercussions of Drug Trafficking in Mexico" ["Las repercusiones políticas del tráfico de drogas en México"], en Elizabeth Joyce y Carlos Malamud (eds.), *Latin America and the Multinational Drug Trade,* 1998, pp. 131-145. Estados Unidos no sólo proporciona el mercado para las drogas ilegales que vienen o que pasan por México; también provee a los cárteles de su increíble variedad de armas automáticas. Véase Louis E.V. Nevaer, "American Guns Help Fuel Mexico's Drug Trade Killings" ["Armas norteamericanas ayudan a impulsar los asesinatos por narcotráfico en México"], *San Francisco Chronicle,* 15 de julio de 2007, p. D4.

[8] Carlos Monsiváis *et al., Viento rojo: diez historias del narco en México,* 2004, pp. 139-140.

[9] El involucramiento oficial en la industria del narcotráfico no se limita a México; los Estados Unidos tienen su propia historia oscura. El libro de Charles Bowden, *Down by the River: Drugs, Money, Murder, and Family,* 2004, muestra cómo el Departamento de Justicia estadounidense bloquea las investigaciones por narcotráfico que puedan llegar demasiado alto en el gobierno mexicano (véanse, por ejemplo, las pp. 152 y 198-199). Véase también Gary Webb, *Dark Alliance: The CIA, the Contras, and the Crack Cocaine Explosion,* 1998.

[10] Ricardo Ravelo, *Herencia maldita: el reto de Calderón y el nuevo mapa del narcotráfico,* 2007. Varios corresponsales del *New York Times* ganaron el premio Pulitzer de Reportaje Internacional en 1988 por una serie de artículos sobre el involucramiento del gobierno con las mafias del narcotráfico en México. Los artículos están archivados en la página electrónica de la Pulitzer: http://www.pulitzer.org. Dos de los corresponsales, Julia Preston y Samuel Dillon, ofrecen un panorama del narcotráfico y la participación del gobierno en *El despertar de México: episodios de una búsqueda de la democracia,* 2007, pp. 323-352.

[11] Ricardo Ravelo, "Se llaman Los Zetas y aquí están", *Proceso,* núm. 1595, 27 de mayo de 2007.

[12] *Ibid.,* p. 9, y George W. Grayson, "Los Zetas: A Ruthless Army Spawned by a Cartel" ["Los Zetas: Un ejército despiadado engendrado por un cártel"], *The News,* 26 de mayo de 2008, p. 4.

[13] Ricardo Ravelo, *Herencia maldita: el reto de Calderón y el nuevo mapa del narcotráfico,* 2007, p. 20.

[14] Manuel Roig-Franzia, "Mexican Drug Cartels Move North" ["Los cárteles mexicanos de la droga se desplazan hacia el norte"], *Washington Post,* 20 de septiembre de 2007, p. A14.

[15] Charles Bowden, *Down by the River: Drugs, Money, Murder, and Family,* 2004, p. 3. El mismo estudio concluyó que la economía de estadounidense se contraería entre 19 y 22% sin el negocio del narco.

¹⁶ "Fox Facts: Mexico's Drug Trade" ["Datos Fox: el negocio del narcotráfico en México"], *Fox News,* 14 de marzo de 2007; disponible en www.foxnews.com/story/0,2933,258702,00.html.

¹⁷ Álex Sánchez, "Mexico's Drug War: A Society at Risk—Soldiers versus Narco Soldiers" ["La guerra contra el narco en México: Una sociedad en riesgo, soldados contra narcosoldados"], *Washington: The Council on Hemispheric Affairs,* 22 de mayo de 2007.

¹⁸ Charles Bowden escribe: "El elemento clave de la guerra contra el narco es que la guerra nunca ocurre; son simples escaramuzas dictadas de vez en cuando por las necesidades políticas en los Estados Unidos y México. Lo segundo es que las drogas amenazan al poder más que a la gente. El dinero, en cualesquiera cantidades, va a alimentar las carencias básicas que llamamos capitalismo. La violencia, cualesquiera que sean sus oscilaciones, mata sobre todo a gente metida en el negocio, ya sean traficantes de drogas o policías que viven de ellos. La única cuestión que se altera seriamente es el poder, porque la nueva fuente de dinero crea nuevos hombres adinerados" (Charles Bowden, *Down by the River: Drugs, Money, Murder, and Family,* 2004, p. 136).

¹⁹ Ricardo Ravelo, *Los capos: las narco-rutas de México,* 2005, y *Herencia maldita: el reto de Calderón y el nuevo mapa del narcotráfico,* 2007.

²⁰ Julia Preston, "Mexico's Jailed Anti-Drug Chief Had Complete Briefings in U. S." ["Jefe antidrogas de México encarcelado recibió informes completos en E. U."], *The New York Times,* 19 de febrero de 1997; Julia Preston y Samuel Dillon, *El despertar de México: episodios de una búsqueda de la democracia,* 2007, y, para un perfil completo de Carrillo Fuentes, Charles Bowden, *Down by the River: Drugs, Money, Murder, and Family,* 2004. Gutiérrez Rebollo está actualmente en prisión.

²¹ Alma Guillermoprieto, *Los años que no fuimos felices: crónicas de la transición mexicana, 1994-1997,* 1998, p. 22.

²² *Ibid.,* p. 23.

²³ *Ibid.,* p. 22.

²⁴ Luis Estrada, *La ley de Herodes,* Bandidos Films, 1999. Para información sobre la película, véase www.laleydeherodes.com. Recomiendo al lector que vea esta cinta; es genial.

²⁵ Algunos nombres fueron cambiados a petición de los entrevistados, por su seguridad.

²⁶ Cuando estaba cubriendo el levantamiento pacífico en Oaxaca de julio a diciembre de 2006, la policía federal me detuvo e interrogó en varias ocasiones. Parecían ansiosos por atrapar a un extranjero haciéndose pasar por periodista sin la visa correcta. Yo tenía la visa correcta. Después de la represión masiva del 25 de noviembre, la Policía Federal Preventiva (PFP) me detuvo en un retén. Mi cámara y yo enfrentábamos a unos 50 policías con metralletas, en la esquina de una angosta

calle colonial. Un comandante dio un paso al frente y me preguntó qué hacía. Se me ocurrió hacerme el rudo y recordarle que sólo las autoridades migratorias tienen derecho de cuestionar así a los extranjeros. El comandante señaló su gorra de la PFP y dijo: "Soy de la policía federal, puedo preguntarte lo que se me dé mi chingada gana". Le respondí: "Ah, bueno, soy periodista", y le entregué mi visa.

[27] No es mi intención tomar a la ligera la arriesgada e importante labor de documentación llevada a cabo por las organizaciones de derechos humanos. Tal labor es esencial, pero por sí sola no basta.

[28] Human Rights Watch, "México", en el *Informe mundial 2007,* Nueva York, Human Rights Watch, 2007; disponible en http://www.hrw.org/spanish/docs/2007/01/11/mexico14989.htm.

[29] Amnistía Internacional, "México: juicios injustos: tortura en la administración de justicia", 23 de marzo de 2003; disponible en http://www.amnesty.org/es/library/asset/AMR41/007/2003/en/151196d2-d72c-11dd-b0cc-1f0860013475/amr410072003es.pdf.

[30] Amnistía Internacional, *México: leyes sin justicia: violaciones de derechos humanos e impunidad en el sistema de justicia penal y de seguridad pública,* Washington, D. C., Amnistía Internacional, 2007; disponible en http://www.amnesty.org/es/library/asset/AMR41/002/2007/en/82c5c4c2-d3c5-11dd-8743-d305bea2b2c7/amr410022007es.pdf.

[31] *Id.*

[32] El historiador Edward Peters (*Torture,* 1987; 1999) presenta un argumento convincente que vincula el resurgimiento de la tortura en el siglo XX con las prácticas de imperialismo interno en los Estados modernos.

[33] Edward Peters, *Torture* [1987], 1999, citas de pp. 137-138. Para estudios sobre los usos de la tortura en Algeria, véanse Rita Mann, *Torture: The Role of Ideology in the French Algerian War,* 1989, y Jean-Paul Sartre, *Colonialismo y neocolonialismo,* 1968; en Brasil y Uruguay, Lawrence Weschler, *A Miracle, a Universe: Settling Accounts with Torturers,* 1990; en Chile y otros países del Cono Sur, Ronald D. Crelinsten y Alex P. Schmid (eds.), *The Politics of Pain: Torturers and Their Masters,* 1994; en Argentina, Marguerite Feitlowitz, *A Lexicon of Terror: Argentina and the Legacies of Torture,* 1998; en Israel, Stanley Cohen, "Talking About Torture in Israel" ["Hablando de tortura en Israel"], *Tikkun,* 6 (6), 1991, pp. 23-30, 89-90, y para los Estados Unidos, Mark Danner, *Torture and Truth: America, Abu Ghraib, and the War on Terror,* 2004.

[34] Herbert C. Kelman, "The Policy Context of Torture: A Social-Psychological Analysis" ["El contexto político de la tortura: un análisis social-psicológico"], *International Review of the Red Cross,* vol. 87, núm. 857, marzo de 2005, pp. 125-126.

[35] *Ibid.,* pp. 128-129; las cursivas son del original.

³⁶ Elaine Scarry, *The Body in Pain: The Making and Unmaking of the World,* 1985, p. 27.

³⁷ *Ibid.,* pp. 28 y 35.

³⁸ "Ya no se trata principalmente de obtener la información de la víctima, sino de vencer a la víctima misma, de reducirla a la impotencia mediante la tortura" (Edward Peters, *Torture* [1987], 1999, p. 164)."Al forzar confesiones, los torturadores obligan al prisionero a registrar y objetificar el hecho de que el dolor intenso destruye el mundo. Es por esta razón que si bien el contenido de la respuesta del prisionero sólo en ocasiones resulta importante para el régimen, la forma de la respuesta, el hecho de que responda, siempre es crucial" (Elaine Scarry, *The Body in Pain: The Making and Unmaking of the World,* 1985, p. 29).

³⁹ La Convención contra la Tortura y Otros Tratos o Penas Crueles, Inhumanos o Degradantes de las Naciones Unidas entró en vigor el 26 de junio de 1987, convirtiéndose formalmente en parte de las leyes mexicanas. Véase Elma del Carmen Trejo García, *Tratados internacionales vigentes en México: relación en legislaturas y/o periodos legislativos en que fueron aprobados,* México, Servicio de Investigación y Análisis, Subdirección de Política Exterior, febrero de 2007, p. 274.

⁴⁰ Existen numerosos análisis sobre este aspecto del sistema legal mexicano. Por ejemplo, véase Human Rights Watch, *México: el cambio inconcluso,* 2006; disponible en http://www.hrw.org/es/node/11321/section/6.

⁴¹ *Ibid.,* nota 307.

⁴² *Ibid.,* nota 268.

⁴³ Michele Heisler, Alejandro Moreno, Sonya DeMonner, Allen Keller, Vincent Lacopino, "Assessment of Torture and Ill Treatment of Detainees in Mexico: Attitudes and Experiences of Forensic Physicians" ["Evaluación de tortura y malos tratos de los detenidos en México: actitudes y experiencias de los médicos forenses"], *The Journal of the American Medical Association,* vol. 289, núm. 16, 23 de abril de 2003, pp. 2135-2143.

⁴⁴ Comisión Nacional de los Derechos Humanos, recomendación general, 10 de noviembre de 2005.

⁴⁵ Departamento de Estado de los Estados Unidos, "Mexico: Country Reports on Human Rights Practices, 2006" ["México: reportes nacionales sobre prácticas de derechos humanos, 2006"]; disponible en www.state.gov/g/drl/rls/hrrpt/2006/78898.htm.

⁴⁶ "Fitzjames Stephen observó que cuando se estaba preparando el código indio de procedimientos penales en 1872, hubo cierta discusión sobre la costumbre de la policía india de torturar prisioneros. Durante la discusión, un funcionario comentó: 'Hay mucha pereza involucrada. Es mucho más agradable quedarse sentado cómodamente en la sombra echándole chile en los ojos a un pobre diablo que salir a buscar evidencia bajo el rayo del sol'" (citado en Edward Peters, *Torture*

[1987], 1999, p. 136). Vale la pena notar cómo el gastado estereotipo racista del nativo perezoso se cuela hasta en la explicación de un colonialista sobre la práctica de la tortura.

⁴⁷ Ésta es, nuevamente, la historia que cuenta la brillante película *La ley de Herodes,* en que el mismo Vargas es moldeado por las relaciones de autoridad preexistentes hasta convertirse en un tirano autoritario que, para sobrevivir, debe superar a sus predecesores en la escala e intensidad de su brutalidad, incluyendo el uso de la tortura para extraer confesiones falsas.

⁴⁸ Esta sección está basada en experiencias personales y numerosas entrevistas a participantes, testigos y otros reporteros. Véase Comisión Civil Internacional de Observación por los Derechos Humanos, *Informe preliminar sobre los hechos de Atenco, México,* 2006.

⁴⁹ La información de los cuatro párrafos anteriores fue tomada de Manuel Roig-Franzia, "In Juarez, Expiring Justice" ["En Juárez la justicia expira"], *Washington Post,* 14 de mayo de 2007, p. A10; Emanuella Grinberg, "In Juarez Murders, Progress but Few Answers" ["En asesinatos de Juárez, avances pero pocas respuestas"], *CNN Court TV,* 9 de abril de 2004; Evelyn Nieves, "To Work and Die in Juarez" ["Trabajar y morir en Juárez"], *Mother Jones,* mayo-junio de 2002; Max Blumenthal, "Day of the Dead" ["Día de muertos"], *Salon.com,* 4 de diciembre de 2002; Laurie Freeman, "Still Waiting for Justice: Shortcomings in Mexico's Efforts to End Impunity for Murders of Girls and Women in Ciudad Juárez and Chihuahua" ["Aún esperando justicia: deficiencias en los esfuerzos de México por poner fin a la impunidad de los asesinatos de muchachas y mujeres en Ciudad Juárez y Chihuahua"], Washington Office on Latin America, mayo de 2006, y Luis Ignacio Velásquez, "Oaxaca, primer lugar en feminicidios", *Noticias de Oaxaca,* 1° de junio de 2007. Véase también Teresa Rodríguez, Diana Montané y Lisa Pulitzer, *The Daughters of Juarez: A True Story of Serial Murder South of the Border,* 2007.

⁵⁰ Laurie Freeman, "Still Waiting for Justice: Shortcomings in Mexico's Efforts to End Impunity for Murders of Girls and Women in Ciudad Juárez and Chihuahua" ["Aún esperando justicia: deficiencias en los esfuerzos de México por poner fin a la impunidad de los asesinatos de muchachas y mujeres en Ciudad Juárez y Chihuahua"], Washington Office on Latin America, mayo de 2006.

⁵¹ *Id.,* y Evelyn Nieves, "To Work and Die in Juarez" ["Trabajar y morir en Juárez"], *Mother Jones,* mayo-junio de 2002.

⁵² Amnistía Internacional, *México: muertes intolerables: diez años de desapariciones y asesinatos de mujeres en Ciudad Juárez y Chihuahua,* 2003, y *Report on Mexico produced by the Committee on the Elimination of Violence against Women under article 8 of the Optional Protocol to the Convention, and reply from the Government of Mexico,* 2005.

⁵³ Rubén Villalpando, "Hallan otra mujer asesinada en Ciudad Juárez", *La Jornada,* 27 de mayo de 2007, p. 18.

3

EL ABISMO

[1] Se han escrito muchos trabajos excelentes sobre la construcción ideológica de la economía de desarrollo y su estructura de saqueo. Véase Eduardo Galeano, *Las venas abiertas de América Latina,* 2004; Arturo Escobar, *Encountering Development: The Making and Unmaking of the Third World,* 1995, y Majid Rahnema "Pobreza", en Wolfgang Sachs (ed.), *The Development Dictionary: A Guide to Knowledge as Power,* 1992. Sobre la creación del Banco Mundial y sus fundamentos ideológicos, véase Bruce Rich, *Mortgaging the Earth: The World Bank, Environmental Impoverishment, and the Crisis of Development,* 1995.

[2] Jeffrey D. Sachs, *El fin de la pobreza. Cómo conseguirlo en nuestro tiempo,* 2005, pp. 1, 1 y 2.

[3] Evito usar el nombre del autor en el texto para no personalizar mi análisis de la ideología de la pobreza en su libro, y también porque tomo su obra como representativa de una visión del mundo basada en la economía, la cual, considero, es subyacente al imperialismo económico contemporáneo.

[4] Esta idea también se encuentra en el centro de la teoría marxista cuando habla del desarrollo de la institución de la propiedad privada y la acumulación de la riqueza: "En la historia real el gran papel lo desempeñan, como es sabido, la conquista, el sojuzgamiento, el homicidio motivado por el robo: en una palabra, la violencia" (Karl Marx, *El capital* [1867], 1976, p. 892).

[5] Frantz Fanon, *Los condenados de la tierra,* 1963, p. 88.

[6] Eduardo Galeano, *Las venas abiertas de América Latina,* 2004, pp. 16-17: las cursivas son del original.

[7] Enrique Semo, *Historia mexicana: economía y lucha de clases,* 1978, pp. 29-30.

[8] En efecto, incluso Adam Smith entendió esto bien. Noam Chomsky lo cita: "Pero con una mirada honesta era posible ver lo que había sucedido. 'El descubrimiento de América [...] sin duda supuso una esencial contribución al estado de Europa', y escribió Smith, 'abriendo un mercado nuevo e inagotable que llevó a una enorme expansión de las potencias productoras y unos ingresos y una riqueza reales'" (Noam Chomsky, *Año 501: la conquista continúa,* 1993, p. 10).

[9] Ward Churchill, *A Little Matter of Genocide: Holocaust Denial in the Americas 1492 to the Present,* 1998.

[10] Una ligera variante de la siguiente cita de Edward Said: "en una visión mundial como la del imperialismo no quedaba lugar para la neutralidad: o se estaba del lado del imperialismo o en contra" (Edward Said, *Cultura e imperialismo,* 2004, p. 431).

[11] Enrique Semo, *Historia mexicana: economía y lucha de clases,* 1978, p. 37.

¹² Bajo este sistema, los indígenas conquistados eran "encomendados" a los españoles. A cambio de catequizarlos, los españoles podían exigir un tributo del trabajo de los indígenas, obligándolos a trabajar en las haciendas españolas. El sistema de la encomienda pronto degeneró en esclavitud.

¹³ Enrique Semo, *Historia mexicana: economía y lucha de clases,* 1978, p. 51.

¹⁴ James D. Cockcroft, *La esperanza de México,* 2000, p. 44.

¹⁵ Para una descripción de la dinámica del colonialismo interno en México, véase Pablo González Casanova, *La democracia en México* [1965], 1967, pp. 103-108.

¹⁶ James D. Cockcroft, *La esperanza de México,* 2000, p. 81.

¹⁷ Pablo González Casanova, *La democracia en México* [1965], 1967, p. 92.

¹⁸ Judith Adler Hellman, *Mexican Lives,* 1994, p. 1; véase también James D. Cockcroft, *La esperanza de México,* 2000, p. 156.

¹⁹ Judith Adler Hellman, *Mexican Lives,* 1994, p. 2.

²⁰ *Ibid.,* pp. 7-9.

²¹ Brian R. Hamnett, *A Concise History of Mexico,* 2006, p. 269.

²² Disculpas a W. H. Auden (*Collected Poems,* 1991, p. 247).

²³ Alan Riding, *Vecinos distantes: un retrato de los mexicanos,* 1985, p. 378.

²⁴ David Luhnow, "The Secrets of the World's Richest Man" ["Los secretos del hombre más rico del mundo"], *Wall Street Journal,* 4 de agosto de 2007, p. A1.

²⁵ Julia Preston y Samuel Dillon, *El despertar de México: episodios de una búsqueda de la democracia,* 2007, p. 249.

²⁶ Entre 1993 y 2002, unos dos millones de campesinos dejaron sus tierras (Jeff Faux, *The Global Class War,* 2006, p. 134). Entre 1994 y 2000, la tasa de pobreza pasó de alrededor de 45 a más de 50 por ciento (*ibid.,* p. 139). Para 2005, 3.3 millones de niños eran obligados a trabajar (Zósimo Camacho, "Clasificación de la pobreza extrema", *Contralínea,* 5, núm. 75, marzo de 2007, p. 25).

²⁷ La información de este párrafo está tomada de David Luhnow, "The Secrets of the World's Richest Man" ["Los secretos del hombre más rico del mundo"], *Wall Street Journal,* 4 de agosto de 2007, p. A1; Helen Coster, "Slim's Chance" ["La oportunidad de Slim"], *Forbes.com,* 26 de marzo de 2007; disponible en inglés en www.forbes.com/forbes/2007/0326/134_print.html, y Stephanie Mehta, "Carlos Slim: The Richest Man in the World" ["Carlos Slim: el hombre más rico del mundo"], *Fortune,* 6 de agosto de 2007; disponible en money.cnn.com/2007/08/03/news/international/carlosslim.fortune/index.htm.

²⁸ David Luhnow, "The Secrets of the World's Richest Man" ["Los secretos del hombre más rico del mundo"], *Wall Street Journal,* 4 de agosto de 2007, p. A1.

²⁹ *Id.*

³⁰ Conapo, *Índices de marginación 2005,* 2006, p. 56.

³¹ La siguiente sección fue elaborada a partir de experiencias personales en Guerrero y Chiapas, y con información y entrevistas publicadas en una notable

serie de artículos sobre la "pobreza" contemporánea en México publicados en la revista de periodismo de investigación *Contralínea,* 5, núms. 75-83, entre marzo y agosto de 2007. Todos estos artículos también están disponibles en línea en www.contralinea.com.mx. Los autores de la serie son Ana Lilia Pérez, Nancy Flores, Nydia Egremy, Paulina Monroy y Zósimo Camacho; los fotógrafos, David Cilia, Julio César Hernández y Rubén Darío Betancourt.

[32] Cuando Cilia y Camacho llegaron a los pueblos, después de caminar cinco horas, preguntaron: "¿Hay familias aquí que tengan a alguien enfermo?" La gente les respondió: "Todas las familias tienen enfermos". Camacho preguntó: "¿Cuándo fue la última vez que comieron carne?" Un grupo de hombres y niños se miraron, titubeantes, y soltaron una carcajada: no se acordaban.

[33] Para quienes piensen que estoy exagerando con todo este asunto del imperialismo contemporáneo, vale la pena señalar que muchos políticos y teóricos de la política estadounidenses emplean, *ellos mismos,* la palabra "imperialismo" o diversos sinónimos para delinear sus políticas de proscripción. William Easterly, quien fuera economista del Banco Mundial y ahora es profesor de economía en la Universidad de Nueva York, ofrece un buen panorama y una bibliografía introductoria sobre estos "imperialistas posmodernos" en las notas finales del capítulo 8 de su libro *The White Man's Burden: Why the West's Efforts to Aid the Rest Have Done So Much Ill and So Little Good,* 2006. Aquí, una pequeña muestra: "El historiador de Harvard, Niall Ferguson, cuyo trabajo en todos los temas menos éste admiro enormemente, dice que 'existe tal cosa como el imperialismo liberal' y que a fin de cuentas es algo bueno […] En muchos casos de 'retraso' económico, un imperio liberal puede hacer un mejor trabajo que un Estado-nación" (*ibid.,* p. 271). Stephen Krasner, nombrado "para ser jefe de planeación de políticas del Departamento de Estado [estadounidense] el 4 de febrero de 2005" (*ibid.,* p. 270), escribió en la revista *Foreign Affairs* un año antes de su nombramiento: "Dejados a sus propios recursos, los Estados colapsados o mal gobernados no podrán repararse ellos mismos puesto que tienen una capacidad de administración limitada, incluyendo la capacidad de mantener la seguridad interna. Los poderes de ocupación no pueden ser ajenos a la toma de decisiones sobre qué nuevas estructuras de gobierno serán creadas y mantenidas. Para reducir las amenazas internacionales y mejorar las perspectivas de los individuos en esas organizaciones políticas, los acuerdos institucionales alternativos apoyados por agentes externos, tales como fideicomisos de facto y la soberanía compartida, deben agregarse a la lista de políticas posibles" *(id.).*

4

EL ATRACO

[1] Si bien me refiero exclusivamente a México, el argumento aquí presentado sólo se fortalecería y se volvería más urgente si en la discusión se incluyeran Centroamérica y muchos países sudamericanos. Un informe devastador (y fotografías poderosas) de las penurias de los trabajadores centroamericanos, víctimas del desalojo económico, que dejan sus hogares para atravesar México puede encontrarse en Sonia Nazario, *Enrique's Journey*, 2007.

[2] Informes recientes de la experiencia de cruzar la frontera de México con los Estados Unidos pueden encontrarse en Joseph Nevins, *Dying to Live: A Story of U. S. Immigration in an Age of Global Apartheid*, 2008; Rubén Martínez, *Crossing Over: A Mexican Family on the Migrant Trail,* 2001, y John Annerino, *Dead in Their Tracks: Crossing America's Desert Borderlands,* 1999.

[3] "La Patrulla Fronteriza capturó a 695 841 personas a nivel nacional en los primeros tres trimestres del año fiscal 2007, cifra inferior a las 907 445 capturadas en el mismo periodo del año fiscal anterior" (edition.cnn.com/2007/US/07/06/border.arrests/index.html).

[4] El estado de Guanajuato expulsa más gente que ningún otro: más de 43 000 personas dejan el estado cada año para ir a los Estados Unidos. Todas las cifras son del Conapo; véase www.conapo.gob.mx/mig-int/series/070104.xls. Se calcula que en África hay 9 752 600 refugiados y personas buscando asilo. Véase www.unhcr.org/basics.html.

[5] Raúl Delgado Wise, "Migration and Imperialism: The Mexican Workforce in the Context of NAFTA" ["Migración e imperialismo: la fuerza de trabajo mexicana en el contexto del TLCAN"], *Latin American Perspectives,* 147, vol. 33, núm. 2, marzo de 2006, p. 40.

[6] Raúl Delgado Wise, especialista en temas migratorios de la Universidad de Zacatecas, escribe: "La migración constituye una pérdida de recursos económicos valiosos y la exportación de riqueza potencial" (*ibid.,* p. 40).

[7] Brian R. Hamnett, *A Concise History of Mexico*, 2006, p. 150.

[8] John Mason Hart, *Empire and Revolution: The Americans in Mexico since the Civil War,* 2002.

[9] *Ibid.,* pp. 432-442.

[10] Véanse Robert E. Scott y David Ratner, "NAFTA's Cautionary Tale" ["La moraleja del TLC"], *Economic Policy Institute*, informe introductorio, núm. 214, 20 de julio de 2005; Manuel Ángel Gómez Cruz y Rita S. Rindermann, "NAFTA's Impact on Mexican Agriculture" ["El impacto del TLCAN sobre la agricultura mexicana"]; Picard, "NAFTA in Mexico: Promises, Myths, and Realities" ["El TLCAN en

México: promesas, mitos y realidades"]; Jeff Faux, *The Global Class War,* 2006, y Juan Manuel Sandoval, "Mexican Labor Migration and the North American Free Trade Agreement (NAFTA): 1994-2006" ["Migración laboral mexicana y el TLCAN: 1994-2006"], ponencia presentada en la gira nacional de pláticas "Push and Pull: Immigration and Free Trade", organizada por Global Exchange, del 15 de abril al 2 de mayo de 2007; disponible en línea en www.globalexchange.org/getInvolved/speakers/SandovalNAFTA.pdf.

[11] Véase Demetrios G. Papademetriou, "The Shifting Expectations of Free Trade and Migration" ["Las expectativas cambiantes del libre comercio y la migración"], p. ej., pp. 40 y 44.

[12] Raúl Delgado Wise, "Migration and Imperialism: The Mexican Workforce in the Context of NAFTA" ["Migración e imperialismo: la fuerza de trabajo mexicana en el contexto del TLCAN"], *Latin American Perspectives,* 147, vol. 33, núm. 2, marzo de 2006, p. 33.

[13] Juan Manuel Sandoval, "Mexican Labor Migration and the North American Free Trade Agreement (NAFTA): 1994-2006" ["Migración laboral mexicana y el TLCAN: 1994-2006"], ponencia presentada en la gira nacional de pláticas "Push and Pull: Immigration and Free Trade", organizada por Global Exchange, del 15 de abril al 2 de mayo de 2007; disponible en línea en www.globalexchange.org/getInvolved/speakers/SandovalNAFTA.pdf, pp. 23 y 25.

[14] Esta sección está basada en entrevistas y reportajes llevados a cabo en Zacatecas en enero y febrero de 2008. Para leer más a profundidad sobre el tema, véanse Justin Akers Chacón y Mike Davis, *No One is Illegal: Fighting Racism and State Violence on the U.S.-Mexico Border,* 2006; Gilbert G. González, *Guest Workers or Colonized Labor? Mexican Labor Migration to the United States,* 2006; Víctor Ronquillo, *Migrantes de la pobreza,* 2007; Rafael Fernández de Castro *et al.* (eds.), *Las políticas migratorias en los estados de México: una evaluación,* 2007, y Stephen Castles y Raúl Delgado Wise (eds.), *Migración y desarrollo: perspectivas desde el sur,* 2007. También véase el estupendo archivo electrónico del grupo de trabajo de Migración y Desarrollo de la Universidad Autónoma de Zacatecas; disponible en español e inglés en www.migracionydesarrollo.org.

[15] Uso los términos "neoliberalismo" y "neoliberal" para referirme a la ideología capitalista y conservadora que plantea que los "libres mercados" aumentarán el bien mayor en el mundo, y que por ende las empresas sociales como la salud, el agua y la educación deberían privatizarse; esta ideología oculta el hecho de que ningún mercado es libre, y que el mercado neoliberal en particular está estructurado para privilegiar a las grandes corporaciones, a menudo trasnacionales.

[16] Esta sección está basada en entrevistas y reportajes llevados a cabo en Nogales, Altar y Sásabe, Sonora, del 16 al 19 de octubre de 2007.

[17] Véase Óscar Martínez, "Un pueblo en el camino a la frontera", *Gatopardo*, núm. 84, octubre de 2007, pp. 36-49. También, sobre Altar, véase Eileen Traux, "Altar, la nueva ruta de los migrantes", *La Opinión Digital,* 19 de junio de 2006.

[18] Óscar Martínez, "Un pueblo en el camino a la frontera", *Gatopardo,* núm. 84, octubre de 2007, p. 45.

[19] *Id.*

5

EL LEVANTAMIENTO EN OAXACA

[1] Este capítulo fue elaborado a partir de mi trabajo como reportero en Oaxaca de julio a diciembre de 2006, y otra vez en marzo, junio y agosto de 2007. Nancy Davies cubrió el levantamiento en Oaxaca desde el primer día para la red *Narco News* (www.narconews.com), y sus reportajes fueron publicados por Narco News Books en *The People Decide: Oaxaca's Popular Assembly,* 2007. Algunos títulos en español sobre los acontecimientos son Víctor Raúl Martínez Vásquez (quien es sociólogo con base en Oaxaca y experto en la Sección 22), *Autoritarismo, movimiento popular y crisis política: Oaxaca 2006,* 2007; Diego Osorno (corresponsal nacional de *Milenio*), *Oaxaca sitiada: La primera insurrección del siglo XXI,* 2007; Comisión Civil Internacional de Observación de los Derechos Humanos, *Informe sobre los hechos de Oaxaca,* 2007, y Carlos Beas Torres *et al., La batalla por Oaxaca,* 2007, colección editada de ensayos y artículos.

[2] Víctor Raúl Martínez Vásquez, *Autoritarismo, movimiento popular y crisis política: Oaxaca 2006,* 2007, pp. 16-19.

[3] Sobre la historia del movimiento de los maestros, véase María Elena Cook, *Organizing Dissent: Unions, the State, and the Democratic Teachers Movement in Mexico,* 1996, y los documentales de Jill Freidberg de Corrugated Films: *Granito de arena,* 2004, y *A Little Bit of So Much Truth* ["Un poquito de tanta verdad"], 2007.

[4] La Guelaguetza, que en zapoteco designa un intercambio recíproco de regalos y servicios, es un festival cultural de todo el estado que se lleva a cabo cada año en julio en la ciudad de Oaxaca desde tiempos prehispánicos. Los miembros de la APPO protestaron diciendo que el gobierno del estado y la industria turística se habían adueñado del festival popular, cobrando mucho por los mejores lugares, lo que inevitablemente daba prioridad a los turistas internacionales.

[5] Véase Diego Osorno, *Oaxaca sitiada: la primera insurrección del siglo XXI,* 2007, para leer una exclusiva bien documentada de la amenaza de Ulises.

[6] Diego Osorno reportó la formación de los escuadrones de la muerte de Ulises Ruiz en "Ulises Ruiz creó su propia brigada blanca", *Milenio,* 1º de mayo de 2008.

6
RECONQUISTAR LA AUTONOMÍA INDÍGENA

[1] Hay una abundancia sorprendente de documentos de y sobre el Ejército Zapatista de Liberación Nacional, disponibles en docenas de idiomas. Una bibliografía selecta de reciente publicación tiene más de 300 páginas (Octavio Gordillo y Ortiz, EZLN: *una aproximación bibliográfica*, 2006). Los escritos de los propios zapatistas están disponibles en internet; también han sido reunidos en una serie de cinco tomos publicada en México por Ediciones Era, y están disponibles en un CD ROM publicado por la revista *Rebeldía*, con el título EZLN: *20 y 10. El fuego y la palabra*. La mayoría de estos documentos aparecieron por primera vez en *La Jornada* y *Proceso* y pueden consultarse en sus archivos. También hay versiones en inglés de los escritos de los zapatistas en línea (flag.blackened.net/revolt/mexico/ezlnco.html) y publicados en varias colecciones (subcomandante Marcos y los zapatistas, *Shadows of Tender Fury: The Letters and Communiqués of Subcomandante Marcos and the Zapatista Army of National Liberation*, 1995; *Our Word Is Our Weapon: Selected Writings of Subcomandante Insurgente Marcos*, 2002; *The Other Campaign*, 2006, y *The Speed of Dreams*, 2007), así como excelentes compilaciones de crónica y ensayo (Elaine Katzenberger [ed.], *First World, Ha, Ha, Ha!*, 2001, y Tom Hayden [ed.], *The Zapatista Reader*, 2002). John Ross ha hecho la crónica del levantamiento zapatista ininterrumpidamente desde 1994 (*Rebellion from the Roots*, 1995; *The War Against Oblivion: Zapatista Chronicles, 1994-2000*, 2000, y *¡Zapatistas! Making Another World Possible: Chronicles of Resistance, 2000-2006*, 2006). *La Jornada* y la revista en red *Narco News* (www.narconews.com) cubrieron la Otra Campaña desde el primer día. El relato del levantamiento zapatista en este capítulo se basa en estas obras y en discursos del subcomandante Marcos durante la primera etapa de la Otra Campaña (1° de enero-3 de mayo de 2006).

[2] Comunicado del 11 de enero de 1994.

[3] Blanche Petrich y Elio Henríquez, "Entrevista al subcomandante Marcos", *La Jornada*, 7 de febrero de 1994.

[4] "Primera declaración de la Selva Lacandona". Quiero destacar que, en contraste, el gobierno de los Estados Unidos nunca ha invitado a la Cruz Roja Internacional a observar y regular los combates en los que ha intervenido, ni se ha declarado sujeto a la Convención de Ginebra, ni mucho menos ha respetado las leyes de la guerra al librar sus más recientes invasiones en el extranjero, como tampoco lo ha hecho el ejército mexicano en sus décadas de contrainsurgencia, la llamada "guerra de baja intensidad" en el sur de México.

[5] La anécdota se publicó originalmente en el diario londinense *Guardian* el 5 de enero de 1994; citado en Carlos Tello Díaz, *La rebelión de las Cañadas: origen y ascenso del EZLN*, 2006, p. 19.

⁶ "Drug Control: Counter-Narcotics Efforts in Mexico" ["Control de las drogas: esfuerzos antinarco en México"], *Government Accounting Office Report,* 15 de junio de 1996, núm. 5; disponible en línea en www.gao.gov/archive/1996/ns96163.pdf; citado en Nick Henck, *Subcommander Marcos: The Man and the Mask,* 2007, p. 218.

⁷ Del testimonio de un capitán del ejército enviado a Chiapas, quien pidió asilo político en los Estados Unidos tras dar su testimonio. Citado en *ibid.*, p. 424, n. 27.

⁸ Comunicado fechado el 18 de enero de 1994.

⁹ Citado en Charles C. Mann, *1491: una nueva historia de las Américas antes de Colón,* 2006, p. 25.

¹⁰ *Ibid.*, p. 26.

¹¹ *Ibid.*, p. 28.

¹² *Id.*

¹³ Un comentarista del libro de Holmberg escribió que éste "descubrió, describió y de ese modo presentó a la historia una experiencia paleolítica nueva y en muchos sentidos extraordinaria" (citado en *ibid.*, p. 475, n. 24).

¹⁴ Enrique Semo, *Historia mexicana: economía y lucha de clases,* 1978, p. 37.

¹⁵ Alan Knight, "Racismo, revolución e indigenismo: México, 1910-1940", p. 15.

¹⁶ *Ibid.*, p. 18.

¹⁷ *Ibid.*, pp. 18-19.

¹⁸ Friedrich Katz, *La servidumbre agraria en México en la época porfiriana,* 1980, p. 12.

¹⁹ Alan Knight, "Racismo, revolución e indigenismo: México, 1910-1940", p. 15.

²⁰ Véase *ibid.*, pp. 80-86. Para un estudio reciente sobre el racismo en el México posrevolucionario, véase Beatriz Urías Horcasitas, *Historias secretas del racismo en México (1920-1950),* 2007.

²¹ Alan Knight, "Racismo, revolución e indigenismo: México, 1910-1940", pp. 26-27. Knight cita a Luis Cabrera.

²² Pablo González Casanova, *La democracia en México* [1965], 1967, p. 104.

²³ "Pueblos indios americanos mantienen rezagos de hace 40 años, señala estudio", *La Jornada,* 15 de mayo de 2007, p. 15.

²⁴ John-Andrew McNeish, Robyn Eversole y Alberto Cimadamore, "Introducción: Pueblos indígenas y pobreza", en Robyn Eversole *et al.* (eds.), *Pueblos indígenas y pobreza. Enfoques multidisciplinarios,* 2006, p. 18. McNeish, Eversole y Cimadamore escriben: "Como resultado de las configuraciones sociales que se despliegan en las más diversas geografías, los estándares de vida de los pueblos indígenas son por lo general más bajos que los de otros habitantes de un mismo país o región. Las desventajas que los pueblos indígenas padecen pueden registrarse en

casi todas las áreas de la vida social [...] Diversos estudios [...] constatan que las comunidades indígenas no tienen las mismas oportunidades de empleo ni el mismo acceso que otros grupos a los servicios públicos y/o a la protección de la salud, de la cultura, de la religión, como tampoco a la administración de justicia. Asimismo, se ha reportado que las comunidades no poseen las herramientas y marcos necesarios para poder participar significativamente en la vida política y en los procesos de toma de decisiones gubernamentales que las involucran" (*id.*).

[25] La población estimada de las Américas en 1491 se puede ver en Charles C. Mann, *1491: una nueva historia de las Américas antes de Colón,* 2006, pp. 68-106. La cifra de más de 100 millones es un cálculo de Mann (*ibid.*, p. 104).

[26] Alan Knight, "Racismo, revolución e indigenismo: México, 1910-1940", p. 14: "La atribución de identidad india empezó, por supuesto, con la Conquista".

[27] Francisco López Bárcenas, *Autonomías indígenas en América Latina,* 2007, p. 15.

[28] *Id.*

[29] Lo contrario también ocurre: el Estado usa la identidad indígena para aumentar su dominación. Un estudio reciente de Carmen Martínez Novo, *Who Defines Indigenous? Identities, Development, Intellectuals, and the State in Northern Mexico* (2006), explora las trampas de estas identidades impuestas en comunidades de migrantes oaxaqueños en el norte de México.

[30] John-Andrew McNeish, Robyn Eversole y Alberto Cimadamore, "Introducción: Pueblos indígenas y pobreza", en Robyn Eversole *et al.* (eds.), *Pueblos indígenas y pobreza. Enfoques multidisciplinarios,* 2006, p. 25.

[31] J. Martínez Cobo, "Study of the Problem of Discrimination against Indigenous Populations" ["Estudio del problema de discriminación contra poblaciones indígenas"], Subcomisión de Prevención de Discriminaciones y Protección a las Minorías de las Naciones Unidas, UN doc. E/CN.4/Sub.2/1986/7; citado en John-Andrew McNeish, Robyn Eversole y Alberto Cimadamore, "Introducción: Pueblos indígenas y pobreza", en Robyn Eversole *et al.* (eds.), *Pueblos indígenas y pobreza. Enfoques multidisciplinarios,* 2006, p. 25. Ninguna definición está completa, ni debe estarlo. Y el acto de definir desde fuera —yo no soy una persona indígena— puede ser considerado un acto imperialista por quienes se pretenda abarcar en la definición. Así que no propongo la definición anterior, ni ninguna otra, de los pueblos indígenas. Considero, sin embargo, que de la anterior definición se pueden extraer reflexiones interesantes que no intenten apuntar hacia otra definición, sino hacia una mejor comprensión de cómo algunos pueblos han vivido siglos con una bota aplastando su cuello, y cómo están levantando esa bota, y cómo pueden ayudar a otros a hacer lo mismo.

[32] Comisión Nacional para el Desarrollo de los Pueblos Indígenas, www.cdi.gov.mx/index.php?id_seccion=90.

³³ Consejo Nacional de Población, *Índices de marginación 2005*, citado en Zósimo Camacho, "Clasificación de la pobreza extrema", *Contralínea,* núm. 75, 15-31 de marzo de 2007, p. 25.

³⁴ Yenise Tinoco, "La pobreza tiene cara indígena", *Contralínea,* núm. 76, 1-15 de abril de 2007, p. 27.

³⁵ Francisco López Bárcenas, *Autonomías indígenas en América Latina,* 2007, p. 13.

³⁶ *Ibid.,* p. 25.

³⁷ *Ibid.,* p. 18.

³⁸ *Ibid.,* pp. 41-45.

³⁹ *Ibid.,* pp. 60-61.

⁴⁰ "Primera declaración de la Selva Lacandona."

⁴¹ En palabras de John Ross: "La Ley Cocopa literalmente era una versión descuartizada [de los Acuerdos de San Andrés]. Habían desaparecido las disposiciones de autonomía: ahora la 'autonomía' sería definida e implementada no por los propios pueblos indígenas sino por los 31 congresos estatales, el nivel legislativo más corrupto sobre el mapa político de la república […] Las comunidades indígenas no eran autónomas, sino que estaban sometidas al estado de acuerdo con la reescritura que hizo el PAN-PRI de la Ley de Derechos Indígenas: la esencia del cambio de una sola palabra, de 'entidades de derecho público' a 'entidades de interés público'" (Ross Hassig, *Mexico and the Spanish Conquest,* 2006, p. 89).

⁴² Lo dicen explícitamente en la Sexta. Véase subcomandante Marcos, *The Other Campaign,* 2006, pp. 91 y 93.

⁴³ Laura Castellanos, *Corte de caja: entrevista al Subcomandante Marcos,* 2008, p. 46.

⁴⁴ Esta breve historia de la región triqui fue tomada de mi entrevista con Francisco López Bárcenas y de su próximo libro, *San Juan Copala: dominación política y resistencia popular.*

⁴⁵ Víctor Raúl Martínez Vásquez, *Autoritarismo, movimiento popular y crisis política: Oaxaca 2006,* 2007, p. 104, y Diego Enrique Osorno, *Oaxaca sitiada: la primera insurrección del siglo XXI,* 2007, p. 97.

7

LA GUERRILLA

¹ Este retrato de Gloria Arenas Agis se basa en tres entrevistas de siete horas llevadas a cabo en el Cereso de Santa María Chiconautla, en Ecatepec, Estado de México, el 13 de enero, 17 de marzo y 13 de julio de 2008. Antes de empezar las entrevistas, yo estuve de acuerdo en no preguntar ningún nombre, fecha ni lugar específico; ella y sólo ella decidiría cuándo dar detalles. Aunque Gloria Arenas ha estado en la cárcel o desaparecida desde el 22 de octubre de 1999, y ha declarado

en público que al ser liberada participará abiertamente en movimientos sociales, la organización guerrillera a la que pertenecía y que ayudó a fundar, el Ejército Revolucionario del Pueblo Insurgente (ERPI), aún existe y opera en México. El sitio red del ERPI, que incluye varios documentos —algunos de ellos traducidos al inglés—, es www.enlace-erpi.org. El libro de Bill Weinberg, *Homage to Chiapas: The New Indigenous Struggles in Mexico* (2002, capítulo 14), contiene información de los antecedentes del ERPI, una discusión de su concepto de "poder popular", así como una entrevista con miembros de esta organización. La productora de documentales Canal 6 de Julio, con sede en la Ciudad de México, dio a conocer una entrevista filmada con miembros del ERPI: *Habla el ERPI*, México, Canal 6 de Julio, s. f.

[2] Entrevista con Elizabeth, hermana de Jacobo, en la Ciudad de México el 18 de julio de 2008.

[3] Conasupo, la Compañía Nacional de Subsistencias Populares, era una empresa paraestatal agrícola y de abasto anterior al TLC. Al respecto, véase Antonio Yúnez-Naude, "The Dismantling of Conasupo, a Mexican State Trader in Agriculture" ["El desmantelamiento de la Conasupo, paraestatal de comercio agrícola"], *World Economy*, 26, enero de 2003, pp. 97-122.

[4] La masacre de Aguas Blancas ha sido bien documentada. Véase Maribel Gutiérrez, *Violencia en Guerrero*, 1998, pp. 119-131, y Minnesota Advocates for Human Rights, "Massacre in Mexico: Killings and Cover-up in the State of Guerrero" ["Masacre en México: asesinatos y encubrimiento en el estado de Guerrero"], diciembre de 1995.

[5] "Acuerdo del Tribunal Pleno de la Suprema Corte de Justicia de la Nación correspondiente al día 23 de abril de 1996", expediente 3/96, 23 de abril de 1996, pp. 107-108.

[6] Maribel Gutiérrez, *Violencia en Guerrero*, 1998, pp. 221-224.

[7] Citado en *ibid.*, p. 222.

[8] Salvador Corr, "Una noche de terror: las fuerzas del EPR destruyeron el mito de la pantomima", *Proceso*, 1° de septiembre de 1996.

[9] Un famoso ejemplo de la arrolladora represión militar para buscar guerrilleros fuera de Guerrero sucedió en el diminuto pueblo montañés de San Agustín Loxicha en el estado de Oaxaca. Los soldados arrestaron a más de 125 personas, torturaron a 44 de ellas y mantuvieron a muchos incomunicados; algunos siguen en la cárcel más de 12 años después. Bill Weinberg describe el clima de represión que siguió a las detenciones masivas en *Homage to Chiapas: The New Indigenous Struggles in Mexico*, 2002, pp. 284-286.

[10] Para la historia de El Charco, véase Maribel Gutiérrez, *Violencia en Guerrero*, 1998, pp. 291-304. La información adicional proviene de mis entrevistas con Gloria Arenas Agis, así como con sobrevivientes de la masacre.

[11] Robert Taber, *La guerra de la pulga*, 1965, p. 94.

¹² Maribel Gutiérrez, *Violencia en Guerrero,* 1998, p. 300.

¹³ *Ibid.,* p. 301.

¹⁴ El 19 de octubre de 2001, Digna Ochoa fue encontrada muerta en su despacho. Casi 10 años después, no sólo no se ha castigado a nadie por el crimen, sino que los investigadores del gobierno de la Ciudad de México culparon a la propia Digna, diciendo, contra toda evidencia creíble, que Digna se suicidó. Tal impunidad insidiosa asestó un golpe mortal a la comunidad mexicana de defensores de derechos humanos, no sólo por el hecho de que Digna fuera asesinada sin que se hiciera nada al respecto, sino porque esto sucedió bajo la vigilancia del nuevo presidente "democrático" y del nuevo jefe de gobierno "progresista" de la Ciudad de México. Digna estaba investigando el uso de tortura por parte del ejército para extraer confesiones falsas de dos campesinos ecologistas (quienes tras el asesinato de Digna fueron liberados por Fox y recibieron el Premio Ambiental Goldman) y acababa de aceptar el caso del ERPI, en el que tanto Jacobo como Gloria habían sido torturados y mantenidos incomunicados. El asesinato de Digna dejó un mensaje claro: independientemente de quién esté en cualquier cargo político, el ejército sigue siendo intocable. Las organizaciones nacionales de derechos humanos se dividieron y muchas se disolvieron tras el asesinato de Digna. Véase la excelente investigación de Linda Diebel, *Betrayed: The Assassination of Digna Ochoa,* 2007, y el documental de Canal 6 de Julio, *Digna,* 2007. Yo conocí a Digna Ochoa en noviembre de 1999, y llegué a conocerla un poco más y a respetarla enormemente cuando fui a la Ciudad de México con Global Exchange como voluntario acompañante de derechos humanos asignado a Digna, después de que sufriera un secuestro y asesinato simulado. En la madrugada del 29 de octubre de 1999 —pocos días después de la detención de Jacobo y Gloria—, hombres con ropa militar sin insignias sometieron e interrogaron a Digna en su propio departamento; la acusaron de tener contacto con guerrilleros, mencionando específicamente a "Antonio" y "Aurora" del ERPI. La dejaron amarrada a una silla con el gas de la estufa abierto; logró escapar. Véase Linda Diebel, *Betrayed: The Assassination of Digna Ochoa,* 2007; para un reportaje de los hechos de la época, véase Bertha Fernández, "Sufre otro atentado el Centro Pro", *El Universal,* 30 de octubre de 1999, p. 10.

8

IMPERIO Y REBELIÓN

¹ Éstos son unos cuantos libros excelentes sobre el tema: Eduardo Galeano, *Las venas abiertas de América Latina,* 2004; Tzvetan Todorov, *La conquista de América: el problema del otro,* 1998, y Noam Chomsky, *Año 501: la conquista continúa,* 1993.

NOTAS

² David Harvey, *El nuevo imperialismo*, 2007, p. 21.

³ Una discusión sucinta y extremadamente perceptiva sobre la formación del imperialismo estadounidense. Por ejemplo: "Desde finales del siglo XIX Estados Unidos aprendió poco a poco a ocultar la explicitud de las conquistas y ocupaciones territoriales bajo la máscara de una universalización de sus propios valores, inmersa en una retórica que iba a culminar finalmente [...] en lo que se conoce ahora como 'globalización'" (*ibid.*, p. 52).

⁴ Dee Brown, *Bury My Heart at Wounded Knee: An Indian History of the American West*, 1971; Ward Churchill, *A Little Matter of Genocide: Holocaust Denial in the Americas 1492 to the Present*, 1998, y Greg Grandin, *Empire's Workshop: Latin America, the United States, and the Rise of New Imperialism*, 2006.

⁵ Immanuel Wallerstein, *Análisis de sistemas-mundo: una introducción*, 2006, p. 19.

⁶ *Ibid.*, p. 20.

⁷ Se ha escrito mucho acerca de esto. Lo esencial se puede encontrar en la Sexta y más o menos en todos los escritos de Marcos y los zapatistas; véase, asimismo, Immanuel Wallerstein, *Análisis de sistemas-mundo: una introducción*, 2006, y Robin Hahnel, *Panic Rules! Everything You Need to Know about the Global Economy*, 1999. Si el lector tiene unos cuantos meses libres, *El capital* es un punto de partida excelente, pero también lo son Eduardo Galeano, Arundhati Roy, Noam Chomsky y los zapatistas.

⁸ David Harvey, *El nuevo imperialismo*, 2007, pp. 111-140. Una definición técnica en pocas palabras: "Lo que posibilita la acumulación por desposesión es la liberación de un conjunto de activos (incluida la fuerza de trabajo) a un coste muy bajo (y en algunos casos nulo). El capital sobreacumulado puede apoderarse de tales activos y llevarlos inmediatamente a un uso rentable" (*ibid.*, p. 119).

⁹ Harvey señala: "La liquidación se puede poner en práctica por medios muy variados. El poder económico para someter a otros [...] se puede utilizar con efectos tan destructivos como la fuerza física" (*ibid.*, p. 47). A su vez, Frantz Fanon escribe: "El bombardeo de artillería, la política de la tierra quemada han cedido el paso a una sujeción económica" (*Los condenados de la Tierra*, 1963, p. 58).

¹⁰ Una discusión a profundidad de este periodo puede encontrarse en John Mason Hart, *Empire and Revolution: The Americans in Mexico since the Civil War*, 2002, pp. 73-267.

¹¹ "En enero de 1914, el gabinete acordó en secreto preparar a las Fuerzas Armadas de los Estados Unidos para una invasión armada a México para proteger los intereses norteamericanos en materias estratégicas tales como petróleo, hule, cobre y cinc, y, como corolario, para proteger la estabilidad política [...] El 21 de abril [...] la flota norteamericana atacó el propio Veracruz [...] el ejército mexicano se retiró [...] La población civil mexicana resistió, montando un robusta defensa, y el ataque contra Veracruz se convirtió en tragedia. Los buques de guerra nor-

teamericanos bombardearon la ciudad por horas, y sus cañones modernizados causaron un daño terrible en la población" (*ibid.*, pp. 307 y 308).

[12] En la introducción a su exhaustivo estudio sobre los Estados Unidos y los estadounidenses en México, John Mason Hart escribe: "Al ver las oportunidades de riqueza y poder que ofrecía su vecino del sur, las élites de estadounidenses buscaron extender sus intereses a México empleando las mismas estrategias que les habían funcionado tan bien en el oeste norteamericano" (*ibid.*, p. 2).

[13] Acerca de la sobreacumulación de capital, véase David Harvey, *El nuevo imperialismo*, 2007, pp. 112-117. Sobre la manipulación estadounidense de la crisis de la deuda mexicana, véase John Mason Hart, *Empire and Revolution: The Americans in Mexico since the Civil War*, 2002, pp. 432-458.

[14] *Ibid.*, p. 434.

[15] *Ibid.*, p. 439.

[16] *Id*.

[17] Juan Manuel Sandoval, "Mexican Labor Migration and the North American Free Trade Agreement (NAFTA): 1994-2006" ["Migración laboral mexicana y el TLCAN: 1994-2006"], ponencia presentada en la gira nacional de pláticas "Push and Pull: Immigration and Free Trade", organizada por Global Exchange, del 15 de abril al 2 de mayo de 2007; disponible en línea en www.globalexchange.org/getInvolved/speakers/SandovalNAFTA.pdf, p. 20.

[18] La clase política mexicana impulsa el colonialismo interno en México, aunque en distintos puntos del país lo ha hecho con mayor o menor interferencia o guía de los Estados Unidos (véase Pablo González Casanova, *La democracia en México* [1965], 1967, pp. 89-90.

[19] Citado en John Mason Hart, *Empire and Revolution: The Americans in Mexico since the Civil War*, 2002, p. 432. Al respecto, David Harvey escribe: "los críticos que atienden únicamente a este aspecto del comportamiento estadounidense en el mundo no suelen reconocer que la coerción o liquidación del enemigo sólo es una base parcial de poder, a menudo contraproducente, de Estados Unidos. El consentimiento y la cooperación son igualmente importantes" (David Harvey, *El nuevo imperialismo*, 2007, p. 47).

[20] "El concepto de imperio se caracteriza fundamentalmente por una ausencia de fronteras: el dominio del imperio no tiene límites […] el concepto de imperio se presenta no como un régimen histórico originado en la conquista, sino más bien como un orden que efectivamente suspende la historia y por ende arregla el estado existente de las cosas por toda la eternidad […] No sólo regula las interacciones humanas sino que también busca directamente gobernar la naturaleza humana […] aunque la práctica del imperio se baña de sangre continuamente, el concepto de imperio siempre está dedicado a la paz: una paz perpetua y universal fuera de la historia" (Michael Hardt y Antonio Negri, *Empire,* 2000, pp. XIV-XV).

²¹ *Ibid.*, p. XII.
²² Arnaldo Córdova, *La formación del poder político en México*, 1972.
²³ *Ibid.*, p. 22.
²⁴ *Ibid.*, p. 21.
²⁵ *Ibid.*, p. 32.
²⁶ *Ibid.*, p. 53.
²⁷ *Ibid.*, p. 57.
²⁸ *Id*.

²⁹ Rodolfo García Zamora, economista y sociólogo de la Universidad de Zacatecas y autor del libro *Migración, remesas y desarrollo local,* me dijo en una entrevista en febrero de 2008 que en México sigue habiendo un solo partido político. Su descripción de este partido es una de las expresiones más elocuentes que he oído sobre el estado actual de los partidos políticos en México: "En México hay un solo partido político: el PRI. Está el PRI de los dinosaurios, y está el PRI con hepatitis, los dinosaurios culpígenos contaminados con un poquito del Partido Comunista, es decir, el PRD. Y luego está el PRI azul, que es igual de inepto, corrupto y nepotista que el viejo PRI; aquí me refiero al PAN".

³⁰ Arnaldo Córdova, *La formación del poder político en México*, 1972, pp. 41 y 62.
³¹ Pablo González Casanova, *La democracia en México* [1965], 1967, pp. 89-90.
³² Bolívar Echeverría, *Vuelta de siglo,* 2006, p. 242; las cursivas son del original.
³³ Albert Memmi, *The Colonizer and the Colonized* [1957], 1967, p. 52.
³⁴ Sobre la legitimidad como característica de los principios democráticos, véase Enrique Dussel, *20 tesis de política*, 2006, pp. 76-80.
³⁵ Albert Memmi, *The Colonizer and the Colonized* [1957], 1967, p. 52.
³⁶ Luis Villoro, *El concepto de ideología y otros ensayos,* 2007, p. 27.
³⁷ Albert Memmi, *The Colonizer and the Colonized* [1957], 1967, pp. 127-128.
³⁸ Bolívar Echeverría, *Vuelta de siglo,* 2006, p. 245.
³⁹ *Ibid.*, p. 204.
⁴⁰ *Id*.
⁴¹ *Ibid.*, pp. 208-209 y 245-247.
⁴² Sobre el racismo inherente al concepto de mestizaje del gobierno mexicano, véase Alan Knight, Alan Knight, "Racismo, revolución e indigenismo: México, 1910-1940", pp. 85-86, y Francisco López Bárcenas, *Autonomías indígenas en América Latina*, 2007, p. 23.
⁴³ Bolívar Echeverría, *Vuelta de siglo,* 2006, pp. 245-246; las cursivas son del original.
⁴⁴ Paulo Freire, *Pedagogía del oprimido,* 2005, p. 26.
⁴⁵ Bolívar Echeverría, *Vuelta de siglo,* 2006, pp. 246-247; las cursivas son del original.

⁴⁶ Francisco López Bárcenas, *Autonomías indígenas en América Latina*, 2007, p. 60.

⁴⁷ *Ibid.*, p. 26.

⁴⁸ Tzvetan Todorov, *La conquista de América: el problema del otro*, 1998, p. 179; las cursivas son del original.

⁴⁹ Paulo Freire, *Pedagogía del oprimido*, 2005, p. 30.

⁵⁰ Subcomandante Marcos y los zapatistas, *The Other Campaign*, 2006, p. 93.

⁵¹ Slavoj Zizek, *In Defense of Lost Causes*, 2008, pp. 428 y 430.

⁵² *Ibid.*, p. 430.

⁵³ Matthew Guttman, *El romance de la democracia: rebeldía sumisa en el México contemporáneo*, 2009.

⁵⁴ Bolívar Echeverría, *Vuelta de siglo*, 2006, p. 268.

⁵⁵ *Ibid.*, pp. 268-269.

⁵⁶ Paulo Freire, *Pedagogía del oprimido*, 2005, p. 31.

⁵⁷ La historia de César, Marisela y Doni Zänä fue tomada de Carlos Camacho, "Pareja ñañú lucha contra el gobierno de Hidalgo en defensa de su cultura", *La Jornada,* 10 de mayo de 2007.

⁵⁸ *Id.*

⁵⁹ *Id.*

⁶⁰ Ley General de Derechos Lingüísticos de los Pueblos Indígenas, artículo 4; disponible en línea en www.diputados.gob.mx/LeyesBiblio/pdf/257.pdf.

⁶¹ Carlos Camacho, "Pareja ñañú lucha contra el gobierno de Hidalgo en defensa de su cultura", *La Jornada*, 10 de mayo de 2007.

⁶² *Id.*

⁶³ Carlos Camacho, "Luego de dos años, logran registro de niña ñañú en Hidalgo", *La Jornada,* 11 de junio de 2008.

⁶⁴ Véase, por ejemplo, Evelyn Hu-DeHart, "Rebelión campesina en el noroeste: los indios yaquis de Sonora, 1740-1976", en Friedrich Katz (ed.), *Revuelta, rebelión, y revolución: la lucha rural en México del siglo XVI al siglo XX,* 2004, pp. 135-163.

⁶⁵ Véase Fernando Benítez, *Los indios de México,* vol. II, *Los huicholes,* 2002.

⁶⁶ Juan Cosío Candelario, citado en Magdalena Gómez, "Wixáritari: derechos en serio", *La Jornada,* 26 de febrero de 2008.

⁶⁷ Consideremos la siguiente paradoja de la imaginación política según la describe el filósofo Slavoj Zizek: "Pensemos en la extrañeza de la situación actual. Hace 30, 40 años todavía estábamos debatiendo cómo sería el futuro: comunista, fascista, capitalista y tal. Hoy nadie debate ese tema; todos aceptamos en silencio que el capitalismo global llegó para quedarse. Por otro lado, estamos obsesionados con las catástrofes cósmicas —que toda la vida en la tierra se desintegre por algún virus, porque le pega un asteroide y tal—. Así que lo paradójico es que resulte tanto más fácil imaginar el final de toda la vida en la tierra que un más modesto cam-

bio radical del capitalismo, lo que significa que debemos reinventar la utopía, ¿pero en qué sentido? Existen dos significados falsos de utopía: uno es la noción anticuada de imaginar una sociedad ideal que sabemos nunca será alcanzada; el otro es la utopía capitalista en el sentido de deseos nuevos y perversos que no sólo se te permite sino que se te solicita cumplir. La verdadera utopía se da cuando la situación es tan imposible de resolver dentro de las coordenadas de lo posible que por el puro impulso de supervivencia tienes que inventar un espacio nuevo. La utopía no es una especie de imaginación libre. La utopía es una cuestión de urgencia interior; te ves obligado a imaginarla como única salida posible" (fragmento extraído de una plática en Buenos Aires y mostrado en la película *Zizek!,* de Astra Taylor). Uso "utopía" en este sentido.

[68] *Id.*

[69] Carlos Montemayor, autor de una novela histórica sobre Lucio Cabañas y la Guerra Sucia, *Guerra en el paraíso,* argumenta que los movimientos armados continúan apareciendo en México como resultado de la negativa del gobierno de analizar y entender las raíces sociales de los conflictos de la guerrilla: la "violencia social" del régimen. "La caracterización de los movimientos guerrilleros desde la perspectiva oficial —escribe Montemayor en *La guerrilla recurrente*— forma parte ya de una estrategia de combate y no de un análisis para comprenderlos como procesos sociales [...] Tal perspectiva postula un reduccionismo constante que confunde y elimina características sociales indispensables para entender políticamente los movimientos armados y para plantear su solución de fondo. El razonamiento oficial tiende a apoyarse no en una comprensión de la naturaleza social del conflicto, sino en la necesidad de reducir al máximo los contenidos sociales y sus motivaciones políticas o morales. En la medida que se reduzcan al mínimo estos datos de casualidad social, se favorece la aplicación de medidas solamente policiacas o militares" (Carlos Montemayor, *La guerrilla recurrente,* 2007, p. 23). El filósofo Slavoj Zizek distingue entre las formas "subjetivas" y "objetivas" de violencia; mientras que aquéllas son fáciles de detectar (una persona acuchilla a otra), éstas son invisibles (la gente que vive en la miseria y la discriminación). Escribe: "El truco es que la violencia subjetiva y objetiva no pueden percibirse desde el mismo lugar: la violencia subjetiva se experimenta como tal contra el fondo de un nivel cero no violento [...] Sin embargo, la violencia objetiva es precisamente la violencia inherente a esta 'normalidad'" (Slavoj Zizek, *Violence: Six Sideways Reflections,* 2008, p. 2). Una forma de violencia objetiva es lo que Zizek llama violencia sistémica: "Aquí hablamos de la violencia inherente al sistema: no sólo la violencia física directa, sino también las formas más sutiles de coerción que sustentan las relaciones de dominación y explotación, incluyendo la amenaza de violencia" (*ibid.,* p. 8). El concepto de violencia social de Montemayor es una violencia sistémica en este sentido, típicamente invisible para quienes no la padecen.

[70] "El ascenso y caída de los movimientos sociales marcan la expansión y contracción de las oportunidades democráticas" (Charles Tilly, *Social Movements, 1768-2004,* 2004, p. 3).

[71] La mayor parte de la cobertura de prensa en los medios masivos estadounidenses de los movimientos y rebeliones en México está plagada con un grado tan obvio de desdén, prejuicio de clase, inexactitudes colosales al reportar los hechos básicos y una ausencia casi total de simple curiosidad sobre las motivaciones e intenciones de los participantes que ameritaría un análisis largo como un libro. Con todo, la plaga sigue un patrón consistente: el fracaso de la imaginación política. Los reporteros y editores llaman a las manifestaciones "disturbios" (sin siquiera ir a ver los eventos en persona); a la represión gubernamental, "restaurar el orden" (las violaciones masivas en Atenco, los asesinatos parapoliciales en Oaxaca), y a cualquier agrupación popular o de oposición, "izquierda", genéricamente, sin siquiera preguntarles qué piensan o qué esperan alcanzar. Hacen esto porque ellos mismos no pueden ver más allá del capitalismo; la urgente reinvención de la utopía en las rebeliones en México se filtra a través de la lente de la imaginación capitalista, despojada de todo contenido político y social para que los rebeldes se conviertan en genéricos "alborotadores de izquierda". Escribí brevemente sobre esto en "Who's Not Listening: *The Los Angeles Times* and the Failure of Political Imagination" ["Quién no escucha: el *Los Angeles Times* y el fracaso de la imaginación política"], *Znet,* 13 de febrero de 2006. Para un relato golpe por golpe del prejuicio de clase y las noticias tergiversadas en la cobertura de México por parte de la prensa estadounidense, véase el diario en red *Narco News,* www.narconews.com.

Agradecimientos

Todo libro es, en cierta medida, un esfuerzo colectivo, y quizá sea necesario escribir uno para entender cuán profunda y vital es la comunidad que ayuda a crear lo que aparece bajo el nombre solitario de un individuo. Mucha gente ha contribuido y ayudado con este libro de muy distintas formas. Lo que resuena con la verdad en estas páginas surge de esa comunidad; lo que se queda corto es error mío.

Con profundo respeto y solidaridad, quiero expresar mi agradecimiento:

A *los de abajo:* el pueblo de México en la calle y en el campo que lucha por su dignidad, y al hacerlo lucha por rescatar la propia dignidad humana de su perversa distorsión hacia la negación y la autocomplacencia.

A la Beca para Medios de Global Exchange (2006-2008), que me permitió reportar desde México todo el 2006 —experiencias que fueron la base de este libro— y dedicar más tiempo a investigar, reportar y escribir durante 2007 y 2008. Más allá de la beca, al director de derechos humanos de Global Exchange, Ted Lewis, quien ha sido fuente de conocimiento, inspiración y amistad desde que nos conocimos en 1999.

A Greg Ruggiero, editor de City Lights, por su visión, confianza, aliento, trabajo, inteligencia y pasión, que están entretejidos en todo el texto: *un fuerte abrazo, compa*. Es un gran honor trabajar con Greg, Elaine, Robert, Stacey, Sarah, Maia, y toda la gente extraordinaria de City Lights Books, un verdadero templo al pensamiento crítico, la acción social y la escritura hermosa al que entro asombrado, con la cabeza inclinada.

A la comunidad de medios independientes y alternativos que lucha por llevar un periodismo y un análisis profundos a la construcción de un movimiento, por abrir sus páginas y ondas radiales a las voces de la resistencia y la rebelión en México: Justin Podur y la comunidad de Z Communications, que crearon un espacio para reportar desde la Otra Campaña cuando pocos querían escuchar; John Ross, el primero en sugerirle a Global Exchange que mandara a alguien con la Otra Campaña (idea que evolucionó hasta convertirse en una beca para la prensa alternativa, para cubrir la campaña), quien ha sido una fuente de conocimiento e inspiración sobre los zapatistas desde que me topé con su libro *Rebellion from the Roots [Rebelión desde las raíces]* en 1996; Al Giordano, por siempre darme buenos consejos y por publicar lo que nadie más se atreve, y también Nancy Davies y el equipo de *Narco News* por cubrir el levantamiento en Oaxaca desde el primer día; la cineasta Jill Freidberg, por su excelente periodismo, compañía y solidaridad en el campo en Oaxaca; Mario Viveros y la banda de Canal 6 de Julio; *La Garrafona* y su magnífica tripulación, Juan, Ramsés, Samuel y Hugo, por los miles de kilómetros, el café fresco, la buena conversación; el colectivo Left Turn; Brian Cook e *In These Times*; KPFA y el equipo de *Flashpoints*; *Democracy Now!*; WBAI; John Tarleton y *The Indypendent*; *Yes! Magazine*; *New Politics*; Ben Dangl y UpsideDownWorld.com, y *WIN Magazine*.

Pequeñas secciones de los capítulos 2, 4 y 6 aparecieron por primera vez, un poco diferentes, en *Left Turn, Z Magazine, Znet* e *In These Times*.

Al abusado Diego Osorno, amigo y compañero, con quien compartí muchos de los largos caminos contados aquí.

A Ed Allaire y Janet Swaffar, dos maestros que creían en enseñarle a sus alumnos universitarios a leer y escribir, por mucho que doliera. Y cuando la tesis fue entregada y empezaron a llegar las cartas, gracias, Ed, por nunca darte por vencido.

AGRADECIMIENTOS

A Andy Couturier, por su implacable, feroz y gozoso amor por la escritura.

A mis padres, por criarme con un pie en el campo.

A Susan, por tener la fuerza de escuchar críticas de lo que parecía natural, y al descubrir la violencia oculta allí, por trabajar para cambiar, y por su apoyo y fe.

A Sheridan, por las excursiones de media noche a las librerías de viejo y las largas pláticas en el Back Porch —las extraño—.

A Catherine y Taylor Marie, por sus sonrisas y bondad incesantes, con un gran abrazo saltarín.

A Taylor, por nuestros infinitos viajes a la Meca y las discusiones, debate, aprendizaje y risas que traen; que nuestros viajes sean muchos.

A mis queridísimos amigos y compas, con todo el corazón: Vicente, Ada, Mario, Nieves, la memoria de Miguel Mansilla Guevara, Letty, Julio, Amelia, Chaska, Walter, la familia Benhumea, Obtilia y Andrea, Gloria, Eugenia, Maribel y Juan Angulo, Abel y Tlachinollan, Pola, Elizabeth, Ernesto, Hayley, Erb, Drew, Will Lynn, Abel y Gonzalo, Carlos y Enrique, Amyv, Rodrigo, José, Irene, Chris Michael, el Sonrisas, Foxy, el tío Bergie, Popstar, Val, Cyn, Kirsten, Kevin, Mr. P, Manuel alias Manolo, Rick, Jacquie, Big Noise, Sabi, Jacopo, Silvia, Los Tíos, Sameera, Damara, Jesse, Juliette, Anna, Deborah, Carleen, Eleuterio, Juanjo, Timo y Luz, Amate Books, Los Cuiles, Café Nuevo Mundo, Amy T, Holly, Susan, Jonathan, Naoko y Kai-kun, Chesley, Hiroko y Yuko, Harumi y Masami, Sandra, Paola, Marta, Miriam, Alisha, Conner, Wenonah, Joe Z, Lin Due y los amigos de Terrain.

A Taylor, Ted, Jill, Jonathan, Hector, Andy, Erb, Poppy y lectores anónimos por comentar los primeros borradores.

A Susanna, por creer y confiar siempre.

A Diana, con amor: tu puño alzado me acompaña siempre.

Fuentes

BIBLIOGRAFÍA

Amnistía Internacional, *México: leyes sin justicia: violaciones de derechos humanos e impunidad en el sistema de justicia penal y de seguridad pública*, Washington, D. C., Amnistía Internacional, 2007.

―――, *México: muertes intolerables: diez años de desapariciones y asesinatos de mujeres en Ciudad Juárez y Chihuahua*, Londres, Amnistía Internacional, 2003.

―――, "México: juicios injustos: tortura en la administración de justicia", Washington, D. C., Amnistía Internacional, 23 de marzo de 2003.

Anderson, Benedict, *Imagined Communities: Reflections on the Origins and Spread of Nationalism*, ed. revisada, Londres, Verso, 2006.

Annerino, John, *Dead in Their Tracks: Crossing America's Desert Borderlands*, Nueva York, Four Walls Eight Windows, 1999.

Auden, W. H., *Collected Poems*, Nueva York, Vintage International, 1991.

Bartra, Roger, *La jaula de la melancolía: identidad y metamorfosis del mexicano*, México, Grijalbo, 1987.

Beas Torres, Carlos, et al., *La batalla por Oaxaca*, Oaxaca, Yope Power, 2007.

Bellingeri, Marco, *Del agrarismo armado a la guerra de los pobres: ensayos de guerrilla rural en el México contemporáneo, 1940-1974*, México, Casa Juan Pablos, 2003.

Benítez, Fernando, *Los indios de México*, vol. II, *Los huicholes*, México, Era, 2002.

Bonfil Batalla, Guillermo, "Historias que no son todavía historia", en Carlos Pereyra *et al.*, *Historia. ¿Para qué?*, México, Siglo XXI, 1980.

Bourdieu, Pierre, *Distinction: A Social Critique of the Judgment of Taste*, Cambridge, Massachusetts, Harvard University Press, 1984.

———, *Outline of a Theory of Practice*, Cambridge, Cambridge University Press, 1977.

Bowden, Charles, *Down by the River: Drugs, Money, Murder, and Family*, Nueva York, Simon and Schuster, 2004.

Brown, Dee, *Bury My Heart at Wounded Knee: An Indian History of the American West*, Nueva York, Henry Holt, 1971.

Castellanos, Laura, *Corte de caja: entrevista al Subcomandante Marcos*, México, Bunker y Alterno, 2008.

———, *México armado: 1943-1981*, México, Era, 2007.

Castles, Stephen, y Raúl Delgado Wise (eds.), *Migración y desarrollo: perspectivas desde el sur*, Zacatecas, Universidad Autónoma de Zacatecas, 2007.

Castro, Rafael Fernández de, *et al.*, *Las políticas migratorias en los estados de México: una evaluación*, Zacatecas, Universidad Autónoma de Zacatecas, 2007.

Chacón, Justin Akers, y Mike Davis, *No One is Illegal: Fighting Racism and State Violence on the U. S.-Mexico Border*, Chicago, Haymarket Books, 2006.

Chomsky, Aviva, *"They Take Our Jobs" and 20 Other Myths about Immigration*, Boston, Beacon Press, 2007.

Chomsky, Noam, *Año 501: la conquista continúa*, Madrid, Libertarias-Prodhufi, 1993.

Churchill, Ward, *A Little Matter of Genocide: Holocaust Denial in the Americas 1492 to the Present*, San Francisco, City Lights, 1998.

Cockcroft, James D., *La esperanza de México*, México, Siglo XXI, 2000.

Comisión Civil Internacional de Observación por los Derechos Humanos, *Informe sobre los hechos de Oaxaca*, Bilbao, Comisión Civil Internacional de Observación por los Derechos Humanos, 2007.

———, *Informe preliminar sobre los hechos de Atenco, México*, Bilbao, Comisión Civil Internacional de Observación por los Derechos Humanos, 2006.

Comité para la Eliminación de la Discriminación contra la Mujer (de las Naciones Unidas), *Report on Mexico produced by the Committee on the Elimination of Violence against Women under article 8 of the Optional Protocol to the Convention, and reply from the Government of Mexico*, CEDAW/C/2005/OP.8/MEXICO, 27 de enero de 2005.

Conapo, *Índices de marginación, 2005*, México, Consejo Nacional de Población, noviembre de 2006.

Cook, María Elena, *Organizing Dissent: Unions, the State, and the Democratic Teachers Movement in Mexico*, University Park, Pensilvania, Penn State Press, 1996.

Córdova, Arnaldo, *La política de masas y el futuro de la izquierda en México*, México, Era, 1979.

———, *La política de masas del cardenismo*, México, Era, 1974.

———, *La formación del poder político en México*, México, Era, 1972.

Crelinsten, Ronald D., y Alex P. Schmid (eds.), *The Politics of Pain: Torturers and Their Masters*, Boulder, Colorado, Westview Press, 1994.

Danner, Mark, *Torture and Truth: America, Abu Ghraib, and the War on Terror*, Nueva York, New York Review of Books, 2004.

Davies, Nancy, *The People Decide: Oaxaca's Popular Assembly*, México, Narco News Books, 2007.

Delgado Wise, Raúl, "Migration and Imperialism: The Mexican Workforce in the Context of NAFTA", *Latin American Perspectives*, 147, vol. 33, núm. 2, marzo de 2006, pp. 33-45.

Diebel, Linda, *Betrayed: The Assassination of Digna Ochoa*, Nueva York, Carroll & Graf, 2007.

Dussel, Enrique, *20 tesis de política*, México, Siglo XXI, 2006.
Easterly, William, *The White Man's Burden: Why the West's Efforts to Aid the Rest Have Done So Much Ill and So Little Good*, Nueva York, Penguin Books, 2006.
Echeverría, Bolívar, *Vuelta de siglo,* México, Era, 2006.
Escobar, Arturo, *Encountering Development: The Making and Unmaking of the Third World*, Princeton, Princeton University Press, 1995.
———, y Sonia E. Álvarez (eds.), *The Making of Social Movements in Latin America: Identity, Strategy, and Democracy*, Boulder, Westview Press, 1992.
Eversole, Robyn, John-Andrew McNeish, y Alberto D. Cimadamore (eds.), *Pueblos indígenas y pobreza. Enfoques multidisciplinarios*, Buenos Aires, Programa CLACSO-CROP, julio de 2006.
Fanon, Frantz, *Los condenados de la tierra*, México, FCE, 1963.
Faux, Jeff, *The Global Class War*, Hoboken, Nueva Jersey, John Wiley and Sons, 2006.
Feitlowitz, Marguerite, *A Lexicon of Terror: Argentina and the Legacies of Torture*, Oxford, Oxford University Press, 1998.
Fellmeth, Robert, *Politics of Land*, Nueva York, Grossman, 1972.
Ferguson, James, *The Anti-Politics Machine: "Development", Depoliticization, and Bureaucratic Power in Lesotho*, Minneapolis, University of Minnesota Press, 1994.
Foweraker, Joe, y Ann L. Craig (eds.), *Popular Movements and Political Change in Mexico*, Boulder, Lynne Rienner Publishers, 1990.
Franco, Jean, *Plotting Women: Gender and Representation in Mexico*, Nueva York, Columbia University Press, 1989.
Freire, Paulo, *Pedagogía del oprimido,* México, Siglo XXI, 2005.
Galeano, Eduardo, *Las venas abiertas de América Latina*, México, Siglo XXI, 2004.
García Zamora, Rodolfo, *Migración, remesas y desarrollo local*, Zacatecas, Universidad Autónoma de Zacatecas, 2003.
Gilly, Adolfo, *El cardenismo, una utopía mexicana*, México, Cal y Arena, 1994.

Gilly, Adolfo, et al., *Interpretaciones de la Revolución Mexicana*, México, Nueva Imagen, 1988.

————, *La revolución interrumpida: México, 1910-1920: una guerra campesina por la tierra y el poder*, México, El Caballito, 1975.

Giordano, Al, "Mexico's Presidential Swindle", *New Left Review*, vol. 41, septiembre-octubre de 2006, pp. 5-27.

Glockner, Fritz, *Memoria roja: historia de la guerrilla en México (1943-1968)*, México, Ediciones B, 2007.

Gonzalez, Gilbert G., *Guest Workers or Colonized Labor? Mexican Labor Migration to the United States*, Boulder, Colorado, Paradigm Publishers, 2006.

González Casanova, Pablo, *La democracia en México*, 1965; México, Era, 1967.

González de Alba, Luis, *Los días y los años*, México, Era, 1971.

Gordillo y Ortiz, Octavio, EZLN: *una aproximación bibliográfica*, México, Praxis, 2006.

Grandin, Greg, *Empire's Workshop: Latin America, the United States, and the Rise of New Imperialism*, Nueva York, Metropolitan Books, 2006.

Guillermoprieto, Alma, *Los años que no fuimos felices: crónicas de la transición mexicana, 1994-1997*, Bogotá, Norma, 1998.

Gutiérrez, Maribel, *Violencia en Guerrero*, México, La Jornada, 1998.

Guttman, Matthew C., *El romance de la democracia: rebeldía sumisa en el México contemporáneo*, México, FCE, 2009.

Hahnel, Robin, *Panic Rules! Everything You Need to Know about the Global Economy*, Cambridge, Massachusetts, South End Press, 1999.

Hamnett, Brian R., *A Concise History of Mexico*, 2ª ed., Cambridge, Cambridge University Press, 2006.

Hardt, Michael, y Antonio Negri, *Empire*, Cambridge, Massachusetts, Harvard University Press, 2000.

Hart, John Mason, *Empire and Revolution: The Americans in Mexico since the Civil War*, Berkeley, University of California Press, 2002.

Hart, John Mason, *Revolutionary Mexico: The Coming and Process of the Mexican Revolution*, ed. del décimo aniversario, Berkeley, University of California Press, 1997.

Harvey, David, *El nuevo imperialismo*, Madrid, Akal, 2007.

Hassig, Ross, *Mexico and the Spanish Conquest*, 2ª ed., Norman, University of Oklahoma Press, 2006.

Hayden, Tom (ed.), *The Zapatista Reader*, Nueva York, Nation Books, 2001.

Hellman, Judith Adler, *Mexican Lives,* Nueva York, New Press, 1994.

Henck, Nick, *Subcommander Marcos: The Man and the Mask*, Durham, Duke University Press, 2007.

Human Rights Watch, *World Report 2007*, Nueva York, Seven Stories Press, 2007.

Iglesias, Severo, *Juárez: sociedad civil y nación*, Morelia, Michoacán, Morevallado, 2006.

Jesus, Carolina Maria de, *Quarto de despejo: diario de una mujer que tenía hambre*, Buenos Aires, Abraxas, 1962.

Kapuscinski, Ryszard, *El emperador*, Barcelona, Anagrama, 2002.

Katz, Friedrich (ed.), *Revuelta, rebelión y revolución: la lucha rural en México del siglo XVI al siglo XX*, México, Era, 2004.

———, *La servidumbre agraria en México en la época porfiriana*, México, Era, 1980.

Katzenberger, Elaine (ed.), *First World, Ha, Ha, Ha!*, San Francisco, City Lights, 2001.

Kelman, Herbert C., "The Policy Context of Torture: A Social-psychological Analysis", *International Review of the Red Cross*, vol. 87, .núm. 857, marzo de 2005, pp. 123-134.

Knight, Alan, "Racismo, revolución e indigenismo: México, 1910-1940", México, Colmex.

———, *Mexico: From the Beginning to the Spanish Conquest*, Cambridge, Cambridge University Press, 2002.

La Botz, Dan, *Democracy in Mexico: Peasant Rebellion and Political Reform*, Boston, South End Press, 1995.

La Botz, Dan, *Mask of Democracy: Labor Suppression in Mexico Today*, Boston, South End Press, 1992.

Lamas, Marta, *Feminismo: transmisiones y retransmisiones*, México, Taurus, 2006.

Lomnitz, Claudio, *Deep Mexico, Silent Mexico: An Anthropology of Nationalism*, Minneapolis, University of Minnesota Press, 2001.

———, *Exits from the Labyrinth: Culture and Ideology in the Mexican National Space*, Berkeley, University of California Press, 1992.

López Bárcenas, Francisco, *Autonomías indígenas en América Latina*, México, MC Editores, 2007.

Macías, Anna, *Against All Odds: The Feminist Movement in Mexico to 1940*, Westport, Connecticut, Greenwood Press, 1982.

Mann, Charles C., *1491: una nueva historia de las Américas antes de Colón*, España, Taurus, 2006.

Mann, Rita, *Torture: The Role of Ideology in the French Algerian War*, Nueva York, Praeger, 1989.

Martínez, Rubén, *Crossing Over: A Mexican Family on the Migrant Trail*, Nueva York, Picador, 2001.

Martínez Novo, Carmen, *Who Defines Indigenous? Identities, Development, Intellectuals, and the State in Northern Mexico*, New Brunswick, Nueva Jersey, Rutgers University Press, 2006.

Martínez Vásquez, Víctor Raúl, *Autoritarismo, movimiento popular y crisis política: Oaxaca 2006*, Oaxaca, Universidad Autónoma Benito Juárez de Oaxaca, 2007.

Marx, Karl, *Capital*, vol. I, 1867, Londres, Penguin Books, 1976.

Memmi, Albert, *The Colonizer and the Colonized*, 1957; Boston, Beacon Press, 1967.

Monsiváis, Carlos, *"No sin nosotros". Los días del terremoto, 1985-2005*, México, Era, 2005.

———, et al., *Viento rojo: diez historias del narco en México*, México, Plaza y Janés, 2004.

Montemayor, Carlos, *La guerrilla recurrente*, México, Debate, 2007.

———, *Guerra en el paraíso*, México, Planeta, 2002.

Moore, Barrington, *La injusticia: bases sociales de la obediencia y la rebelión*, México, UNAM, 1989.

Nazario, Sonia, *Enrique's Journey*, Nueva York, Random House, 2007.

Nevins, Joseph, *Dying to Live: A Story of U. S. Immigration in an Age of Global Apartheid*, San Francisco, City Lights Books, 2008.

Oikión Solano, Verónica, y Marta Eugenia García Ugarte (eds.), *Movimientos armados en México, siglo XX*, 3 vols., Zamora-México, El Colegio de Michoacán-Centro de Investigaciones y Estudios Superiores en Antropología Social, 2006.

Olcott, Jocelyn, *Revolutionary Women in Postrevolutionary Mexico*, Durham, Duke University Press, 2005.

Osorno, Diego Enrique, *Oaxaca sitiada: la primera insurrección del siglo XXI*, México, Grijalbo, 2007.

Peters, Edward, *Torture*, 1987; Filadelfia, University of Pennsylvania Press, 1999.

Pisani, Donald J., *Water, Land, and Law in the West: The Limits of Public Policy, 1850-1920,* Lawrence, University of Kansas Press, 1996.

Poniatowska, Elena, *La noche de Tlatelolco*, México, Era, 1997.

Preston, Julia, y Samuel Dillon, *El despertar de México: episodios de una búsqueda de la democracia*, México, Océano, 2007.

Ravelo, Ricardo, *Herencia maldita: El reto de Calderón y el nuevo mapa del narcotráfico*, México, Grijalbo, 2007.

——, *Los capos: las narco-rutas de México*, México, Plaza y Janés, 2005.

Reina, Leticia, *Las rebeliones campesinas en México (1819-1906)*, México, Siglo XXI, 1996.

Reisner, Marc, *A Dangerous Place: California's Unsettling Fate*, Nueva York, Penguin, 2003.

Rich, Bruce, *Mortgaging the Earth: The World Bank, Environmental Impoverishment, and the Crisis of Development*, Boston, Beacon Press, 1995.

Riding, Alan, *Vecinos distantes: un retrato de los mexicanos*, México, Planeta, 1985.

Rodríguez, Teresa, Diana Montané y Lisa Pulitzer, *The Daughters of Juarez: A True Story of Serial Murder South of the Border*, Nueva York, Atria Books, 2007.

Ronquillo, Víctor, *Migrantes de la pobreza*, México, Norma, 2007.

Ross, John, *¡Zapatistas! Making Another World Possible: Chronicles of Resistance, 2000-2006*, Nueva York, Nation Books, 2006.

———, *The War Against Oblivion: Zapatista Chronicles, 1994-2000*, Monroe, Maine, Common Courage Press, 2000.

Roy, Arundhati, *Public Power in the Age of Empire*, Nueva York, Seven Stories Press, 2004.

———, *An Ordinary Person's Guide to Empire*, Cambridge, Massachusetts, South End Press, 2004.

Sachs, Jeffrey D., *El fin de la pobreza. Cómo conseguirlo en nuestro tiempo*, Barcelona, Debate, 2005.

Sachs, Wolfgang (ed.), *The Development Dictionary: A Guide to Knowledge as Power*, Londres, Zed Books, 1992.

Said, Edward W., *Cultura e imperialismo*, Barcelona, Anagrama, 2004.

Sanchez, Alex, "Mexico's Drug War: A Society at Risk—Soldiers versus Narco Soldiers", Washington, Council on Hemispheric Affairs, 22 de mayo de 2007.

Sandoval, Juan Manuel, "Mexican Labor Migration and the North American Free Trade Agreement (NAFTA): 1994-2006", ponencia presentada en la gira nacional de pláticas "Push and Pull: Immigration and Free Trade", organizada por Global Exchange, del 15 de abril al 2 de mayo de 2007; disponible en línea en www.globalexchange.org/getInvolved/speakers/SandovalNAFTA.pdf.

Sartre, Jean-Paul, *Colonialismo y neocolonialismo*, Buenos Aires, Losada, 1968.

Scarry, Elaine, *The Body in Pain: The Making and Unmaking of the World*, Oxford, Oxford University Press, 1985.

Scott, Robert E., y David Ratner, "NAFTA's Cautionary Tale", *Economic Policy Institute*, informe introductorio núm. 214, 20 de julio de 2005.

Semo, Enrique, *Historia mexicana: economía y lucha de clases*, México, Era, 1978.

———, *Historia del capitalismo en México,* México, Era, 1973.

———, y Enrique Nalda, *México, un pueblo en la historia*, vol. 1, *De la aparición del hombre al dominio colonial*, México, Alianza, 1989.

Stephen, Lynn, *Zapotec Women: Gender Class and Ethnicity in Globalized Oaxaca*, Chapel Hill, Duke University Press, 2005.

Subcomandante Marcos y los zapatistas, *The Speed of Dreams*, San Francisco, City Lights, 2007.

———, *The Other Campaign*, San Francisco, City Lights, 2006.

———, *Our Word Is Our Weapon: Selected Writings of Subcomandante Insurgente Marcos*, Nueva York, Seven Stories Press, 2002.

———, *Shadows of Tender Fury: The Letters and Communiqués of Subcomandante Marcos and the Zapatista Army of National Liberation*, Nueva York, Monthly Review Press, 1995.

Taber, Robert, *La guerra de la pulga*, México, Era, 1965.

Tello Díaz, Carlos, *La rebelión de las Cañadas: origen y ascenso del EZLN*, México, Editorial Planeta Mexicana, 2006.

Tilly, Charles, *Social Movements, 1768-2004,* Boulder, Colorado, Paradigm Publishers, 2004.

Todorov, Tzvetan, *La conquista de América: el problema del otro*, México, Siglo XXI, 1998.

Toro, María Cecilia, "The Political Repercussions of Drug Trafficking in Mexico", en Elizabeth Joyce y Carlos Malamud (eds.), *Latin America and the Multinational Drug Trade*, Londres, Institute of Latin American Studies, 1998, pp. 131-145.

Tutino, John, *From Insurrection to Revolution in Mexico: Social Bases of Agrarian Violence, 1750-1940*, Princeton, Princeton University Press, 1989.

Urías Horcasitas, Beatriz, *Historias secretas del racismo en México (1920-1950),* México, Tusquets, 2007.

Villoro, Luis, *El concepto de ideología y otros ensayos*, México, FCE, 2007.

Wallerstein, Immanuel, *Análisis de sistemas-mundo: una introducción*, México, Siglo XXI, 2006.
Webb, Gary, *Dark Alliance: The CIA, the Contras, and the Crack Cocaine Explosion*, Nueva York, Seven Stories Press, 1998.
Weinberg, Bill, *Homage to Chiapas: The New Indigenous Struggles in Mexico*, Nueva York, Verso, 2002.
Weschler, Lawrence, *A Miracle, a Universe: Settling Accounts with Torturers*, Nueva York, Penguin, 1990.
Wolf, Eric, *Las luchas campesinas del siglo XX*, México, Siglo XXI, 1999.
Womack, John, Jr., *Zapata and the Mexican Revolution*, Nueva York, Vintage Books, 1968.
Wright, Erik Olin (ed.), *Approaches to Class Analysis*, Cambridge, Cambridge University Press, 2005.
Zizek, Slavoj, *In Defense of Lost Causes*, Nueva York, Verso, 2008.
——, *Violence: Six Sideways Reflections*, Londres, Profile Books, 2008.
——, *El sublime objeto de la ideología*, México, Siglo XXI, 2001.

FILMOGRAFÍA

Compromiso cumplido, Oaxaca, Mal de Ojo TV, 2007.
Digna, México, Canal 6 de Julio, 2007.
Granito de arena, Seattle, Corrugated Films, 2004.
La guerrilla y la esperanza: Lucio Cabañas, México, Gerardo Tort, 2007.
Habla el ERPI, México, Canal 6 de Julio, s. f.
Halcones, México, Canal 6 de Julio, 2007.
La ley de Herodes, México, Luis Estrada, 1999.
Un poquito de tanta verdad, Seattle, Corrugated Films, 2007.
Romper el cerco, México, Canal 6 de Julio y Promedios, 2006.
Zapatistas, Nueva York, Big Noise Films, 1998.
Zizek!, Nueva York, Zeitgeist Films, 2006.

Índice analítico

"Pássim" (literalmente "por todas partes"), indica la discusión intermitente de un tema a lo largo de varias páginas.

24 de Diciembre, Chiapas, 222-224
Abascal, Carlos, 168
Acámbaro, 114-115
Acapulco, 249-255 pássim
acoso sexual a mujeres, 250-251 pássim
Acosta, Nahúm, 65
Acosta Lagunes, Agustín, 247
Acteal, Chiapas, 212
Acuerdos de San Andrés, 211-213, 322 n 41
AFI, 75, 143, 166
Agencia Federal de Investigación, *véase* AFI
Aguas Blancas, Guerrero, 256-258 pássim
Aguilar, Manuel, 180
Agustín I, 44
Albino Ortiz, Jorge, 231-233 pássim
Alemán, Miguel, 17
alfabetismo, 261-262
Altar, Sonora, 144-146
Alvarado Martínez, Fortino, 231
Amnistía Internacional, 75, 77-78, 93
analfabetismo, 110
Antonio, comandante, *véase* Silva Nogales, Jacobo
anuncios políticos, 29-30 pássim
apicultores, 295
APPO, 155-194 pássim, 231-232, 289-292
Araoz, Manuel, 48

Arenas Agis, Gloria, 236-268
Arendt, Hannah, 269
Asamblea Popular de los Pueblos de Oaxaca, *véase* APPO
asesinatos, 19, 44, 56-57, 62-63, 144, 168, 175, 179, 255-256, 262-263
   de caficultores triquis, 230-231
   de Carranza, 53, 279
   de Digna Ochoa, 267
   de Guerrero, 44
   de Iturbide, 44
   de Jaramillo, 19
   de locutoras de radio, 228, 233-235 pássim
   de Madero, 52
   de manifestante en Oaxaca, 168-169, 226
   de mujeres, 90-93, 228
   de Obregón, 54, 279
   de Villa, 53
   de Zapata, 53
   véase también asesinatos del Estado; ejecuciones
asesinatos del Estado, 37, 56, 255, 264
Aurora, Coronel, *véase* Arenas Agis, Gloria
autonomía, 207-208 pássim, 213-214, 224, 286-287 pássim, 322 n 41

ÍNDICE ANALÍTICO

autopistas, construcción de, 224, 294
autoridad, 68-71 pássim
Ávila Camacho, Manuel, 16-17
aztecas, 34-38, 301 n 16, 302 n 25, 304 n 47

Banco Internacional de Reconstrucción y Fomento, 95
Banco Mundial, 95, 135, 304 n 51, 313 n 1
Barrera, Abel, 109
barricadas, 169-188 pássim, 290-292
   y solidaridad clasemediera, 289
Barrios, Roberto, 18
Bartra, Roger, 305 n 61
bases militares, 222-224, 258-260
Bautista Merino, Teresa, 227-228, 233-235 pássim
Benhumea, Ángel, 85-90 pássim
Benhumea, Ollín Alexis, 85-90
Benítez, Joaquín, 175
boicoteo, 224
Bolivia, 202
Bolón Ajaw, Chiapas, 219-221
Bonfil Batalla, Guillermo, 33
Bowden, Charles, 309 n 18
Bulos Salomón, José Antonio, 293
Bush, George W., 270

Cabañas Barrientos, Lucio, 57, 251-253 pássim, 258, 265, 269
cacerolas (marcha), 161, 163
caciques, 24, 38, 54, 83
   Chiapas, 197, 223
   Oaxaca, 152
   Veracruz, 246
café, *véase* industria cafetalera
Café de la Selva, 223-224
Calderón, Felipe, 20-21, 28-30 pássim, 174
   Plan Nacional de Desarrollo, 93
   y los zapatistas, 221, 225
   y narcoviolencia, 64
Calles, Plutarco Elías, 53
campañas publicitarias, 28-30 pássim
campesinos, 13, 50, 60, 105

campo, 115, 127
Caña, Lizbeth, 187-188
CAPISE, 219-221 pássim
capitalismo, 41-43, 55, 96-112 pássim, 273-276, 280
   visión zapatista del, 213-214
   y pueblos indígenas, 207-208, 284-285
caracoles, 217, 222, 225-226
Carácuaro, Michoacán, 72-74
cárceles, 239-246
Cárdenas, Cuauhtémoc, 59-60, 254
Cárdenas, Lázaro, 15-17 pássim, 54-56 pássim, 60, 104
Carranza, Venustiano, 52-53, 279
Carrasco, Diódoro, 229
Carrillo Fuentes, Amado, 67
castas, 42
Castellanos Domínguez, Absalón, 197, 223
Castillo López, Jesús, 17
Castro Lozano, Juan de Dios, 234
clasismo en los medios, 330 n 71
Centro de Análisis Político e Investigaciones Sociales y Económicas, *véase* CAPISE
Centurrón, Emiliano, 295
Cerrito de Agua, Zacatecas, 132-133
CFE, 55
CGOCM, 54-55
Chiapas, 40, 110, 132, 151, 153, 196-235
Chihuahua, 31, 48, 55, 92, 111
Chilpancingo, Guerrero, 251
Chomsky, Aviva, 113
"científicos", 46
Cilia, Alberto, 190-191
Cilia, David, 111
Ciudad de México
   estadísticas, 128
   marcha de la APPO, 2006, 174
   migración, 113-146 pássim
   terremoto (1985), 58
   visita zapatista, 212
Ciudad Juárez, 51, 82, 90-93
clases sociales, 20-24 pássim, 288-289

lucha de clases, 20, 31
   y elecciones, 28-30
   y la ley, 68
   véase también castas
CNC, 55, 59
CNDH, 72, 81
CNTE, 153-155 pássim
   Sección 22, 148, 153-154, 158, 168, 178
Coca-Cola, 149, 183-184
Cochoapa El Grande, 21, 109
Colón, Cristóbal, 34, 38, 39
colonialismo, 22, 46-47, 95-98 pássim
   español, 103
   interno, 104, 205, 207, 209-210, 280-281, 285, 287-288
   y pueblos indígenas, 208-210
colonizado y colonizador (Memmi), 281-282
color de piel, 42
Colosio, Luis Donaldo, 68
combis, 82-83, 88-89
Comisión Federal de Electricidad, *véase* CFE
Comisión Nacional de los Derechos Humanos, *véase* CNDH
Conapo, 107, 111
Conasupo, 246
Confederación de Trabajadores de México, *véase* CTM
Confederación General de Obreros y Campesinos de México, *véase* CGOCM
Confederación Nacional Campesina, *véase* CNC
conferencias de prensa, 156-157, 168, 173, 234, 239
conquista, 19-20, 25-26 pássim, 30-31, 33-34, 273-275, 281-284 pássim
Consejo Nacional de Población, *véase* Conapo
Consorcio de Estudios Críticos del Desarrollo, 135
Constitución de 1917, 53
contraseñas, 252

cooperativas, 15-16, 18, 216, 295
Coordinadora Nacional de Trabajadores de la Educación, *véase* CNTE
Cordóva, Arnaldo, 279-280 pássim
Coronel, Aurora, *véase* Arenas Agis, Gloria
corrupción, 65
   y cruce fronterizo, 142
   y personal penitenciario, 242
   y sindicatos, 153
   véase también corrupción política
corrupción política
   y narcotráfico, 65-82 pássim
Cortés, Efrén, 263
Cortés, Hernán, 22, 34, 38-39, 302 n 25, n 26
CORTV, 158, 162
Costa Chica, Guerrero, 260-261
coyotes, 117-118, 143-146
crimen organizado, 64
   véase también narcotráfico, cárteles
criollos, 44, 203
cristeros, *véase* Guerra Cristera
cruce fronterizo, 117-119, 128, 141-146
   y la derecha antiinmigrante, 129
Cruz, Alejandro, 153
Cruz, César, 292-293
Cruz, Luis Alberto, 169
CTM, 55, 59
Cué, Gabino, 152
Cuerpo y dolor: cómo se hace y se deshace el mundo (Scarry), 80

De Jesús, Carolina María, 94
De la Madrid, Miguel, 59-60, 130, 277
decapitados, 63-64, 307 n 2
   en el cine, 70
Del Valle, Ignacio, 84-85
Delgado Wise, Raúl, 131, 135-138
Democracia en México, La (González Casanova), 280-281
deportación, 128, 132, 141, 143-144
derechos lingüísticos, 293-294
desigualdad, 22-24, 98-112
desnutrición, 106, 109

"destino manifiesto", 45-46, 101, 130, 272
Día de Muertos, 181, 292
Díaz, Porfirio, 22, 46-54, 60 pássim, 104, 204, 243-244, 276, 279
   y Monumento a Cuauhtémoc, 303 n 47
doctores, 86, 133-134, 183-184, 189-190
drogas, *véase* narcotráfico
duraznos, 139

Easterly, William, 315 n 33
Echeverría, Bolívar, 19, 281-291 pássim
economía, 42-43, 45-46, 57, 94-132
   y drogas, 66
   y migración, 134-146
   véase también capitalismo; drogas, tráfico; desigualdad; pobreza; remesas
ejecuciones, 28, 36-37, 63-65 pássim
   véase también decapitados
ejército mexicano, 197, 199
   Chiapas, 211, 222-227 pássim
   Guerrero, 258-263, 266
   y narcotráfico, 65-67 pássim
Ejército Popular Revolucionario, *véase* EPR
Ejército Revolucionario del Pueblo Insurgente, *véase* ERPI
ejidos, 55, 60
   véase también Unión de Ejidos de la Selva
El Cargadero, Zacatecas, 138-140
El Charco, Guerrero, 260-263 pássim
elecciones, 17, 46, 49-51, 60
   1988, 60, 105
   1990, 255
   2000, 27, 60, 152
   2006, 28-30, 155-156
   y fraude, 17, 29, 60, 152, 160, 173, 191-192, 254-255, 296
   y zapatistas, 215
   véase también anuncios de campaña; votación
emperador Agustín I, *véase* Agustín I

emperador Maximiliano I, *véase* Maximiliano I
encomienda, sistema de, 100, 103
EPR, 257-259, 263-266 pássim
ERPI, 238-239, 263, 266, 323 n 1
esclavos y esclavitud, 20, 23-25, 37, 39, 43-44, 98-103 pássim, 125, 195, 202-203, 220, 223, 271-273, 275
   esclavos africanos, 41-42
escuadrones de la muerte, 28, 169-171, 173, 175-176, 192, 231, 281
escuelas, 114, 117, 121, 124, 126
España, 20, 23, 27, 34-45 pássim, 100-104 pássim, 195, 203, 271, 302 n 25
Estados Unidos, 53, 64, 270-273, 276-278, 296
   ataque a Veracruz, 52, 325 n 11
   cobertura de México en medios, 330 n 71
   imperialismo militar de, 95
   inmigración mexicana, 113-146
   y narcotráfico, 64, 66
   véase también maquiladoras; intervención norteamericana
estatuas, 153, 304 n 47
Estrada, Luis, 70
estudiantes
   desaparecidos, 190-191
   enfrentan a policía en Oaxaca, 182-184
   opinan sobre migración, 121-123
etiquetas, 269-270
   en medios, 330 n 71
   véase también "libre mercado"; "indio" (etiqueta)
Excélsior, 188
explotación, 24
expropiación petrolera, 55
EZLN, 49, 61, 195-235 pássim, 256, 264-265, 287-291 pássim
   véase también Otra Campaña

Fanon, Frantz, 99, 325 n 9
Félix Gallardo, Miguel Ángel, 64

ÍNDICE ANALÍTICO

ferrocarriles, 47, 55
Figueroa Alcocer, Rubén, 256-257
Figueroa Figueroa, Rubén, 256
Fin de la pobreza, El (Sachs), 96-98
flores, vendedores de, 83-84
Flores Magón, Enrique, 48
Flores Magón, Ricardo, 15, 48
Flores Rizo, Francisca, 256
FMI, 59, 104, 276
Fondo Monetario Internacional, *véase* FMI
Forbes, 21, 105-107
fotografías, 111, 192-193
    de muerte de Brad Will, 179, 188
    de narcoviolencia, 63-64 *pássim*
Fox, Vicente, 27-29 *pássim*, 107, 109, 152, 160
    y Oaxaca, 160, 174, 178, 180-181
    y Zapatistas, 212, 220
FPR, 155, 167
Francia, 45, 47, 272
fraude, 17, 29, 60, 152, 160, 173, 178, 191-192, 254-255
Freidberg, Jill, 165
Freire, Paulo, 284, 287, 290, 292
Frente de Pueblos en Defensa de la Tierra, 84, 89
Frente Democrático Nacional, 60
Frente Popular Revolucionario, *véase* FPR
Fuerzas Especiales, 65-66, 73, 142-143, 149, 182
    Chiapas, 222, 224

Galeano, Eduardo, 94, 99
Gama, Felipe, 189-190
García, Mario, 138-139
García Hernández, Alejandro, 175, 292
García Medino, Macario, 232
García Zamorra, Rodolfo, 136-137, 327 n 29
gas lacrimógeno, 86, 88, 148-151 *pássim*, 180-184, 188-189
Gatica Chino, Fernando, 238
Gilly, Adolfo, 53

Gómez Morin, Manuel, 56
González Casanova, Pablo, 205, 280-281
González Luna, Efraín, 56
grupos paramilitares, 13, 212, 220-223 *pássim*, 226
Guadalupe, Guanajuato, 113-126
Guelaguetza, 157-158
Guerra Cristera, 54
guerra de 1846-1848, *véase* intervención norteamericana
Guerra de la pulga, La (Taber), 260
Guerra Sucia, 256, 259, 264
    desaparecidos, 57, 60, 168, 185, 187, 190-191, 246-248, 253, 264
Guerrero, 255-256, 258
Guerrero, 249-268 *pássim*
Guerrero, Vicente, 44
guerrilla, 43, 49, 53, 57-58, 236-268 *pássim*, 329 n 69
    véase también mujeres guerrilleras
Guillermoprieto, Alma, 68-70
Gutiérrez, Eugenia, 221
Gutiérrez Rebollo, Jesús, 65, 67
Guttman, Matthew, 290
Guzmán, Benigno, 255

Halil, Johnatan, 175
hambre, 94, 106, 111-112, 125, 127
Hamilton, Lee, 79
Hardt, Michael, 326 n 20
Hart, John Mason, 277, 326-327 n 11-12
Harvey, David, 269, 275, 325 n 3, 8-9, 326 n 19
Hernández, Pánfilo, 175-177
Hernández López, Roberto, 181
Hernández Navarro, Luis, 191
herrado de esclavos, 39
historiografía, 33, 95-101
Holmberg, Allan R., 202-203
hospitales, 58, 108, 189-190
huelgas, 16, 28, 48, 53-55
    en compañías petroleras, 55

351

Oaxaca, 148-151 pássim, 176-178 pássim
    y Constitución de 1917, 53
Huerta, Victoriano, 52
huicholes, *véase* wixáritari
Human Rights Watch, 75-77, 81
huracán *Boris*, 258

Ibarra, Rodrigo, 115-117
ideología, 31-32, 56, 282-283, 300 n 18
IFE, 29-30
Iglesia católica, 43, 45, 53, 229
    y Constitución de 1917, 53
    véase también Guerra Cristera
imperialismo, 26-27, 30-31, 98-104 pássim, 131, 208, 269-278 pássim, 315 n 32, 326 n 20
    Estados Unidos, 95-96, 276-278
imperio e imperios, 34-38 pássim, 102, 269-272 pássim, 278, 287, 297-298
    español, 100
    Estados Unidos, 95
    Triple Alianza, 42-43
    visión de Eduardo Galeano, 99
indígenas, pueblos, 20-25 pássim, 31-47 pássim, 285, 320-321 n 24, 31
    autodefinición, 206-207
    Bolivia, 202
    condiciones económicas, 109-110
    lenguas, 206, 208, 227, 292-293
    leyes, 322 n 41
    nombres, 292-294
    Oaxaca, 151-152, 227
    población, 38, 205, 208
    resistencia y rebelión, 40-41
    Chiapas, 195-235
    Oaxaca, 231-232
    y colonialismo, 203, 205
    y españoles, 103, 302 n 25
"indio" (etiqueta), 206
Indymedia, 179
industria cafetalera, 110, 230
ingenios azucareros, 15-16, 18

ingresos, 104-105
Instituto Federal Electoral, *véase* IFE
intervención norteamericana, 44, 52, 130, 276
inversión extranjera, 46-47, 104
inversionistas, 47, 106
Iturbide, Agustín de, 44
Itzcóatl, 36

Jaramillo, Rubén, 15-19
Jiménez Colmenares, José, 168, 231
Jornada, La, 164, 191
José Manuel, 139
Juana Inés de la Cruz, Sor, 42
Juárez, Benito, 45-46
Juntas de Buen Gobierno, 210-217 pássim, 224-226, 287, 298

Kapuscinski, Ryszard, 147
Kelman, Herbert C., 79-80
Knight, Alan, 203-205, 278
Krasner, Stephen, 315 n 33

La Garrucha, 88, 213, 216-217, 224-226
La Ley, 290
Las Casas, fray Bartolomé de, 25, 39
Las Guacamayas, Michoacán, 73-75 pássim
Ledesma, Ernesto, 219-224 pássim
Leguízano, Manuel, 18
León, Antonio de, 229
Lerdo de Tejada, Sebastián, 46
levantamientos, *véase* rebelión y rebeliones
ley, 67-71
Ley de Herodes, La, 70
Leyes Nuevas (España), 39
"libre mercado", 274-275
Libros Amate, 177
López, Florentino, 193
López Bárcenas, Francisco, 205-206, 229-230 pássim, 285, 288
López Bernal, Alberto, 181
López de Santa Anna, Antonio, 44
López Mateos, Adolfo, 17

ÍNDICE ANALÍTICO

López Obrador, Andrés Manuel, 28-30, 160, 173
Los Angeles Times, 181

Madero, Francisco I., 48-52 pássim, 305 n 67
Madrazo, Roberto, 153, 156
maestros, 28
    sindicatos, 148-155 pássim, 160, 168, 174-178 pássim
maíz, 115
Maldonado, Dominga, 113
manifestaciones y protestas, 28, 30, 48, 58, 245
    Guerrero, 254, 256
    Oaxaca, pássim 147-194
    San Salvador Atenco, 84, 88
    véase también marchas
Mann, Charles, 202-203
maquiladoras, 91, 136
marchas, 30, 153-154, 160-162, 167-168 pássim, 174, 177, 180-181, 185, 188-194 pássim
    de la policía, 180
    Guerrero, 254, 256
    y Gloria Arenas Agis, 246, 251
Marcos, subcomandante, 85, 226, 264-265, 295
    gira como "Delegado Zero", 213-214
    sobre capitalismo y pueblos indígenas, 284-285
    sobre el "Estado de derecho", 62
    sobre la oferta de perdón de Salinas, 200-201
mariguana, 64, 66, 75, 224-225
Marmolejo, Mauricio, 185
Martínez, Carmela, 71, 73
Martínez, Evencio, 233-234
Martínez, Pablo, 168
Martínez, Pedro, 168
Martínez, Víctor Raúl, 152
Martínez Sánchez, Felícitas, 227-228, 233-235 pássim

Marx, Karl, 15, 155, 242, 313 n 4
masacres, 57, 59, 281, 296
    Aguas Blancas, Guerrero, 256-258
    Chiapas, 226, 297
    El Charco, Guerrero, 262-263
    México, D. F., 57, 281, 296
    Oaxaca, 229
Mateos, César, 174
Matías, Pedro, 231
Maximiliano I, 45
Maxtla, 36
médicos, *véase* doctores
medios, 26, 330 n 71
    no reportan secuestro masivo, 146
    Oaxaca, 158, 163
    partidismo, 164
    toma por parte de la APPO, 164-165, 171
    véase también prensa; radio, estaciones de; televisión
Memmi, Albert, 281-282
Méndez, Sara, 71-73, 75
Mendoza Nube, Germán, 167-168
mestizaje, 205, 283-291 pássim
Metlatónoc, 21-22, 109
México, D. F., *véase* Ciudad de México
México bárbaro (Turner), 244
Miel Campeche, 295
Milenio, 164, 169, 188
milpas, 115
millonarios, 22, 104, 107-108, 139, 278
minas de plata, 41
mixteca, 228-229
Mixtla de Altamirano, Veracruz, 110
Moctezuma II, 38, 302 n 25
Mondragón, Pedro, 74
Montalvo, Pedro, 110
Montemayor, Carlos, 329 n 69
Monumento a Cuauhtémoc, 303 n 47
Morales, Ignacio, 247
Morales, José, 219-220
Morelos, José María, 43-44
Movimiento de Unificación y Lucha Triqui, *véase* MULT

ÍNDICE ANALÍTICO

Movimiento de Unificación y Lucha Triqui Independiente, *véase* MULTI
movimientos feministas, 58
mujeres, 42, 178
    asesinadas en Ciudad Juárez, 90-93
    asesinadas en Oaxaca, 228, 233-235 *pássim*
    en la retaguardia, 252-253
    marchan y toman medios de difusión en Oaxaca, 161-163
    se reúnen en Chiapas, 217-218
    véase también movimientos feministas; acoso sexual a mujeres
mujeres guerrilleras, 236-268
mujeres locutoras de radio, 227-228
MULT, 230-231
MULTI, 230
multimillonarios, 22, 105-108 pássim, 278
municipios autónomos, 227, 229, 231-233, 291
murales, 216

Nación Tohono O'odham, 145
nacionalismo, 45, 49
    y pueblos indígenas, 205
Nadler, Richard, 134
náhuatl, 110
narcotráfico
    cárteles, 27-28 64-66 pássim
    tráfico, 64-67pássim
    violencia, 64-66
    y migrantes, 142-143, 145-146
Negri, Antonio, 326 n 20
neoliberalismo, 136
niños hablan sobre migración, 121-123
Nómadas del arco largo (Holmberg), 202
nombres, 267-68
    Doni Zänä, 292-294
    véase también "indio" (etiqueta)
Noriega, Pilar, 267
Noticias, 152, 157, 164, 167
Nueva España, 20, 23, 34, 41-44 pássim 130

Nuevo imperialismo, El (Harvey), 275
Núñez Magaña, Mario, 63

ñañú, 292-293
ñu savi, 34, 205, 228-229, 260

Oaxaca, 45
    levantamiento en 2006, 147-194
Obregón, Álvaro, 52-54, 279
obsidiana, 35-36
Ochoa, Digna, 267, 324 n 14
Olvera Ruiz, Francisco, 294
Oportunidades (programa de desarrollo), 110
opresión
    definición de, 24
    Gloria Arenas sobre, 246
    Paulo Freire sobre, 284, 292
    véase también masacres; tortura policiaca
Organización Campesina de la Sierra del Sur (OCSS), 255-256
Organización para la Defensa de los Derechos Indígenas y Campesinos (OPDDIC), 220-223
organizaciones de derechos humanos, 75-78
Orizaba, Veracruz, 243-245 pássim
Osorno, Diego, 89, 164, 180, 188
Otra Campaña, la, 88-89, 179, 213-215, 218, 224, 232, 285, 287-289, 295, 297
Oventik, Chiapas, 210-211, 215, 286

Pacheco, Arnulfo, 89
Padilla, Felícitas, 238
PAN, 27, 29, 49, 56, 116, 137, 164
    en el cine, 70
    y Acuerdos de San Andrés, 212
PAOM, 17
"paracaidistas", 58
París, María Dolores, 234
PARM, 60
Partido Acción Nacional, *véase* PAN

ÍNDICE ANALÍTICO

Partido Agrario Obrero Morelense, *véase* PAOM
Partido Auténtico de la Revolución Mexicana, *véase* PARM
Partido de la Revolución Democrática, *véase* PRD
Partido de los Pobres, *véase* PDLP
Partido Liberal Mexicano, *véase* PLM
Partido Nacional Revolucionario, *véase* PNR
Partido Revolucionario Institucional, *véase* PRI
Partido Revolucionario Obrero Clandestino Unión del Pueblo, *véase* PROCUP-PDLP
pasamontañas, 69-70, 159, 167, 169, 192, 199, 210, 236
Pasos, Heriberto, 230, 233
PDLP, 57, 252, 264
    véase también PROCUP-PDLP
perdón (propuesto), 200-201
Pereda Fernández, Benito, 185
Pérez, Juan, 174
Pérez Hernández, Isaías, 166-167
periódicos, 22, 48, 73, 89, 152, 164, 167, 179
Peters, Edward, 79
PFP, 180-182, 309-310 n 26
PGR, 187
Plan de San Luis, 50-51
plantones, 148, 153-155, 174, 181
PLM, 48
PNR, 54
pobreza, 22-23, 26, 31-32, 94-112
    Ciudad Juárez, 91
    y pueblos indígenas, 205, 209, 320-321 n 24
    y rebelión, 193-194
poder del Estado, 37
policía, 28
    acepta sobornos en la frontera con E. U., 142-144 *pássim*
    asesinados y decapitados, 63
    ataca a manifestantes en Oaxaca, 148-152, 158, 166-169 *pássim*, 175-183 *pássim*, 188-190
    ataca a manifestantes en Veracruz, 248
    ataca a vendedores de flores, 83-90 *pássim*
    ataca medios, 169
    ayuda a soldados en Chiapas, 224-225
    deporta secuestradores y secuestrados, 144
    desaparece a activista de derechos humanos, 190-191
    dispara contra maestros y padres de familia, 57
    dispara contra manifestantes en Guerrero, 256
    dispara contra reportero de Indymedia, 179
    golpea y desaparece a maestro, 168
    mata a copreros, 57
    organizaciones de derechos humanos sobre, 77-78 *pássim*
    rompe brazos a manifestantes mayores, 254
    usa tortura y viola mujeres, 82
    y narcotraficantes, 63-68 *pássim*
    véase también PFP; "rurales"
Policía Federal Preventiva, *véase* PFP
polleros, 117, 140-145
pollos, 115, 239, 249-250
PRD, 28, 60, 116, 137, 255
    y Acuerdos de San Andrés, 212
Premio Nacional de Periodismo, 234
prensa, 155, 171-172
    partidismo, 163-164
    y narcoviolencia, 63
presidencia, 279-280
presos, 236-268 *pássim*
    véase también presos políticos
presos políticos, 245-246, 256
PRI, 17, 27, 46, 49-50, 54-60 *pássim*, 303 n 46
    en el cine, 70-71
    legado, 116, 137-138

ÍNDICE ANALÍTICO

Oaxaca, 150, 152-156 *pássim*, 160, 164
Veracruz, 248-249
y Acuerdos de San Andrés, 212
y crecimiento económico, 104
y elecciones de 1988, 60, 105, 254
y fraude, 250
y PAN, 55-56
y presidencia, 279-280
y triquis, 230
y zapatistas, 223-226 *pássim*
privatización, 105, 276-277
Proceso, 164
PROCUP-PDLP, 252, 264
Procuraduría General de la República, *véase* PGR
publirreportajes, 164

racismo, 32, 41-42, 46-47, 101, 130, 132, 203-205 *pássim* 282, 294, 296
radio, estaciones de, 82, 149, 158-165, 193 *pássim*, 169-170, 291-292
   Radio Barricada, 186
   Radio Cacerola, 163, 167, 169
   radio comunitaria, 158 *pássim*, 228
   Radio Copala, 227, 231-235 *pássim*
   Radio Plantón, 158
   Radio Universidad, 158-161 *pássim*, 165, 167, 179, 182-186 *pássim*
Rahnema, Majid, 94
rarámuris, 31, 34, 111
rebelión y rebeliones, 17, 26, 31, 48-49, 53, 271, 282, 290-298 *pássim*
   Chiapas, 195-235 *pássim*
   Gloria Arenas sobre, 267-268
   Oaxaca, 147-194 *pássim*
   pueblos indígenas, 40-41
Reforma, 164
reforma agraria, 51-52
Regeneración, 48
remesas, 66, 115, 119, 129, 136, 138
represión, *véase* opresión
Revolución mexicana, 15, 20, 41, 48-54 *pássim*, 68, 104-106, 204, 244, 305 n 61

ricos, *véase* millonarios; multimillonarios
Riding, Alan, 34
Rivas, Marisela, 292-294
Rivera Cortés, Antonio, 141
Robledo, Fernando, 137-138
Robles Catalán, José Rubén, 257
Rocha, Ricardo, 257
Rodríguez Mendoza, Alejandra, 83-84
Rojas Saldaña, Mercedes, 162
Román Ruiz, Feliciano, 225
Ross, John, 322 n 41
Rueda, Enrique, 154, 177-178
Ruiz Ortiz, Ulises, 28, 148-164 *pássim*, 173-177, 181-182, 191-192
   Flavio Sosa sobre, 168
   libera asesino, 231
   y publirreportajes, 164
   y triquis, 231
"rurales", 47

Sabines, Juan, 226
Sachs, Jeffrey, 96-102
sacrificios humanos, 37
Said, Edward, 26, 33, 313 n 10
Salgado Vicario, Isabel, *véase* Arenas Agis, Gloria
Salinas de Gortari, Carlos, 60, 105
   y EZLN, 196-200 *pássim*
   y privatizaciones, 21, 105, 107, 130, 277
Salinas Jardón, Jorge, 89
San Cristóbal de las Casas, Chiapas, 197, 199
San Juan Copala, Oaxaca, 227, 231-233, 291
San Luis Potosí, 267
San Pablo Cervantes, Lorenzo, 169, 176
San Pedro el Viejo, 108-109
San Salvador Atenco, 13, 28, 82-89 *pássim*
Sánchez García, Fidel, 181
Sandoval, Juan Manuel, 131, 277
Santiago Cruz, Andrés, 168
Santiago el Pinar, Chiapas, 110

Santiago Zárate, Abel, 180
Scarry, Elaine, 80
secuestros, 65, 144-146, 166-167, 176, 185, 197, 226
Semo, Enrique, 43, 100, 203
senadores, 175
servicios de salud, 109, 132-133
Silva Nogales, Jacobo, 237-239 pássim, 252, 266-267
Sindicato Nacional de Trabajadores de la Educación, *véase* SNTE
sindicatos, 15, 53-55 pássim de maestros, 148-155 pássim, 159-160, 168, 174-178 pássim
sirionó, 202
sistema de justicia penal, 76-81
Slim Helú, Carlos, 21-22, 106-107, 277
Smith, Adam, 313 n 8
SNTE, 153
Soberanes, Fernando, 191
solidaridad, 192-193, 287-292 pássim
Solórzano, Carlos Leonel, 226
Soriano Velasco, Juan Carlos, 180
Sosa, Flavio, 168, 181
Stephen, Lynn, 165
subcomandante Marcos, *véase* Marcos, subcomandante
subdesarrollo latinoamericano, 99
Suprema Corte, 181, 257

Taber, Robert, 260
tarahumaras, 40
tarascos, 36-37
Taylor, Zacarías, 130
televisión, 28-29, 158, 173
    mujeres toman canal, 162-163
    reporta masacre de Aguas Blancas, 257
Telmex, 107, 277
Teotihuacan, 35
tepanecas, 35-36
terremotos, 58, 60
tierra, tenencia de la, 45, 209
tierras, expropiación y reparto de, 229

gubernamental, 47, 49-50, 55, 60, 104
    y los zapatistas, 220-223 pássim
tierras, ocupación de, 18
TINAM, 247-248
Tlatelolco, masacre de 1968, 56
tlaxcaltecas, 36-37
TLC, 61, 105, 129-132 pássim, 136, 139, 274-277 pássim 281
Todorov, Tzvetan, 286
Toledano, Lombardo, 55
toltecas, 35
tortura, 57, 63, 71-82 pássim, 92-93, 185-187 pássim, 191, 297, 310 n 32, 311 n 38, 311-312 n 46, 312 n 47
    de Gloria Arenas y Jacobo Silva, 237-238
    Guerrero, 260, 262-263
trabajo infantil, 105, 110
Tratado de Libre Comercio de América del Norte, *véase* TLC
trigo, 115
Triple Alianza, 34, 36, 38, 42-43, 271
triquis, 168, 227-234 pássim
Trujillo Martínez, René, 185-187
tumultos, 42
turistas y turismo, 157, 168, 176, 199
Turner, John Kenneth, 13, 244

Un poquito de tanta verdad, 165
Unión de Ejidos de la Selva, 223-224
Unión del Pueblo, 252, 264
Universal, El, 22, 164, 179-180
Universidad Autónoma Benito Juárez de Oaxaca, 182
Universidad de Chapingo, 85
Universidad Nacional Autónoma de México (UNAM), 48
utopía, 328-329 n 67

Valadez López, Manuel, 133-134
vanguardia, 263-264, 268
Vásquez, Faustino, 228, 233, 235 pássim
Vásquez, Yanira, 233

Vázquez, Gerardo, 176-177
Vázquez Rojas, Genaro, 258
Veracruz
    ataque de E. U. (1914), 52, 325 n 11
Villa, Francisco, 52-55
Villarreal, José Manuel, 163
Villoro, Luis, 282
violación, 28, 57, 82, 91-92, 217-218, 258-259
votación
    prácticas corruptas, 17, 28-29
    y los zapatistas, 215

Wallerstein, Immanuel, 274
Wangeman, Henry, 177
Washington Office on Latin America, 92
Will, Brad, 179-180, 187-188

wixáritari, 294-295
Womack, John, Jr., 304 n 51, 305 n 67
Wright, Erik Olin, 23-24

yaquis, 34, 40, 294

Zacatecas, 132-139 pássim
Zamora, Erika, 262-263
Zapata, Emiliano, 15, 48-53 pássim, 279
zapotecas, 34
Zárate Aquino, Manuel, 160
Zavala Tapia, Ricardo, 262
Zedillo, Ernesto, 211, 222, 257
Zetas, Los, 65, 73
Zizek, Slavoj, 31, 289, 300 n 18, 328 n 67, 329 n 69
Zongolica, Sierra de, 246-250 pássim

México rebelde, de John Gibler
se terminó de imprimir en septiembre de 2011 en
Quad/Graphics Querétaro, S. A. de C. V.
Fracc. Agro Industrial La Cruz El
Querétaro, México.